教育部社科基金资助项目最终成果

辽宁省社科基金项目阶段性成果

教育部985"三期"科技、人文与社会发展研究创新
　　平台建设经费资助

大连理工大学人文与社会科学学部学术著作出版
　　基金资助

大众传播时代媒介歧视问题研究

郑保章　王爱玲　武文颖　等著

人民出版社

责任编辑:陈寒节
责任校对:湖 催

图书在版编目(CIP)数据

大众传播时代媒介歧视问题研究/郑保章 王爱玲 武文颖 等著.
—北京:人民出版社,2011.8
(科学与人文研究丛书)
ISBN 978 - 7 - 01 - 010100 - 2

Ⅰ.①大… Ⅱ.①郑… Ⅲ.大众传播 - 传播媒介 - 研究
Ⅳ.①G206.2

中国版本图书馆 CIP 数据核字(2011)第 153346 号

大众传播时代媒介歧视问题研究
DAZHONG CHUANBO SHIDAI MEIJIE QISHI WENTI YANJIU
郑保章 王爱玲 武文颖 等著

人 & 士 版 社 出版发行
(100706 北京朝阳门内大街 166 号)

北京市文林印务有限公司印刷   新华书店经销

2011 年 8 月第 1 版 2011 年 8 月第 1 次印刷
开本:710 毫米×1000 毫米 1/16 印张:18.5
字数:266 千字 印数:0,001~2,200 册

ISBN 978 - 7 - 01 - 010100 - 2   定价:36.00 元

邮购地址:100706 北京朝阳门内大街 166 号
人民东方图书销售中心 电话:(010)65250042 65289539

《科学与人文研究丛书》总序

科学和人文是一对孪生兄妹,两者可以说是"相融是利,相离则是'半个人'"(杨叔子语)。

英文的 science 一词基本上指 natural science(自然科学),但 science 来自拉丁文 scientia,而后者涵义更广泛,是一般意义上的"知识"。德文的 wissenschaft(科学)与拉丁文的 scientia 类似,含义较广,不仅指自然科学,也包括社会科学以及人文学科。我们知道德国人喜欢在非常广泛的意义上使用"科学"这个词,比如黑格尔讲哲学科学、狄尔泰讲精神科学、李凯尔特讲文化科学等。这些词的历史性关联暗示了一个更深层更广泛的思想传统,狭义的自然"科学"只有在这个深广的思想传统之下才有可能出现和发展。从静态的观点看科学是一种认识成果,是一种系统化、理论化的知识体系。在欧洲,文艺复兴运动之前,科学是小规模的运动,主要是少数学者和哲人的个人活动。文艺复兴运动之后,才相继建立了一批大学和科学院。尤其 19 世纪以后,科学活动的规模空前扩展,科学的社会化和社会的科学化才迅速发展。到现在,科学活动不再是少数人进行的纯学术研究,而是由众多社会成员参加,对于整个社会而言,科学研究成为一种专门的社会事业、社会结构中的一个独立部门。如今运用动态的观点把它看作是人类进行社会实践的一种特殊形式,认识世界的一种过程,生产科学知识的一种特殊的社会活动。科学技术能使人类认识未知世界,帮助人类提高认识能力,同时人的认识世界的预测能力更是全面提高,突出人的主体性,表现了科学认识的能动性。在人类文化发展过程中,随着自然科学的不断发展,它的地位不断提升,成为一种高尚的文化成就。早在 17～18 世纪,科学就已成为一个重要的文化因素,被纳入整个文化体系,发挥着重要的文化功能。到了 19 世纪中期,科学文化更是蓬勃发展,在某些人心目中,科学文化简直是文化的典范,代表着文化的未来。如今,在这个文化多元化的社会,科学文化是其有机组成部分,而且成为一种相对独立的文化过程。社会文化是一个复杂的系统,是物质成果和精神成果的总汇,对社会文化的发展起到巨大推动作用,而且科学发展离不开一定的社会文化背景,受到其他文化因素的制约和影响,如政治、民族的精神状态和文化传统。

英文的 Humanities 直接来源于拉丁文 Humanitas,而拉丁文 Humanitas 继承了希腊文 paideia 的意思,即对理想人性的培育、优雅艺术的教育和训练。公元 2 世纪罗马作家格利乌斯(Aulus Gellius)的一段话成了 Humanitas 的经典定义:

那些说拉丁语以及正确使用这种语言的人,并没有赋予 Humanitas 一词一般以为具有的含义,即希腊人所谓的 philanthropia,一种一视同仁待人的友爱精神和善意。但是,他们赋予 humanitas 以希腊文 paideia 的意思,也就是我们所说的"eruditionem institutionemque in bonas artes",或者"美优之艺的教育与训练"(education and training in the liberal arts)。热切地渴望和追求这一切的人们,具有最高的人性。因为在所有动物中,只有人才追求这种知识,接受这种训练,因此,它被称作"Humanitas"或"Humanity"(人性)。①

汉语的"人文"一词同样有这两方面的意思。最早出现"人文"一词的《易经·贲》中说:"观乎天文以察时变,观乎人文以化成天下。"这里的人文就是教化的意思。中国的人文教化同样一方面是强调人之为人的内修,另一方面是强调礼乐仪文等文化形式。那么人之为人最重要的是什么呢?一般认为,以儒学为代表的中国思想把理想人性规定为"仁",在孔子那里,仁者人也,人者仁也,两者互训互通。仁通过什么方式可以获得呢?克己复礼为仁! 礼是实现仁的教化方式。

---

① 参见吴国盛:《反思科学》,新世界出版社 2004 年版,第 33—34 页。

人文学科一词来源于公元前55年,西塞罗在其《论雄辩家》一书中首先把 humanties(人之品质)列为辩论者的一项基本训练项目。后来经过希腊罗马修辞学学者的发挥,humanitas 就成了古典文科教育的基本大纲。再往后,由圣·奥古斯丁和其他教父们使之转为基督教服务,它又构成了中世纪基督教徒的基础教育,构成了称之为 artes,bone artes("通艺")或 artes liberals("自由艺术")的研究领域,其中包括数学技艺和语言艺术,也包括某些科学,历史学以及哲学。欧洲十五六世纪时期开始使用此词。原指同人类利益有关的学问,以区别于中世纪占统治地位的神学。后含义几经演变。狭义指拉丁文、希腊文、古典文学的研究,包括哲学、经济学、政治学、史学、法学、文艺学、伦理学、语言学等等。20世纪上半叶,中国大学仿照美国体制分为3个学院,其中的文学院教授的就是人文学,简称文科,以别于教授自然科学的理学院和教授社会学的法学院。

科学与人文都是社会文化现象,所以对它们的考察不能脱离时代背景和社会系统去孤立分析。科学与人文本来是统一的。在古希腊时代至欧洲中世纪科学和人文皆被包含于哲学之中,是处于一种相互包容、相互渗透的状态之中,当然,这种浑然未分的统一是由于科学和人文学科皆未分化的结果。近代以后,当人文学科从中世纪的神学解放出来,尤其是科学真正意义上从自然哲学中分离出来时,科学与人文真正走向独立。此阶段的科学与人文之间的关系表现为双向互动的主要特征,一方面表现为科学与人文相互依存,相互促进机制;另一方面表现为科学与人文之间相互对立,彼此竞争的互斥机制。人文运动把科学从神学中解放出来,促进了科学的发展,科学的发展反过来又推动了人文主义的传播。用理性来对抗神学迷信,就是这一阶段科学与人文携手共进的重要目的之一。从18世纪中期开始,科学在西方已不仅仅是一种观点或学说了,它已是建制化的活动,已是最有权威性的实践。到19世纪下半叶,科学成为主旋律,几乎占领了整个知识领域,在这种社会背景下,人们相信只要掌握了科学就能给人类带来美好的未来。另外科学对社会系统的作用愈来愈大,成为推动社会系统进步的主要力量,从而导致在一定程度上把自然科学绝对化,产生了以实证主义为代表的科学主义观,强调知识必须建立在确实可靠的基础上,只有经验的知识才是确实可靠的,即实证的。科学几乎成为衡量万物的尺度,即"判定什么存在或不存在的尺度"。科学主义的诞生不仅否定了宗教权威,而且动摇了以人的感性经验为基础而建立起来的人文知识体系。而这一时期人文精神对社会的影响日渐消退。科学与人文之间表现出逐渐分离的趋势。人文固守绝对价值目标,忽视通往这一理想境界的现实道路。

近代以来,科学探索与人文探索关注事物的角度、它们的知识系统、文化思维、问题域和观念系统等等不同,科学和人文处于分化,对峙状态,甚趋于紧张。另一原因是人为原因,这就是受现实的功利价值、经济效益趋使。在现代社会,随着实证科学和近代技术的兴起,人与自然之间发生了角色转换。由于社会制度的作用,自然界开始变成被人们操纵的对象和被人们利用的工具,人本身变成了中心。科学作为工具价值的一面和作为目的价值的一面出现了严重的背离,以致在资本主义国家产生了科学的异化现象,科学技术对大自然的征服,导致了全球性问题的出现。全球性问题的出现,把当代人类推向了严重的生存困境。科学成了统治人的外部强制力量,这种状况,在科学技术迅猛发展的20世纪,西方的人本主义思想家不是对科学本身的异己性进行批判,而是对科学本身进行拒斥,用人文世界拒斥科学世界,从根本上否定科学精神和理性精神,并用艺术精神和非理性主义来取而代之;而实证主义、科学主义的思想家则把科学的人文价值从科学的价值中剥离出来,把科学理解为与人生存的意义完全无关的关于纯粹事实的科学,并进而用科学世界拒斥人文世界,科学与人文截然割裂。科学主义者突出强调的是科学和理性的重要性,强调要用科学的观点、方法和标准来审视别的文化,忽视或贬低人文文化的意义和价值;而人本主义者则突出强调艺术和非理性的重要性,强调要以"人"为本来审视一切文化,排斥和否定科学的意义和价值,于是,科学文化和人文文化、科学精神与人文精神的分离和对立便进一步加深了。19世纪末最接近于对"两种文化"的分野进行表述的,是标榜新康德主义的弗莱堡历史学派传人李凯尔特,他提出了自然与文化、自然科学与历史的文化科学这两种基本对立。

自从实证主义产生之后,科学与人文之间的分别日益明显。实证主义提出"拒斥形而上学"的口号,实际上就是要严格区别科学与形而上学,逻辑实证主义继承了实证主义"拒斥形而上学"的传统,提出了分界问题,即科学与非科学、科学与形而上学的分界。兹后这一问题成为科学哲学的一个主要问题被科学哲学家们广泛而激烈地争论。从总体上来看,自 19 世纪上半叶到 20 世纪中叶,思想家们大都在论证两种文化的独特性,给它们划界。实际上,这无意中加深了两种文化的裂痕。自 20 世纪中叶之后,思想家们大多从揭露两种文化的分化的弊端出发,寻求弥合两种文化裂痕的途径和方式。

现代西方人本主义者同狭隘的实证主义者和功利主义者一样,从根本上无法看到科学的人文意义和人文价值。人本主义者只看到科学技术对人、自然和社会的负面影响,将科学技术在资本主义条件下的异化直接归咎于科学技术本身,而看不到科学技术对于推动生产力的发展和促进社会的全面进步所起的巨大作用,因而看不到科学技术同人的生存、栖居、自由和发展的深刻的一致性。

由此可见,近代人文主义运动在近代前期带来了科学的发展,并促进了科学的发展,另一方面在近代后期,由于科学自身独立的发展,特别是科学的功利主义的应用,造成了科学与人文的相互排斥,相互分离。在某种意义上,无论是科学主义的悲剧还是悲观的科学虚无主义的误区,归根到底都是由于离开了科学与人文的整合所致。

从整个世界教育发展的历史来看,不管是中国还是西方,古代的教育都十分重视人的素质的培养。但是近代以来,随着科学技术的发展,传统的人文教育逐渐被专业技术教育所取代。中国在 19 世纪后期开始学习西方,发展专业技术教育。在 20 世纪专业技术教育得到蓬勃发展。尤其是在 20 世纪 50 年代我国高等教育深受原苏联的影响,文理分家,理工分校,专业面狭窄。我国的数、理、化、天、地、生、文史、哲、法、经、社、农、医、工程等主要学科中,理工科比例太大,造成畸形发展。人们在思想上重工轻农,重理轻文,重"硬科学"轻"软科学",即便在文科中,人们又存在着重社会科学轻人文学科的倾向。

当前,对于理工科大学生来说,加强人文素质教育尤其重要;对于文科大学生来讲,提高科学素养也是当务之急的问题。通过近十几年来的努力,人们已经逐渐形成了"大"文化素质教育观。科学教育和人文教育要相融,科学文化与人文文化要相融,科学素质和人文素质要相融。相融则利,相离则弊。科学素质、科学精神,人文素质、人文精神就是在科学知识、人文知识中形而下的东西,经过人的努力,特别是经过人的实践,在实践中深思,在实践中体悟,在实践中磨炼,内化升华,形成形而上的精神世界的东西。科学精神也是人文精神。精神就是人文的东西,所以科学精神就是求真的人文精神;而人文精神,就是应以"实事求是"作为其基础的求善精神,从这一角度讲,就是求善的科学精神。科学与人文都有共同的追求。科学追求真,人文追求善,两者结合,保证追求正确,保证结果可以完美。这就是追求真善美高度的统一,而这种统一是创新。创新是一个民族的灵魂,是一个国家兴旺发达的不竭动力,真善美都是围绕着要建设一个更美好的新的明天。一个正确的思想,一个创造性的思想,必定是逻辑思维同形象思维、科学技术思维跟人文艺术思维的高度的统一。

大连理工大学人文社会科学学院自1999年成立以来,学院的发展得到了学校领导以及学界同仁、社会各界的亲切关怀和大力支持。经过10年的努力,学院在人文社会科学发展方面基本实现了三个方面的转变:在教学上,由以"两课"为主的教学工作向以思想政治理论课为主导、文化素质教育为基础、人文社会科学类专业教育快速发展模式的转变;在人才培养上,由专本科和短期培训为主向本科生、研究生培养为主转变;在教学与科研关系上,由教学主导型向学科建设为基础、教学科研、社会服务并重的模式转变。目前,随着学科快速发展的需要,学校在原思想政治理论课教研中心的基础上,又组建了马克思主义学院。新的人文社会科学学院正在按照"文理渗透、中西融汇、学研一体、博专结合"的理念,努力形成以文理工管交叉渗透为特色的人文社会科学学科群。

2006 年大连理工大学决定设立人文社会科学研究基金,2007 年就拿出 112 万专款用来支持人文社会科学研究,同时决定以后每年拿出 100 万元作为学校人文社会科学研究基金,这可以说是学校历史上的一个重大突破。2009 年学校又提出文科要入主流,这对我们来说,不仅是一种期待,更是一份沉甸甸的责任。在这个过程中,我们人文社会科学学院理所当然地要一马当先,提升我们的学科水平。基于此,我们在编辑出版"科技哲学与科技管理丛书"的同时,结合我们学院学科较多、覆盖面宽、涉及面广的特点,本着"各美其美,美人之美,美美与共,和谐人文"的宗旨,编辑出版"科学与人文研究丛书"。这套丛书是一套跨越科学与人文两个研究领域的综合性丛书,具有基础性、交叉性、哲理性、现实性、综合性的特点,内容主要涵盖科学与人文综合研究的诸多方面。举凡涉及科学、人文及其关系的内容,均收入这套丛书。这套丛书是我校"211 工程"和"985 工程"建设项目的内在组成部分,其中的著作或者是我们学院部分教师承担的各级各类研究课题的成果,或者是来自名校的年轻博士的博士论文。我们希望通过这套丛书的持续不断的出版和若干年的努力,不仅进一步搞好我们的学科建设,形成我们的学科特色,而且为实现"文理渗透、中西融汇",促进我国科学与人文的交融发展贡献我们微薄的力量。

洪晓楠

2009 年 8 月 8 日于大连

前　言

　　现代传媒为人类的生存创造了前所未有的释放空间,改变了传播中时间、空间和物理障碍的重要程度,但是,当我们狂欢在信息"互联网"和信息"地球村"所创造的自由便捷的"超市化"信息选择方式时,却忽略了一个不容乐观的社会现实:在当代信息传播过程中,表面的自由选择掩盖了隐含的不自由,旧的媒介渠道垄断被打破,新的信息垄断却悄然产生。大众传媒常常忽略甚至排斥弱势群体和相对偏远地域的信息需求,从而造成公共信息平台的倾斜,导致大众传播时代"媒介歧视"现象的产生。

　　媒介歧视就是大众传播媒介不能平等地看待社会中的每一个群体的现象。媒介歧视表现在很多方面,比如性别歧视、地域歧视、年龄歧视、城乡歧视等等。例如媒介的传播和发行更注重向"有点权,有点钱,有点品位,有点闲"的人群倾斜,而农民、下岗工人、妇女、西部欠发达地区、少数民族这些"小人物"、"小地方"在传媒中往往成为"缺席者"和"失语者"。以农村受众为例,他们占中国人口的70%多,但在大众传媒中往往处于信息的"缺位状态",或者只有出现了糟糕的情况、离奇的故事才考虑加以报道外,多数时候,媒体都像得了健忘症。弱势群体的表达权被掌握着话语霸权的传媒任意侵犯和剥夺,迫使他们陷入了多重的尴尬境地。

　　歧视是一种社会心理的弊病,它的逻辑起因是偏见和刻板成见。人们因为不清楚一件事一群人的具体情况而凭借自己的主观经验甚至是错误的和偏颇的经验来看待事和人,歧视涉及的是社会公平公正的问题。

　　关于媒介歧视至今没有十分明确的定义,但是学者大都认同媒介歧视是一种不正常的和偏离媒介公益的一种社会现象。肖怡在"传媒结构与舆论生态"一文中，将媒介歧视定义为"作为社会公器的大众媒介，更乐于将信息传向强势群体而忽视了另一部分群体的信息需求，甚至是漠视和歧视他们"。具体来说，媒介歧视就是指传媒不能平等地对待分布于不同社会阶层维度上的人群。

福柯对话语权进行了深入的论述，他认为"人类的一切知识都是通过话语而获得的，任何脱离话语的事物都不存在，人与世界的关系是一种话语关系，话语意味着一个社会团体依据某些成规将其意义传播于社会之中，以此确立其社会地位并为其他团体所认识的过程。"从这个角度来看，话语其实是一种权力，是一种稀缺的社会资源。同时还可以把媒介话语权看作是一种权利，理解为公民的传播权和媒介接近权的总称。而正是由于受众具有这样的权利，才构成了媒介话语这样的权力。权力则意味着它具有权威性和威慑性，是一种刚性的力量。媒介话语权的实质是在复杂的媒介话语生态环境中，社会各阶层地位的一种显现。强势群体凭借其在经济、社会地位上的强势而获得了大量的媒介话语资源，由此他们也就间接地控制着媒介的"发声"。

关于"媒介歧视"问题，施拉姆在其《大众传播媒介与社会发展》一书中，美国学者蒂奇纳等人提出的"知沟"理论中，以及传播政治经济学派的相关研究中，实际上都已涉及了这一问题。综观他们的研究成果，其共同点在于：都无一例外地侧重研究传媒信息在不同受众中的流通失衡问题，而很少关注媒介本身在信息选择上的不均衡和偏向化。大众传媒要全面发挥自己的信息服务职能，则必须在受众使用信息与传媒选择信息两方面同时与社会发展相协同。

基于以上的内容，我们可试着给媒介歧视定义如下：媒介歧视是指在大众传播时代，媒介因利益、权力、技术、文化等因素而出现的媒介资源分布不均衡、媒介话语内容不平等、媒介责任意识不清晰、媒介社会公器弱化等问题，并由此造成的对社会弱势群体及区域等的偏见和不公正待遇、媒介话语的不平等、媒介利益的失衡等现象。

如果任媒介歧视现象发展下去,必然会造成严重的社会后果,会使得社会分化更加严重,甚至产生社会断裂。

首先媒介歧视会加剧社会的信息鸿沟。"媒介歧视"一个显而易见的问题是剥夺了低收入阶层的媒介接近权,这势必加剧他们的信息不平等,拉大"信息沟"的差距,扩大新型的信息贫富差距,也有碍于大众传媒的自身发展,导致传媒市场的结构性失衡,从而弱化大众传媒公平、公正的环境监测和社会沟通功能。

媒介歧视本来就与知沟理论有着很深的联系。由于社会经济地位的差异,处于社会经济高位的人比社会经济地位低者更容易接近和使用媒介,随着媒介技术和社会的发展,他们之间的知识沟或者是信息沟没有缩小反而是在不断扩大的。一方是信息过载、信息焦虑,另一方可能是信息饥渴。因此,解决"媒介歧视"问题,有助于协调信息、环境与人之间的发展关系,有助于媒介制定更完善科学的运营策略与信息服务机制,为社会弱势群体争取更多、更平等的信息享用权利与机会,也可促进传媒市场本身的科学运营与良性发展。

其次媒介歧视会破坏社会的公平与公正。在构建和谐社会的过程中,提出要建设公平正义的社会环境,但是在很长时间以来,国家一直重视经济建设和效率,而忽视了社会公平的问题。现在社会上已经出现了一部分利益既得群体,他们享受到了现代文明的成果,但是有一部分群体却被社会无情地抛弃。

媒介有意识或者是无意识的歧视现象中,有一部分是恶意的歧视和"妖魔化",长此以往,必然会造成弱势群体更强烈的被抛弃感和被剥夺感。这样会使得社会群体矛盾逐渐凸显,而媒介这个"解气阀"的作用被堵上之后,难免他们会寻找其他的非理性的发泄途径。这样必定不利于整个社会的稳定和发展。

第三,媒介歧视也会扭曲媒介自身的发展。媒介歧视从根本上说不一定是媒介非要为之,而是在社会经济结构变革的压力下,在市场经济的竞争需求下而产生的。但是如果媒介坚持这样的路径,必然会使自身的社会公信力下降,而公信力其实是媒介最核心和最重要的竞争力。这样最后也不利于媒介自身的长远发展。正如中国人民大学喻国明教授所说："商业的介入，使得某些媒介更多的是去迎合受众而不是引导受众，媒介市场竞争的压力越来越大，迎合的趋势越来越明显。弱势群体由于在经济地位、消费能力的劣势，可能就会被排斥到媒体的报道范围之外"。

美国斯克列浦斯报团的所有者说："我有一个原则，即竭力使富有的人难以更富有，贫穷的人易于不再更贫穷。"在竞争激烈、市场化程度很高的美国传媒业，尚有人提出，要为"只花得起一分钱报费的那个阶级"服务。与之对比，我国的传媒也在功能定位上的确应该做更进一步的反思和调整。

媒介歧视现象的存在是客观事实，但是原因不仅仅在媒介和传播领域，责任也不仅仅是在媒介和大众传播。因此，对这一现象的观察和研究不应该完全集中在新闻传播领域，而应该放宽到社会政治经济领域来探讨它的本质和深层动因。

目 录

丛书总序 ……………………………………………………… 洪晓楠 1

前言 …………………………………………………………………… 1

上部

第一章　媒介权力:显现与霸权 …………………………………… 3

　第一节　媒介权力的理论解读 …………………………………… 3

　　一、"媒介的权力"研究 ………………………………………… 3

　　二、"权力的媒介"研究 ………………………………………… 6

　第二节　媒介权力的显现与生成 ………………………………… 9

　　一、媒介权力的显现形态 ……………………………………… 10

　　二、媒介权力的生成 …………………………………………… 12

　　三、公众权力的保障 …………………………………………… 14

　第三节　媒介权力的危机:霸权 ………………………………… 16

　　一、媒介在制作信息阶段的霸权 ……………………………… 16

　　二、媒介在传播信息阶段的霸权 ……………………………… 17

　　三、媒介在信息反馈阶段的霸权 ……………………………… 19

第二章　媒介利益:效益与利润的冲突 …………………………… 21

　第一节　新闻业的市场化转型 …………………………………… 21

　　一、报社企业化的初步尝试 …………………………………… 22

　　二、媒介的市场化之旅 ………………………………………… 23

　　三、媒介集团化的运营 ………………………………………… 24

四、媒介与资本的联姻 ･････････････････････････････ 25

第二节　新闻利润化 ･･････････････････････････････････ 26

一、新闻利润化的出现 ･･････････････････････････････ 26

二、新闻利润化的表现 ･･････････････････････････････ 29

第三节　媒介效益的制衡 ････････････････････････････ 35

一、两种体制的转换 ････････････････････････････････ 35

二、两个功能的定位 ････････････････････････････････ 36

三、两种属性的确认 ････････････････････････････････ 37

第三章　媒介文化:与消费合谋的文化流行与偏倚 ･･･ 41

第一节　媒介文化:与消费主义的合谋 ･････････････ 41

一、消费主义诞生:符号的意义扩张 ････････････････ 41

二、大众传媒:与消费合谋的文化表现 ･･････････････ 44

第二节　媒介消费主义的双重文化品格 ･････････････ 48

一、文化由一元走向多元到无元 ････････････････････ 48

二、个体在符号叙事中的"自我实现"与"物性异化" ･･ 50

三、文化由娱乐走向媚俗 ･･･････････････････････････ 51

第三节　现代媒介文化:制造流行与偏倚 ･･･････････ 53

一、媒介对流行文化的主导性 ･･･････････････････････ 53

二、现代传媒"拟仿"文化的自主性 ･････････････････ 56

三、现代传媒建构文化交融的偏向性 ････････････････ 58

第四章　媒介技术:赋权与平等的幻像 ･･･････････････ 61

第一节　媒介技术:赋权与重新赋权 ･･･････････････ 61

一、媒介技术:一种隐性的媒介权力 ････････････････ 61

二、媒介技术的权力基础 ･･･････････････････････････ 63

三、赋权与重新赋权 ････････････････････････････････ 67

第二节　媒介技术:工业化后的文化本体 ･･･････････ 70

一、媒介技术的文化本体论 ･････････････････････････ 70

二、媒介由"技术理性"走向"文化工业" ･･･････････ 71

三、"技术工业":为大众服务的幻像 ················ 74

第三节 现代传播技术环境下的媒介人性化解读 ········ 75

一、传播生态的博弈与媒介的人性化 ··········· 75

二、现代传播环境下媒介人性化的反思 ········· 77

三、媒介人性化的不懈追求 ················· 80

第五章 媒介权力、利益对媒介形象的影响 ········ 83

第一节 媒介形象的建构标准 ··············· 83

一、媒介形象的界定 ····················· 83

二、媒介形象的结构 ····················· 86

三、健康媒介形象建构的标准 ··············· 87

第二节 媒介权力和利益对媒介形象的影响 ········· 92

一、媒介权力和利益对媒介形象的正面影响 ····· 92

二、媒介权力和利益对媒介形象的负面影响 ····· 95

第三节 权力和利益下的媒介形象建构 ··········· 101

一、提高从业人员素质 平衡媒介权力利益 ····· 101

二、遵循新闻规律 塑造媒介产品形象 ········· 103

三、强化品牌经营意识 塑造媒介经济形象 ····· 105

四、强化社会责任意识 塑造媒介社会形象 ········ 109

下部

第六章 大众传播媒介地域歧视问题 ············ 121

第一节 导论 ························· 121

一、媒介歧视与媒介地域歧视 ··············· 121

二、研究背景及意义 ····················· 125

第二节 我国大众传播媒介中地域歧视的调查与分析 ·· 129

一、样本分析:我国三大媒体报道中存在的地域歧视的统计 ····· 129

二、媒介地域歧视的表现形式 ··············· 140

三、媒介地域歧视带来的危害 ……………………………… 144

第三节 媒介地域歧视形成的原因分析 …………………… 147

一、历史原因导致媒介地域歧视的产生 …………………… 147

二、地域自我形象构建意识和体制的滞后 ………………… 149

三、经济因素是形成地域歧视的重要原因 ………………… 150

四、媒介从业人员自身素质因素 …………………………… 152

五、有意识文化误读与集体无意识引发媒介地域歧视 …… 154

第四节 我国大众传播媒介地域歧视问题的解决策略 …… 155

一、完善地域传播形象机制 ………………………………… 155

二、出台相关法律政策 ……………………………………… 157

三、加强教育工作,呼吁社会共同关心 …………………… 159

第七章 大众传播媒介弱势群体歧视问题 ………………… 167

第一节 镜与像 ……………………………………………… 167

一、关于弱势群体的界定及分类 …………………………… 167

二、媒介歧视弱势群体具体分析 …………………………… 170

第二节 透视弱势群体被歧视之镜 ………………………… 178

一、弱势群体歧视镜像的理论透视 ………………………… 178

二、形成歧视镜像的现实要素分析 ………………………… 179

三、弱视群体镜像歧视的后果 ……………………………… 183

第三节 关于农民工要薪事件的个案分析 ………………… 186

一、透视"赤脚讨薪"的修辞策略 ………………………… 186

二、如何形成真实的农民工报道之像 ……………………… 189

第八章 大众传播媒介中的女性歧视问题 ………………… 191

第一节 大众传播媒介中女性歧视的具体表现 …………… 191

一、弱化型 …………………………………………………… 192

二、忽视型 …………………………………………………… 194

三、复制性 …………………………………………………… 195

四、偏差型 …………………………………………………… 196

第二节　性别歧视在传媒中形成的原因分析 …………… 197
　　一、社会原因 …………………………………………… 197
　　二、文化原因 …………………………………………… 198
　　三、媒介素养问题 ……………………………………… 199
　　四、媒介自身运作的原因 ……………………………… 200
第三节　如何改善女性媒介歧视的现状 …………………… 202
　　一、加强社会对媒体的监督力度 ……………………… 202
　　二、媒介的自律 ………………………………………… 203
　　三、从文化根源入手 …………………………………… 204

第九章　大众传媒对"三农"偏视问题 …………………… 206
第一节　导论 ………………………………………………… 206
第二节　忽视:常见大众传媒涉农信息份额分析 ………… 207
第三节　审视:涉农新闻的基本姿态分析 ………………… 211
第四节　大众传媒的偏视对农村信息化的影响 …………… 215

第十章　西方主流媒体对我国形象的媒介歧视问题 ……… 217
第一节　导论 ………………………………………………… 217
　　一、媒介歧视与国家形象研究现状 …………………… 218
　　二、西方主流媒体对我国形象报道的历史与发展 …… 223
第二节　西方主流媒体对我国形象报道的调查与分析 …… 228
　　一、样本分析:西方主流媒体有关我国形象报道的统计 … 228
　　二、美英主流媒体有关我国形象的歧视性报道分析 … 233
第三节　西方主流媒体对我国形象的媒介歧视问题成因分析 … 241
　　一、意识形态的作用 …………………………………… 242
　　二、集体无意识心理的影响 …………………………… 246
　　三、文化差异导致的文化误读 ………………………… 247
　　四、经济利益的驱动 …………………………………… 248
　　五、主流媒体与国家思想库的互动 …………………… 250
　　六、我国对外形象传播观念和体制的缺失 …………… 252

第四节　媒介歧视环境下我国形象对外传播的对策 …………… 253

　　一、完善政府对外传播国家形象的机制 ………………… 254

　　二、媒体传播应适应国际受众的心理需求 ……………… 255

　　三、在对外传播工作中注重发挥"人"的作用 …………… 258

　　四、实现我国优秀文化对外大传播 ……………………… 261

主要参考文献 ……………………………………………… 264

后　记 ……………………………………………………… 274

上　部

第一章 媒介权力:显现与霸权

第一节 媒介权力的理论解读

在西方传播研究史上,对媒介权力或大众媒介权力的研究一直是学术界关注的重点议题。关于什么是媒介权力,大多已有的文献和研究成果多为描述性的,尚未有明确定义,但从其研究内容看,"媒介权力"这一术语具有双层含义,即媒介的权力和权力的媒介。媒介的权力主要是指"媒介是一种对个人或社会进行影响、操纵、支配的力量;具有事件得以发生和影响事件怎样发生,界定问题以及对问题提供解释与论述,由此形成或塑造公共意见的种种能力。(George Gerbner)"[①]媒介权力集中研究媒介的权力是什么以及如何发挥作用的问题。权力的媒介主要是"媒介权力"与其他社会组织间相互作用的媒介社会关系研究,媒介被纳入社会政治、经济权力的多维结构中去分析,研究内容大多集中在媒介权力是什么、如何被运作以及被谁运作等问题。从媒介的权力到权力的媒介,使得西方的媒介权力研究经历了从单一的影响观向多元权力并存的转换,研究视野更为广阔。

一、"媒介的权力"研究

新闻媒介作为独立的机构本身具有其不可剥夺的权力,这是二十世纪

---

① 转引自王怡红.认识西方"媒介权力"研究的历史与方法[J].新闻与传播研究,1997(2):77—82。

初西方传播学所确立的一个普遍的理论假说。但对于媒介权力的具体研究,并没有形成以权力形态作为主体的研究视角,只是针对不同媒体出现后所导致的各种社会影响进行功能上的分析。因此,早期对媒介的权力研究主要集中在媒介的功能研究、效果研究以及媒介自身的自律等方面,借此来分析媒介对人和社会如何产生影响和影响效果如何。

1. 媒介的效果论

20世纪60年代媒介权力研究主要是媒介的功能和效果研究。美国政治学家哈罗德·拉斯韦尔(Lass will,H)在《传播在社会中的结构与功能》中认为大众媒介有三种功能:监视社会环境;适应社会环境;传递社会遗产。拉扎斯菲尔德与默顿从社会学的角度提出了三种功能:授予社会地位;促进社会准则的实行;麻醉精神的消极功能。后来的C.怀特和T.帕森斯等人又对他们的思想进行了完善和补充。

在媒介效果研究方面,美国政治学家哈洛德·拉斯韦尔首先创造"魔弹论",也被称作"无限效果论"。这一理论认为,媒介的影响会直接导致媒介效果的发生。传播媒介对个人及社会的影响是直接而强大的,具有按照媒体意志塑造人的信念和行为的力量。媒介具有强大力量的假说在20世纪60年代逐渐受到实证研究者的质疑,并通过量化方法研究显示,媒介的效果并非是直接的,它需要经过其他社会过程的隔断,才能到达受众那里。这就是更替无限效果论的有限效果论。到了70年代,广告商对媒介极大的经济投入和政客对媒介的高度依赖使得有限效果论又开始受到学者的怀疑。自此,学术界似乎采取这样的立场,既承认大众传播媒介有相当大的效果,也强调它并非万能。于是效果研究又开始接受和采用新的理论典范:意义典范,再度推进了效果研究的发展,并提出使用与满足、议题设置、文化规范等理论,通过不断置换和循环论证强调媒介对人和社会的直接或间接的影响力。

虽然效果论或影响论的研究成果积累颇丰,轻车熟路,但是将"权力"的研究限于"影响力"或"效果"的发挥还是有些狭隘。

2. 媒介的第四权力论

在"媒介权力"研究的历史上,自由主义的传统占有极为重要的作用,即强调通过媒介的言论自由和舆论监督来制衡社会其他权力。这一传统虽起源于英国,美国却真正从法律意义上将其确定为合法化的权力形式。

1644 年,英国的英国的政论家约翰·弥尔顿出版了小册子《论出版自由》,首次提出了新闻自由的口号和思想。弥尔顿认为"言论和出版自由是人们与生俱来的权利,而人是有理性的,他们倾向于服从真理而真理只有在意见的公开市场上的竞争中才能凸现出来。在意见的公开市场上,通过真理与谬误的搏斗,正确的思想必然会被大多数人所接受,而错误的思想必然会被人们所抛弃。因此,限制言论自由,就意味着扼杀真理。弥尔顿的这些思想,后来成为新闻的自由主义理论的基础'观点的自由市场'和'自我修正过程'成为自由主义新闻理论的基本原则,也使新闻媒体成为第四权力成为可能。"①

第一次明确提出媒介"第四权力"这一概念的是美国的政治家杰斐逊,1791 年,他在美国联邦宪法第一修正案中使用 the 4th authority/the 4th power 来代替弥尔顿的 freedom of speech and the press,认为应该将报刊的舆论监督功能作为第四权力以制衡行政、立法、司法等政府权力,进一步高扬了新闻自由的思想。1974 年,美国联邦最高法院大法官 Stewar 在耶鲁法学院150 周年纪念大会的演讲中,真正以法律的形式明确了媒介"第四权力"论,认为媒介应该成为国家"立法、司法、行政"三权之外的第四权力,并应确立其社会的合法性地位。"媒介第四权力论"真正将媒体从"实体"的权力形态而非一种功能类比的方式加以界定和描绘。

以法律的形式保障媒介的第四权力,让媒介在信息生产和传播中享有高度的自治,这在媒介发展史上具有重要的里程碑意义。在这种媒介信息互动谱系中,受众也可以根据自己的需求自由的选择各种传播媒介,自主决定或赞成、或反对媒介内容,从而形成自由表达的信息空间,媒介也正是

---

① 李卓钧著. 新闻理论纲要[M]. 武汉:武汉大学出版社,1995:224。

通过这种对受众信息选择权的保障来进一步确立自身的权力。"媒介权力"的自由主义传统在美国无论从制度层面还是人们的心理意识都是深入人心的。

二、"权力的媒介"研究

传统的社会学、政治学一直将权力理解为一种强制性的力量对比,是一种正如科尔曼所描述的"信任—权威"的单链条执行模式,即通常将权力视作个人基于利益的权衡由信任而出让对自身一定行动的控制所形成的外部管理约束机制。"的确,从'社会—政治—法律'的维度考虑,它能够有效地帮助我们理解现行社会构架下政权机构、司法部门、领袖人物直至最微观的权力环节存在的合理性。但正如在解释"物质"概念时,仅仅描述"煤"的个性特征是不够的一样,权威图式在解析权力问题上的局限性也是显而易见的。"[1]

米歇尔·福柯拓展了权力的概念,他认为:"权力不是一个机构,不是一个结构,也不是某种确定地赋予给我们的力量,权力是人们为特殊社会中的复杂策略境遇所取的名字。"[2]"权力关系并不是外在于而是内在于其他各类关系中。"[3]这为媒介权力的研究拓展了视野,即摆脱将媒介作为一个发挥作用的独立机构的思维,将媒介纳入其所依存的其他社会关系和权力网络中去分析。这意味着在认识论上,媒介权力不仅是作为控制与被控制、影响与被影响的单一的因果力量而存在,而是被拆解成多重能力进行研究。"大众传播不是一个单纯自生自长的现象,更不是传播活动的总和,大众传播的复杂性只有被列入到经济生活以及社会生活的整体中去才能被理解。"[4]因此,对媒介权力的研究首先应该分析媒介在现实社会中所依附的权力维度及其对媒介运作的影响,即权力的媒介研究。

---

[1] 刘斌. 大众媒介:权力的研究[J]. 现代传播. 2000(2):26—30。

[2] 刘斌. 大众媒介:权力的研究[J]. 现代传播. 2000(2):26—30。

[3] 刘斌. 大众媒介:权力的研究[J]. 现代传播. 2000(2):26 – 30。

[4] 倪虹. 大众传播媒介的权力[J]. 新闻与传播研究 1999(1):22—28。

1.媒介即意识形态论

在权力的媒介研究视角中,法国的结构主义社会学和批判学派对其进行了较为系统的研究。如阿尔都塞"意识形态的国家机器"概念中就认为出版、电台、电视和文化等都属于意识形态的国家机器,目的是为了保证或担保在表现领域中象征暴力的垄断能够永远存在下去。

早期的法兰克福学派往往反对自由主义传统的那种将"媒介权力"看作是独立的"第四权力"的观点。认为媒介不可能是自由和高度自治的。他们认为,在发达工业社会中,大众媒介已成为意识形态,成为维护国家统治的合法性的基础;克海默与阿多诺就曾以斩钉截铁的语气说过:"广播系统是一种私人的企业,但是它已经代表了整个国家权力,……切斯特农场不过是国家的烟草供给地,而无线电广播则是国家的话筒"。① 诸如广播、电影等大众媒介已经沦为政治权力的附属品,作为其功能的重要延伸而获取了一种对意识形态领域加以控制的权力。产业越来越能在权力层面上取代原有宗教的功能。阿多诺在《意识形态》(1964)一文中写道:意识形态的首要功能,在于对群众进行思想灌输和意识操纵,而"这一直是由文化工业——电影院、剧场、画刊、无线电、电视、各种文学形式、畅销书和畅销唱片……加以实现的"。② 媒介组织通过这种操纵和控制,维护了统治的合法性。哈贝马斯在分析公共领域时认为,媒介既没有保证大众对于民主生活的参与程度,也没有对国家进行有效的监督与控制。相反却受到国家权力的干扰与控制,成为政治、经济权力的延伸机构。

早期的法兰克福学派对媒介的政治意识形态性的分析主要围绕在"媒介的被控制",即"谁控制着媒介"、"为何控制"以及"媒介控制什么"、"媒介如何控制"、"控制的后果"等问题的考察上。从整体上来讲,法兰克福学派第一次将媒介纳入到了政治经济学的考察范围中去,并就媒介权力的基本命题作了社会哲学意味上的初步探讨。

---

① [德]霍克海默,阿多诺.启蒙的辩证法[M].洪佩郁等译,重庆:重庆出版社,1993:150。

② 刘斌.大众媒介:权力的研究[J].现代传播.2000(2):26—30。

美国的批判学派当代代表人物阿特休尔可谓对新闻自由主义传统和社会责任论批评最为剧烈,他的代表作《权力的媒介》集中探讨了媒介与政治、经济、文化等权力之间的关系。阿特休尔认为新闻媒介与政治经济权力之间存在不可分割的关系。在其看来,当今世界政治权力和经济权力需要传播媒介的信息支持,因此,"媒介权力"根本不可能是独立的权力,它只可能是某一种政治经济实力的工具。

2.文化领导权和文化软实力论

19 世纪 90 年代,意大利著名的思想家葛兰西提出"文化领导权"理论,他认为一个国家政权的稳固不可能只依靠暴力或者只建立在制造被奴役者的共识之上。当一个阶级试图获得政治霸权前,它必须先获得文化领导权,即意识形态领域的精神与道德的领导权。在这个过程中,大众传媒作为一个重要的国家公器,是用来传播,加强和巩固占统治地位的精神和道德领导权的。葛兰西的"霸权"理论在大众传媒的研究中具有极为重要的意义。

葛兰西的"文化领导权"所谈论的权力问题与法国的米歇尔·福柯对于权力的分析策略颇为相似。但后者更着重于从一种占统治地位的文化内部着手看待权力的问题。福柯从话语权入手,而"话语权"的研究显然与传媒的权力研究紧密相连。因为在他看来,谁掌握了话语权,谁就能决定被传播的知识内容;谁决定了被传播的知识内容,谁就能决定我们作为受众之所想以及在此意义上我们的身份认同。那么分析媒体的权力,谁拥有媒体的话语权,谁就是权力的掌握者。

1990 年,美国哈佛大学教授小约瑟夫·奈在《美国定能领导世界吗》一书中指出,一个国家的综合国力既包括了由经济、军事、科技实力表现出来的硬实力,也包括以文化和意识形态吸引力体现出来的软实力。"……硬实力和软实力依然重要,但是在信息时代,软实力正变得比以往更为突出。"软实力"实质上"是一个国家的文化与意识形态诉求"①。约瑟夫·奈

---

① Joseph S. Nye,The Challenge of Soft Power,Time Magazine,Feb. 22;21,1999.

认为软实力实质上是"力量的第二层面"，即那些不用实实在在的威胁或报酬就得到所想要的结果，就像亚当·斯密所说的"看不见的手"，是一种能够潜移默化影响他人喜好的能力，其核心是文化软实力，即文化、信息的吸引力、传播力和效仿力。文化软实力在一定程度上并不一定严格遵照军事、经济的实力进行强弱的排列，文化可以跨国界流通，这使得文化的扩散性传播及其所产生的资源再开发势能成为建构国家形象和实力的主要途径。在这种文化传播中，大众媒介是其中一个主要的传播系统，成为国家增强自己软权力的主要传播渠道。

文化领导权理论和软实力论将媒介真正看作可以形成带有"权威"色彩的权力结构的主导型力量，这种"权威"的实质是一种合法化的权力形态。"媒介可以通过媒介产品，使消费者在购买产品的同时，认同产品所包含的基本价值观和理念，从而对于国家的政策与方针、企业的产品与服务、主流文化的基本理念、社会结构的基本架构产生认同，从而自觉地加以维护、购买、信奉和接受。"[1]

以上这些研究成果对我们具体分析目前的现代大众媒介如何利用各种关系实施权力，媒介运用权力出现的问题以及对媒介权力的进一步反思提供了更为系统的理论借鉴。

第二节 媒介权力的显现与生成

媒介作为一种权力的主体，不仅是意识形态国家机器、经济企业，同时还是公共领域，正是这种三位一体的机构特征保证了媒介权力相对稳定的需要，也保障了媒介与受众之间权力关系的通达。因此，媒介权力从生成直至产生影响的过程散布于社会的各个组织和群体中，这种弥漫、散点的权力分布方式使得媒介权力本身便具有多重性特点。

---

① 何双秋.媒介权力研究历史的反思、批判和重构[D].南京：南京师范大学,2006:6。

一、媒介权力的呈现形态

1. 稳定的集体性权力

帕森斯把权力的聚集看作组织一个大型而复杂的社会的必要条件。权力的集中均缘于广泛的社会妥协和共识。权力可被视为实现集体目标的普遍手段,而不是满足有限的局部利益的特殊手段。① 媒介之所以能成为权力主体存在,很大程度上在于媒介对整个社会广泛而稳定的信息服务,具有集体性权力的执行特点。

大众媒介因占据了最广泛的信息渠道而存在,受众团体出于信息知情的共同愿望,而自觉自愿地与媒体达成联合。受众生存所依赖的环境变化越快,越需要被迫收集多方信息。媒介凭借其巨大的传输优势和日新月异的传播能力,最大限度地迎合了人的这种需求。一方面博得了公众的青睐,一方面又刺激了更大信息的需求,其与受众的联系也不断得到巩固。这种形势下,一个庞大匿名的受众群便自动聚集在媒介周围,并且由于和媒介在信息资源上存在较大落差而只能受制于媒介。媒介在很多时候也能根据受众的需要选择信息,在广泛的社会问题上寻求与受众的积极合作,并借助信息传播优势引导受众,因此,受众无形之中也成为媒介可以调动的一股潜在集体力量。

2. 稀缺的资源性权力

按照马克思主义的观点,物质资源与权力获取之间是一种循环式的交往关系:一个人或机构拥有的物资资源越多,在社会交往和交换中就越能控制他人,对稀缺物质资源的垄断能够促使那些需要而没有这些资源的人们服从,权力有赖于对相关资源的拥有、控制和使用。

媒介的影响要成为权力,实施影响者必须拥有相应的"资本"。而这个"资本",就是媒介所拥有的信息资源、传播设备和传播手段等。因受众对于这一资源有着广泛的社会需要,同时受众又没有对等的、对于媒介而言

---

① 何双秋. 媒介权力研究历史的反思、批判和重构[D]. 南京:南京师范大学,2006:10。

也是稀缺性的资源，所以在媒介和受众的信息交换中媒介拥有先天优势。具备这种优势，媒介也就掌握了控制向受众传播具体内容的权力，这就是传统把关人权力的来源；同时媒介可以通过"议程设置"表达、引导和控制舆论。尤其随着现代通讯和传播技术的不断发展，技术被当作最富于创造性与挑战性的工具大量加以应用，来辅佐传播过程，技术的涵化运用使得事实的真相和媒介表象之间可以出现本质性的差异，这使得媒介的权力更能以一种隐蔽甚至扭曲的方式呈现并发挥作用。

3. 存在的合法性权力

合法性不仅包括法律上的制度保障，还包括社会主流权力的认同和支持。作为媒介从业者，有宪法赋予的最基本的权利，即言论自由（意见自由表达）的权利，同时有着本职业赋予的特殊的采访权利，这种权利帮助媒介将信息采集遍及到社会各个领域，并以最及时、最专业的方式帮助受众甄别并传播，这使得权利有可能转变为权力，并控制信息流动。

同时，大众媒体的公众性和公益性是大众传媒的权力基础，媒体在社会中所享有的合法地位，正是社会期望媒体发挥公共沟通的功能。媒介在发展中虽然受到社会政治、经济力量的牵制和影响，但之所以被倚重的原因主要是由于媒介通过公共性信息服务所储备的最广泛的公众基础。因此，努力为社会公众提供最快捷、最有价值的信息服务，不仅是媒介的社会职责，更是它的生存基础。这种生存逻辑致使媒介在发展中必然努力提高其在社会大众中的公信力和认可度，通过发挥公共沟通功能来树立其社会权威。

另外，在人类的媒介历史发展中，所有政权形式几乎都不会任由媒介独立发挥，都积极地利用媒介操控和引导社会主流舆论。因为与自上而下的垂直权力机构相比，媒介往往能迅捷地将政府和群众紧密联系在一起，渗透性地传播其政治理念，灌输其意识形态。而对于媒介来说，获得政府的支持也是顺利开展活动的保证，因此在与政权机构配合方面也表现得十分努力。媒介和政权的联姻往往使得媒介的权力行使具有更坚实的合法性基础。

4.传播的弥漫性权力

福柯认为,权力散布于整个社会,它不会静止成为某一个机构或个体的独有权利,而是某种循环流动的东西。权力是对各种可能产生影响的行动的总体结构,这种结构本身是无所不在的、不被觉察的。媒介权力是否能够成为一种弥漫性权力形态,关键是看在新的媒介技术条件下,媒介本身是否已经作为一种社会网络结构成为社会资源的载体。

现代媒介技术已经将人们纳入一个统一的信息共同体中,这种共同体信息流通的主要特点是互动,除了人和人之间的信息互动、情感互动,各种政治、经济、文化形态也必须借助这一平台拓展自己的生存空间。"大众媒介对于作为整体的社会来说,是实现社会内部充分互动从而使社会成之为社会的工具,对于社会中的行动者来说,是他了解周围环境、与环境之间实现充分互动从而使行动者得以继续生存和发展的途径。这也是大众传播媒介成为社会基本机制的原因所在,同时也是媒介权力的起源。"①

二、媒介权力的生成

现代媒介技术的发展使媒介的触角日益深入到人们生活的每一个角落,从大众传播到分众传播,人们一切显在和潜在的需求都被发掘出来加以开发成为媒介可以利用的资源。大众媒介以最快的超越时间和空间的信息扩散能力吸引整个社会依存于其中获知和共享信息,这种媒介化生存的滋生与蔓延,悄然削弱了人们获取直接经验的主动性。在这种媒介环境中,"人单独与世界遭遇的机会逐渐消失,媒介成为人与世界互动的中心环节。"②媒介在这种功能的发挥中逐渐发展出自己的权威性,即除了组织自身的级别和媒介的社会认同外,媒介也通过培养自己的名记者群、主持者的威望并提高重要言论的频率和影响度以及媒体的覆盖率等方式来塑造媒介的知名度和亲和力、美誉度。权威媒介可以使媒介意志的服从率稳步

---

① 倪虹.大众媒介的权力[J].新闻与传播研究,1999(1):22—28。
② [美]威尔伯·施拉姆、威廉·波特著.传播学概论.[M]北京:新华出版社,1984:35。

增长,并借此扩展自己的权力运用触角。这种媒介的权力优势又会被社会的政治、经济利益所关注并参与到媒介权力的生成中,媒介权力很大程度上并非媒介的直接能力形式,同样逃离不了社会其他各种权力的介入性参与。

1.信息把关中外在权力的介入

媒介进行信息传播的信息源主要来自媒介外部,即社会上变动的各类信息。为了采集尽可能丰富和快捷的信息,媒介必须积极寻找可以依赖的尽可能多的信息资源,并与之建立持久稳固的联系,而往往这种信息资源中的大多来自政府部门和商业领域。媒介能采集到什么信息、能采集多少、信息可靠性如何很多时候不取决于媒介本身,而是取决于信息提供者(主要是政府和商业机构)。这便使得政府权力主动介入其中,大众传媒所建构的信息拟态环境并非现实环境的相应重合,更多时候只是社会政治、经济权力机构精心筛选的结果。

2.信息编码过程中的话语规定性

话语,是人与人之间通过文本在特定语境间展开的沟通活动,话语既是一种表现形式,也是一种行为方式,人们通过它与世界发生作用。话语受制于社会结构同时又有助于社会结构的全方位建构。大众传媒的信息编码实质上是通过信息采集和传播活动产生一种指向性的强势话语,充当话语传播的增效器作用。

媒介在进行话语设置和社会沟通的过程中,与规定性内容的传播相应的,是媒介在传播这些内容时使用的是规定的语言,即必须按照一定的技术程序和国家意志去选择话语形式和话语方式。作为表达这些内容的形式,媒介组织积极确定自己语言的句法和词汇。在阿多诺和霍克海默看来,文化工业中的各种材料以及根据这些材料制作的媒介产品,都是通过相同的技术手段和特定的语言而形成的。当然,这种"规定的语言"显然来自于国家权力、来自于权力的强制性规定,并受其全面管理。这种被规范后的媒介产品使受众形成一致化的意识规范,塑造和维护了意识形态权威,表现出话语权。

3. 信息传播中的媒介自主权力

在媒介的信息传播中,信息播送是媒介唯一有可能不受外围权力影响而自主独立形成的权威。因为媒介作为一个独立机构的最大特点是拥有自己的信息渠道资源,无论是通过什么方式采集信息和处理信息,都需要借助这种渠道资源才能播送出去并产生相应效果。媒介也往往利用自己的这种自主权力努力争取受众并和受众达成尽可能广泛的信息交流,借此在满足受众信息获知的同时影响受众。

通过以上分析,在媒介权力的生成中,只有信息播送拥有相对独立的权威,从而决定了它的权力只能是相对的和部分的。它要受到社会政治机制和经济机制的牵制,如政府部门和私人企业对信息采集和信息处理的影响,这种牵制和影响就是政治和经济机制对大众传播机制实施的权力。

三、公众权力的保障

媒介权力受制于政治、经济权力的同时,也必须依托它的存在基础,即权力的公共性,媒介行使权力与全体公众的利益是密切相关的,公众利益在一定程度上也是媒介得以发挥权力的基础保障。正因为媒介对于维护公共利益的积极作用,人们才认同和赋予媒介各种权力,这也使媒介权力成了相对的、有条件的权力,也使媒介权力自然有了责任的性质。

施拉姆在他的《报刊的四种理论》中分析了各种不同体制下媒介权力的内涵,并由此论述了媒介权力与责任的关系。"根据自由主义的思想,公众通讯工具的作用在于报道情况和提供娱乐……,出售或广告的作用"。[①]自由主义报刊的权力在于"对政府提供一种其他机构无法提供的监督作用"、"不受约束的自行修正"、"反对垄断"。社会责任论接受自由主义对于媒介权力的基本认识,但要求媒介在此基础上承担一定的社会责任"供给真实的、概括的、明智的关于当天事件的记述,说明意义",成为"一个交换评论和批评的论坛",描绘"社会各个成员集团的典型图画",负责"介绍

---

① 施拉姆. 报刊的四种理论[M]. 北京:新华出版社,1980:59。

和阐明社会的目标和美德",使人们"便于获得当天的消息"。媒介承担更多的责任意味着需要更多的权力,所以这些责任从另一个角度来看实际上是对媒介权力的修正和强化,使媒介从消极的行使权力变为积极的争取权力。在以苏联为代表的社会主义报刊媒介理论中公众通讯工具担任三方面的工作:"提供通俗化的启发,借以帮助群众的政治觉悟;提供理论上的解释,借以通告各个思想;进行官方的消息报道,有助于党和工人组织的工作顺利进行"。媒介作为社会的"鼓动者、宣传者、组织者"存在。

伴随着中国市场经济的发展,当代中国的大众传媒不断在更高程度上打破时空限制,这使我们面临新的问题:在现代大众传媒的时代背景下,如何把握大众媒介权力的限度?

在中国传统文化背景下,大众媒介主要是一种教化的力量,它依附于政治权力,但在某种程度上也间接地支配着政治的权力。这种权力存在的内在根据在于道德正义的力量、知识理性的力量和实践认同的力量。可以设想,当传媒失去这三种文化力、失去公众普遍的认同和威信,那将意味着媒介权力的丧失。为此,从正面角度讲,我们需要通过增强道德理性、知识理性和实践理性来维系媒介权力的信誉和力量;从反面角度讲,媒介权力如果失去理性的力量,将导致权力滥用,从而最终丧失其权力。这就决定了媒介权力既不能无限制,甚至任其泛滥,也不能将这种权力完全限制死。对此,应当遵循以下几条原则:

第一,媒介权力的运用必须以维护国家利益为前提,因而必须有利于意识形态阵地的巩固。

第二,媒介权力应传播先进文化,批判社会时弊,发表有利于社会文明或进步的文化。

第三,媒介权力在运用中应该遵守职业道德,把维护社会公共利益与获取经济利益有机地加以结合。

第四,媒介权力应当根据社会所规定的准则对传播内容进行必要的选择,通过对媒介内容的必要控制,促进社会改良和整合。

第五,必须对媒介权力加以控制,以引导大众传媒健康地发展。

第三节 媒介权力的危机:霸权

受众成为"媒介的延伸"的过程,实际上就是媒介改造和重构受众,使之服从媒介权力的过程。在这个过程完成之后,媒介就有可能对受众甚至整个社会进一步的施加更多的影响,甚至形成媒介霸权。

一、媒介在制作信息阶段的霸权

媒介在制作媒介产品时应该把握怎样的尺度才符合客观、公正的标准这个问题一直是传播学研究的焦点。由于媒介的话语性总是包含着社会历史传统和媒介从业人员的主观性,所以很难找出一个统一的标准来规范媒介的内容制作。在传统的媒介权力理论中,只能用概括性的语言加以描述,如"真实性"、"民主性"、"批判性"等等。这些粗略的、抽象的要求在媒介空前发达的今天,成为媒介滥用权力的可乘之机。一方面,抽象的描述降低了这些要求的可操作性。另一方面,"受众成为媒介的延伸"使得这些要求成为"上帝的神谕",但上帝已经被媒介同化了、消解了、重构了。

传统媒介权力理论要求媒介从有益于社会和受众出发,决定传播的内容的取舍,而在媒介信息纷繁复杂的今天,这种要求屈从于媒介对于自身利益的追求。在媒介的信息海洋中,不时有冲破社会控制的内容。几十年前,这种冲破被看作是民主性的表现,是保障知晓权的斗争。但现在,在媒介发展的惊人速度和强大实力下,这种冲破将是危险的信号,是媒介进一步扩张权力、统治受众的前兆。

在我国,情况则更加复杂。西方媒介从诞生就与市场为伴,在市场运作中建立了有效的权力监督机制。而后再遭遇新科技革命和信息爆炸,它们现有的机制尚且还能应付这样的变革。而我国,媒体进入市场与信息革命同时到来,这对于本来就很脆弱的媒介机制是很难应付的。媒介主体意识的突然急剧膨胀,不仅使媒介无法找到准确的定位,就连整个社会也无法对媒介内容的优劣做出判断,只有在媒介内容明显危害了社会利益时才加以制止。到目前为止我国对于媒介内容的规定和制约主要还是通过事后评价和奖惩来实施,而事前的预测和防范很少,这是不符合媒介性质的。尤其是在媒介权力日增的情况下,失当的媒介内容将会引起很坏的社会影响。但在信息流动速度极快的今天,媒介运作和传播速度显然远远高于整个社会的平均速度,社会对于媒介内容的控制往往力不从心,所以按照自身利益决定媒介内容成为媒介霸权化的一个体现。

媒介按照自身利益决定媒介内容的霸权最为具体和突出的表现在:对国家不负责任的揭秘性内容和对受众不负责任的隐私性内容。为了提高收视率,媒体往往怀着猎奇心理制作一些鲜为人知的内容,而这些内容往往危害了国家和受众的利益。对国家不负责任的揭秘性内容体现在许多犯罪新闻和电视剧中。许多记者和导演将侦破案件的全过程反映得非常细致,以至于许多细节和侦破手段被泄漏。这些保密性内容的泄漏将使犯罪分子警惕性提高,为现实生活中侦破案件制造障碍。而对受众不负责任的隐私性内容在现代媒体中则更是比比皆是。正如在上面分析的,这是媒介延伸受众的一个环节。现在各种市民报几乎都开办情感讲述类的节目,而在电视中也时常出现对于市民生活的深入报道,其中不乏生活细节和隐私内容。《东方时空》的原制片人陈虻曾经对该栏目的记者说过你们想象如果那些采访对象是你们的亲人,你们还能那么拍吗? 作为业内人士都觉得记者的拍摄侵害了采访对象的隐私,可见这种影响程度的深刻。同时,隐私性内容的传播对于受众的审美观和审美旨趣也产生了不良的影响。猎奇、偷窥等不健康的心理给受众的精神生活造成了危害。

二、媒介在传播信息阶段的霸权

在我国,传播渠道是由媒介控制的,电视在什么时间播出什么节目、以怎样的方式播出,报纸用多少版面、内容如何确定,这些问题都是由各媒体自行决定的。虽然社会上存在着大量的新闻素材,但是大众传媒的新闻报道不是也不可能"有闻必录",而是有一个取舍的过程。在这个过程中,媒介组织形成了一道门,通过这道门传达到受众那里的信息只是很小的一部分。这使得媒介在传播信息时,很容易强迫受众接受信息,剥夺受众的选择信息的权力。

在国外对于媒介的这种霸权采取了一系列措施。例如美国,广播电视产品的制作由媒介负责,而广播电视的播出渠道却是由国家统一掌握和进行分配的,在美国是由"联邦通信委员会"负责此项工作。比起我国的政治制约,这种方法对于媒介的霸权更有遏制作用。另外,国外的广播电视专业化程度高、种类多样,管理体制也相对完善。由国家出资开办的广播电视台,属于公益性电视台,这类电视台资金由国家负责、不需要自筹资金,几乎不播出广告,而由私人拥有的电视台则播出广告,但国家对于这类电视台的广告也有严格而细致的规定。在我国,由于体制的不完善,对媒介霸权的防止力度还十分有限。近年来对于电视台进行"制播分离"的改革,就是通过权力分治来消解媒介霸权。而一系列关于广告的规定,也说明广告需要引导和管理,如规定电视台黄金时段电视剧不准插播广告,在用餐时间不准播放女士卫生用品之类的广告。虽然社会逐步认识到媒介的霸权对于我们生活的不良影响,但在信息与商业社会里要真正取消媒介的霸权及其影响还需要更彻底的改革。

媒介在播出阶段的霸权最为明显的例子就是广告的传播。从广告的传播形式来说,除了正规的广告传播外,媒介总是想尽各种方法传播广告。最常用的方法就是,将广告与一般性信息混合在一起传播。这种方法使受众将广告当作一般性信息对待,从而减少对于这类广告的抵触情绪。这种混合传播与隐性广告不同。隐性广告是在内容上将广告信息制作成一般性信息传播,带有明显的欺骗性。但这种办法则是在形式上将二者混合,在内容上还是独立的,媒介借此达到更多的、更有效的传播广告,又没有明显过错的目的。例如,许多电视媒体尤其是地方电视媒体播出电视剧时,常在右下角显示某一商品的商标或是商家的名称,还有些甚至在下方用小字发布滚动广告,让受众在观看电视剧时不得不观看这些广告,这剥夺了受众欣赏电视节目的完整性。另外,基本上所有的电视剧片尾曲部分的画面都被覆盖上广告,受众刚看完电视剧,由于惯性基本上会观看片尾,而且许多"下集预告"在片尾之后,许多观众会为此而等待片尾曲结束。总之,广告在传播渠道中可谓见缝插针,这些"违规操作"大多数都影响和剥夺了受众对于媒介的使用。

从广告的播出时间来说,广告时间越来越多是现代媒介的一个特点。在观众中关于广告时间长的抱怨早已有之,黄金时段电视剧广告插播过多、过长,有的地方台播放一集电视剧要插播四到五次广告,每次都在十分钟以上,以至于一集电视剧要播放一个小时以上,而在每集电视剧之间的广告更是长达半小时左右。这种利用对于传播渠道的占有,强制性的向受众灌输商业信息的做法,是媒介霸权的明显体现。

三、媒介在信息反馈阶段的霸权

现代媒介常用注重受众反馈来突出自己的民主和开放,可这种看似美好的做法却隐含着媒介更大的霸权。在媒介反馈阶段不仅存在着很多对受众的欺骗,而且通过这个阶段媒介以民主的形式增加了媒介霸权的合法性。

1. 部分收视率调查的虚假化

广播电视往往用收视率高低来衡量节目质量的好坏,更有甚者,以此来决定节目的去留。今天,"末位淘汰"的竞争机制被全面运用于收视率调查,收视率最低节目将面临停办的危险。这种残酷的统一标准表面上看是"视观众为上帝",实际上有很大程度的虚假性。

首先,在我国媒介调查的科学性值得怀疑。这一方面是由于我国的受众人数多、分布广、性质复杂,这使媒介调查的抽样、访问与统计都异常困难,不准确性在收视率调查中普遍存在。另一方面,媒介调查在我国时间不长,国内的调查公司在技术、设备和人员方面都存在缺陷,国外公司又由于不熟悉情况而难免出现疏漏。收视率调查本身的问题决定了以这种方法作为衡量节目质量的标准是武断的、不科学的。

其次,收视率只说明观众正在接受的媒介内容,并不能说明观众需要和应该接受的媒介内容。虽然收视率调查过滤了一部分粗制滥造的节目，但许多优秀的节目因此遭冷遇和淘汰也是事实。例如，中央电视台的《读书时间》在持续的低收视率中下马，可实际上，这个节目是中央电视台少数质量较高的教育类节目。然而，并不是所有低收视率的节目都会受到相同的待遇，《对话》就是这样的幸运儿，低收视率并没有妨碍它成为最受重视的精品栏目。差异的原因在哪里？因为《对话》是属于商业精英的节目，收视率虽低却拥有广告的高收入，作为大众教育节目《读书时间》显然不具有这样的优势。由此可以看出，与其说是"收视率决定一切"，不如说是广告决定一切，媒介自身利益决定一切。媒介在收视率调查中，将受众和媒介民主出让给商业利益，而商业利益支配的媒介内容并不是对受众有益的内容，收视率调查无疑是为这种商业性的媒介内容寻找存在的理由。

2. 部分媒介评奖的暗箱操作

与收视率一样，媒介以受众投票的方式评奖也存在很大的欺骗性。对评奖过程稍加分析就可以发现其中的许多漏洞，观众投票仍需通过媒介，选票的统计由媒介完成等等，这些环节使媒介有可能对评奖进行暗箱操作。因而，在媒介评奖中，商业与经济仍然起着决定作用。缺少监督与制约的评奖，由媒介主办、媒介完成，媒介轻易就可以操纵受众的"公共意见"，如有些媒介大量购买印有选票的报纸，组织人填写，以使自己支持的候选人当选，甚至可以暗中篡改投票结果。总之，在媒介之网的笼罩之下，公平、公开的评选虽然可能出现，但只是在媒介"良心发现"之时，而在各种利益的交织中，这种机会是越来越少了。

以上我们分析了媒介在各个环节的各种形式的霸权，这些霸权有显性的，也有隐性的。在媒介逐步渗透的过程中，媒介霸权也变得无处不在。在媒介逐步强大的今天，媒介的霸权是越来越多，越来越强了。如果不能有效的平衡控制这种霸权，不仅会损害媒介形象，影响最深的还是受众的利益。

第二章 媒介利益:效益与利润的冲突

第一节 新闻业的市场化转型

　　1962 年,美国经济学家弗里茨·马克卢普第一次把知识的生产和传播作为产业进行系统地研究,并提出了"知识产业"的概念;1977 年,马克·尤里·波拉特在继承马克卢普研究成果的基础上,对美国信息经济和产业结构进行了认真全方位地研究,提出了信息产品生产、处理、传输、服务等是渗透到国民经济各部门、各领域的一种活动;1981 年,联合国经济合作与发展组织把信息产业发展为四个行业,即信息生产、加工、传播和基础等行业。从此,信息产业不仅在西方发达国家被使用,发展中国家也使用这个概念。

　　在我国,特别是进入 20 世纪 90 年代以来,人们从理论和实践上已经开始重视信息和信息产业,并对信息产业涵盖的范围进行着深入实践和研究。报纸、广播、电视这些传统的大众媒介在发展中一个最突出的改革成果,就是新闻媒介的迅速发展,新闻也逐渐显示出产业的明显特征。随着以党报为核心的报业兼并与联合,尤其是报业集团的出现,媒介的产业特征更加明显的凸现出来,媒介越来越多地以"企业行为"介入"媒介市场",在某种向度上,媒介产业化已经成为我国传统大众媒介发展中一个不容忽视的现实议题。如果对这一发展作一浅显分析,从媒介的三重属性来看,由于信息性是媒介的基本属性,当媒介不再看成是单纯的意识形态组织的时候,媒介本身的经济属性便随之凸现,资本的渗透更是将这种经济属性提到了产业的高度。就媒介内容本身而言,它已经适应了产业化运作和市场经营的游戏规则,通过自身的一系列改革为媒介提高了利润。

一、报社企业化的初步尝试

从 1950 年至 1956 年,我国的报社开始了企业化运营的初步尝试。

新中国成立前,我们对新闻事业属性的认识,长期都是定位在上层建筑的范畴内,不从事经营、专心宣传,每年的新闻事业经费向上级实报实销,人员实行供给制。随着媒介数量的增多,也无形中增加了国家的财经负担。

为了缓解政府财政支出的财政压力,新闻总署在 1949 年 12 月召开的全国报纸经理会议上决定报纸实行企业化经营。之后,中央宣传部肯定报纸企业化经营的方针是"完全正确的,可以实现的"。很多报纸出于经营需要,开始调整发行费,并着力开拓广告业务。如《光明日报》从对开 4 版一份 80 元、《人民日报》从对开 6 版一份 50 元分别调到 600 元、900 元。1950 年 4 月起,各报为了便于发行,考虑读者购买力,又开始调低价格,各报在原有基础上分别降低了 100—300 元不等。报纸开始将经营重心放在广告业务上,广告费在报纸收入中的比重逐年增加。《人民日报》1949 年 12 月广告收入只占总收入的 9.24%,到了 1950 年,广告收入上升了十个百分点。

企业化经营后,各地报纸的财政状况开始好转。1950 年 8 月,全国有 33 家公私营报纸已经或开始做到全部自给而有盈余。1951 年,省级以上报纸基本做到自给自养。与报纸一样,各地电台普遍经营广告业务,有的大、中城市还开设了以播出广告节目为主的工商台、经济台。1951 年,天津电台、北京电台广告收入自给有余,并上缴部分利润。

但 1957 年以后,全国基本完成了经济国有化的目标,建立起了计划经济体制,在各行业的产、供、销都在政府"计划"的情况下,媒体的广告市场严重萎缩,媒体企业化经营的尝试全部停止,新闻单位重新作为党和政府的宣传部门,像机关一样采取财政包干。

初期的这次企业化改革,无论在持续时间、发展规模还是影响范围等方面都是十分有限的。因此,50年代初期至中期的传媒变革只能称其为"企业化"经营,还不能说"产业化、市场化"改革,因为报纸从内容到发行上都没有面向市场。在内容方面,片面强调党的喉舌的功能,对读者采取一味教导和引导的方式,忽视了读者真正的信息需要和要求。在发行上,当时的报纸主要以公费订阅收入为主,个人自费订阅没有很好地得到倡导。

二、媒介的市场化之旅

1978年中国共产党召开了历史上具有伟大历史意义的十一届三中全会,1978年底,《人民日报》等首都数家媒体联合向财政部递交报告,要求试行"事业单位,企业化管理",财政部批准了这一报告。1979年4月,财政部在颁发《关于报社试行企业基金的实施办法》中,再次明确报社是党的宣传事业单位,在财务管理上实行企业管理的办法。这样,"事业单位,企业化管理"的经济管理体制在全国报业迅速推广。1983年3月,第11次全国广播电视工作会议召开。会议把"广开财源,提高经济效益"作为广播电视改革的方针之一。1985年国家统计局对三次产业进行划分时,广播电影电视业已明确排在第三产业的序列。1992年,邓小平南巡讲话,把我国"计划商品经济"推进为"社会主义市场经济体制",市场交易的日益活跃直接带动了媒介的产业化发展。1993年6月,中共中央、国务院发布的《关于加快发展第三产业的决定》,把"报社经营列入第三产业",我国媒介的产业属性和市场发展所需的政策环境逐步确立和完善。

至此,我国传媒开始真正走向市场。刊登广告是媒介走向市场的最明显报纸,在1981年到1992年间,我国每年的广告增长率都在40%以上,远远超过它的国民生产毛额增长率。

其次,报社市场意识进一步觉醒,自办发行标志着报社开始主动开发受众市场。1986年《太原日报》等6家报纸转入自办发行,1987年又有《武汉晚报》等11家报纸转入自办发行。在省级党委机关报中,《天津日报》

1988 年率先自办发行。同年 4 月,"全国自办发行联合会"成立。截止到 1998 年 1 月,全国实行自办发行的报纸已超过 800 家,占当时总数的 35% 以上。自办发行直接带动了媒介对受众信息需要的关注。报纸的"周末版"、"扩大版"大量出现;电视娱乐节目开始兴起并普及,增加媒介内容的信息量、可读性、娱乐化成为媒介市场运行中主要的内容传播特点。

在这一阶段,媒介产业的规模得到迅速发展,不同类型的报纸、电视、电台纷纷涌现,媒介在运营中越来越多的依靠市场的调节去发展,政府已经成为规制传媒发展的外部调控力。媒介的市场化运营开始真正发展起来。

三、媒介集团化的运营

中国自 20 世纪 90 年代以来,媒介产业改革也在不断地推进。为了进一步扩大媒介自身的市场竞争力,媒介开始考虑建立"航空母舰"进行规模化、集约化运营,以跻身于决定国家经济命脉的大型国有企业之列,形成可以和国际著名媒介集团的跨国经营趋势相抗衡的规模和实力。在竞争激烈的产业化背景下,集团战略是媒介生存和发展所必须重视的战略。

1996 年 1 月,中共中央宣传部、国家新闻出版署正式批准广州日报报业集团成立,这是中国第一家报业集团。2008 年,国家新闻出版总署报刊司在《中国报业年度发展报告(2005)》透露,我国目前拥有 39 家报业集团,已批准成立的报业集团共有 31 家。在广电行业,涌现出无锡、上海、湖南三种电视集团化模式。2001 年 12 月 6 日,经党中央、国务院批准,我国最大的新闻媒介集团——中国广播影视集团成立。集团由中央电视台、中央人民广播电台、中国国际广播电台、中国电影公司等 6 家国内重量级电子媒介组成,总资产达到 216 亿元,这次组建可以说是在中国新闻传播史上值得记载一笔的里程碑。

媒介集团化是媒介产业的必由之路,是媒介产业改革和发展的重要举措。我们判定中国媒介集团的含义是:媒介集团是媒介联合的高级形态,它是在党中央、国务院的领导下,以一个或若干个大中型媒介为核心,与有关联的媒介、企业、科研单位或经营组织,遵循平等自愿互利原则,进行多层次、多形式联合而形成的媒介。[①]

四、媒介与资本的联姻

当前,我国传媒业面临的突出问题就是资金缺乏、体制落后和资源配置不合理。因此,对大多数媒体来讲,只有与资本市场接轨,实施外部交易型发展战略,才能以最短的时间、最快的速度做大做强,实现最优的战略飞跃,与跨国传媒巨头争夺市场份额。尤其在经济全球化和中国加入 WTO 的背景下,传媒业日益意识到引进业外资本提升自身竞争力的重要性。正是在这样的宏观背景映照下,媒介集团加快了上市融资的步伐。

2001 年 4 月,中国证监会公布了新的上市公司分类标准,取消了"高科技产业",新增了"传播文化产业"及"传播信息服务业"。这标志着传媒进入证券市场已获得制度层面的认可,传媒类概念股已获得投资人的认同。使"传播文化业究竟是不是产业,能否上市"的争论烟消云散。2004 年 2 月 20 日,国家广电总局发布了《关于促进广播影视产业发展的意见》,内容引人关注:允许各类所有制机构作为经营主体进入除新闻宣传外的广播电视节目制作业,在确保控股的前提下,可吸收国内社会资本探索进行股份制改造,条件成熟的广播电视节目(包括电视剧)生产营销企业经批准可以上市融资。

政策上的重大转变,标志着多年难以突破的传媒投资政策将开启封闭之门,自 1994 年 2 月东方明珠股份有限公司挂牌上市以来,截至 2009 年,已有 37 家传媒类上市公司活跃在国内外证券市场上,报纸、广播、电视、通讯社四大传统媒体均已触市,主要从事广告代理、报刊发行、有线网络传输、纸张印刷、电视节目制作买卖等经营性业务,也预示着大陆媒体间的竞争,迟早会演变成与国外海外媒体强手间的角逐。

[①] 邵培仁,陈兵.产业化背景下的媒介集团战略[J].商业研究,2002(12):47—50。

第二节 新闻利润化

媒介在进行产业化运作的时候,市场化因素的渗透是不可避免的。当媒介开始成为一个自收自支的经营组织的时候,经济利益开始被媒介前所未有的重视。当媒介开始自负盈亏、自主经营的时候,传媒市场表现出的主要特征与一般商品并无太大的差异。但媒介除了是一个市场主体,它又是整个社会意识形态的一部分,必须在信息的传播中把握社会效益的原则,当经济效益和社会效益需要双重兼顾时,媒介的运营环境往往在二者的冲突中显现出一些值得关注的问题。

一、新闻利润化的出现

1. 经济利益的驱动

进入市场的媒体不可避免地受到市场逻辑的影响,在市场内在驱动力的作用下,开始努力创造经济效益,实现利润最大化。

媒介商品化后,"大众媒介的内容——向受众传播的信息、娱乐、教育材料都是主观的精神实体,实质是为了获得潜在的受众和保持其忠诚的注意力而使用的诱饵,其目的是为了吸引和保持受众观看节目、阅读报纸和杂志,并且培养一种对公开或隐含的广告信息作出有利反映的情绪,大众传播的商品就是受众。"受众被作为商品加以出售以后,受众在传播活动中原本应该具有的主体地位自然就完全丧失了,受众公开、公平地获取各方面社会信息的社会利益自然也就无法得到全部的体现和保证。

虽然"受众中心"意识在近年来被不断提到,但在传媒面向市场的条件下,在利润第一的前提下,"受众中心"从根本上说也是自欺或者欺人之谈。比如,现在很多电视台形成了一种"霸气"作风,在某些电视人看来,观众不过是白看电视节目的人,而既然你是在白看我的节目,那么电视台在广告插播时,也就显得十分粗暴,认为是理所当然,以至于有些电视台甚至任意中断节目插播广告。

从新闻制作的成本来看,制作硬新闻尤其是追踪报道和调查性报道的成本,普遍要比制作软新闻高。而且,揭露性新闻也是硬新闻的组成部分,由于它是负面报道,很容易触犯利益攸关者,因而进行揭露性报道还必须付出非经济成本。按照市场运作的规律,经营组织的盈利在很大程度上来自于降低成本提高收益的基础之上。从这个意义上说,从媒介进入市场的那一刻起,它就已经在制作成本高、不容易吸引受众的硬新闻和制作成本相对较低、受众群体更为广大的娱乐、时尚等软新闻之间做出了选择。正如约翰·基恩所指出的:"媒介商品化造成的选择分布不均衡的现象,由于市场竞争中增加了广告这一润滑剂而更加火上浇油。广告业并不鼓励覆盖面的多样化,而是把'生产线'包装成'轻松的娱乐'。广告业为广告商和公司的利益、而不为公民的利益服务。它赋予'公司言论'以得天独厚的地位。广告业一心要招徕尽可能多的受众,而费用却必须降到最低水平,它使用得材料只能迎合一小部分公民的利益,并且充其量只能是有限的供应。广告业大大压缩了符合少数人兴趣的节目,诸如富有美学意义和智力挑战性的主题,以及政治上有争议的材料,这些东西无法赢得最大数量的观众,因而广告商不愿为之下赌注。"①

在媒介产业化运营中,虽然政府也一再强调要进行正确的舆论监督和舆论引导,中宣部原副部长徐春光强调,媒体走向市场后,确保四个"不能变":喉舌功能不能变,党管媒体不能变,党管干部不能变,正确的舆论导向不能变。政府对媒体进行适时适地的宏观调控,但是,在利益面前,很多媒体淡忘了媒介的社会责任意识,他们依然会不加选择地迎合受众需求,顺从于广告主的意志,传播不利于社会效益的信息。产业化中的市场逻辑促发了这些问题的发生,没有产业化,媒体不会出现这些问题。然而,走向市场并不意味着所有媒体必然产生问题,产业化只是提供了媒体产生这些问题的可能性。目前,很多媒体已经开始尝试实施自己科学的品牌战略,通

---

① 时统宇,吕强.收视率导向批判[J].现代传播,2006(2):2—4。

过高品位信息内容既体现了媒介进行优质、合理信息传播的责任心，又能有效规避以上问题进行可持续长远发展与赢利。

2. 资本意志的压力

目前新闻媒体自主上市主要有以下几种方式：一些媒体将可经营性资产剥离出来进行整合，成立隶属于新闻媒体并由国有资产控股的股份制子公司，然后申请直接上市，如东方明珠、电广传媒、歌华有线；还有一些媒体采取借壳上市的方法，子公司通过股权收购等方式控股一家上市公司间接进入证券市场达到融资目的，以绕开子公司直接上市的多方障碍，如博瑞传播、赛迪传媒；同时，由于媒体行业整体的预期收益比较看好，一些业外资本也纷纷投资入股媒体领域，主要有以下两种合作方式：

第一，业外资本涉足传媒。"上海强生传媒创业投资公司"是斥资 1.6 亿元成立的。"上海强生"选择财经类报纸和杂志作为进入媒体行业的切入口，先以 300 万元受让及增持《新财经》杂志社有限责任公司 20% 股份，后又投资参股《理财周刊》，随后逐步扩展到文化节目制作、宽带网等领域；2001 年 4 月创办的《经济观察报》由"山东三联"投资，拥有报纸 50% 的股份，同时《经济观察报》继续吸纳资本，让其他机构和个人参股。

第二，合作经营。如原来的《三联生活周刊》、《新周刊》、《新闻周刊》都有协办单位，协办单位其实就是杂志投资人。合作模式为由新闻单位和业外投资方合资组成一家独立的股份公司，然后，该新闻单位再将刊物的经营管理权委托给这家股份公司。这是目前系统外资金进入期刊出版的一种普遍形式。刊社主要负责稿件的组织和终审，企业只负责杂志的广告、印刷、发行业务，且只同双方的合资公司有业务往来。私人资本的本性是逐利，当媒体工作人员按照原定的风格和报道内容运行，无法迅速赢利，资本这只手会急不可待地介入新闻报道，对内容施加影响。起码有一点可以肯定，媒体不会披露其投资者的负面消息，甚至与投资者有密切关联的公司不利的新闻。

业外资本注入传媒，往往只是把传媒作为引诱投资者的"鱼饵"，服务于自身的私利，不会着重强调公众利益。此外，投资公司很多时候迫于股东的压力,必须注重短期的利润,而传媒属于长线投资,需要经过较长时间的培育,才能形成广告影响力,为了屈从资本意志,媒体只好以杀鸡取卵的方式提前透支传播力,甚至会对广告主的一些无理无原则要求让步,这不利于媒体的长远发展。

3.媒介制度和市场主体地位的矛盾冲突

政府以前对媒介的管制过度强调其宣传功能,强调"喉舌和工具"性质,媒介在政府行政资源的保护下也逐渐丧失了主动服务老百姓的意识,管制在某种意义上对媒介的发展是一种"钳制";随着媒介产业化进程的推进,政府管理开始实行"双轨制",即"事业单位企业管理",政府用一只手将媒介揽入自己的胸怀,让媒介提供符合社会效益的信息,又用一只脚把媒介踢向市场竞争中,让媒介能够自我实现经济效益。而涉及具体的管制原则及媒介运行环境,政府并没有作出有效又符合市场运行规则的执行方式,于是"官商两面性"角色游移导致媒介经营理念模糊,经营行为冲动,媒介的运营效率也难以提高,必然不能和市场经济的运行规则相适应和协调。

从我国政府进行媒介管制的两种发展模式看,不管是以前行政性垄断的"钳制"还是现行"事业单位,企业管理"的双轨制原则,都没能充分尊重市场经济的发展规律,带有浓厚的非市场经济操作的特征,这在一定程度上扭曲了媒介应该具有的经济本能,导致媒介的市场环境脉络不清,竞争缺乏合理的行为规则,运营效率也难以提高,因此,只有进一步依据媒介环境的变化适当调适媒介管制的原则和方向,才能更好地适应媒介产业化后的健康运行。

二、新闻利润化的表现

目前,很多媒体之间的竞争已经不再是靠新闻内容质量、采编经验、报道艺术取胜,而是挖空心思夸大新闻事实、制作醒目标题、策划独家新闻等手段来吸引眼球,已经偏离了读者本位的新闻价值原则。虽然这能为媒体带来短期效益,却将新闻报道引入了歧途。

1. 新闻的寻租趋向

媒体从业人员往往由于过分追求经济效益,利用手中的资源和权力为个人捞取好处而置受众的利益于不顾,导致新闻寻租趋向愈演愈烈,它是新闻利润化的一个重要表现。从寻租趋向的表现方式而言,主要有以下两种:

——以新闻为纽带结成利益共同体

就目前世界各国媒体普遍采用的运作机制而言,在管理中通常采用传统的条线或块面分工的方式,一个记者长年累月地跑一条线或几条线,有利于熟悉这些条线的情况,形成相对稳定的采访资源,也有利于他们积累相关知识,不断提升自己的能力,向相关方面的专业型记者发展,同时,这种管理方式也是保证媒体正常运作效率的有效途径。

但同时这种机制也存在许多问题。记者与他们相对固定的信息提供者之间往往容易形成一种互利互惠的关系,记者希望从信息提供者那得到更多供报道的新闻,提高自己的发稿量;而信息提供者希望能通过记者发布有利于自己的信息。通常,很多机构负责宣传工作的人都有一定的发稿任务,而记者的发稿量与收益更是有着直接的联系。两者在长期合作过程中结成盟友,互利互惠。这种共生关系对受众是有害的,受众依赖于大众传媒去了解外界世界,并把大众传媒的报道当成是对事实情况的报道,而事实上却很可能不过是信息提供者与记者串通一气,共同商定的可以让他们知道的情况。[1]

当某记者经常联系的条线上的单位或个人发生问题,一旦曝光将影响到单位或个人形象时,记者的信息提供者往往就会利用与记者的私人交情,采取大事化小、小事化了的报道方式,尽可能缩小不利影响,甚至有可能从记者这里掐断负面信息流入公众领域的渠道,维护自己的利益。

——接受他人钱财,为其隐瞒真相或制造虚假新闻

在一些负面新闻或事实面前,由于惧怕曝光后可能引发的巨大舆论压

---

① [美]约翰·赫尔顿.美国新闻道德问题种种[M].北京:中国新闻出版社,1987:91。

力及由此可能带来的经济利益或政治利益的损失,有关单位或个人通常采取贿赂记者或新闻媒体的方式来最大程度地控制局势发展。

2005 年 7 月,河南汝州一处煤矿发生透水事故后,百家媒体 480 名真假记者领取了 20 万元的"封口费"。这不由让人联想起几年前山西繁峙矿难时,矿主为了保全自己的经济利益,当地政府官员为了保全自己的乌纱帽,竟联手收买了 11 名前去了解真相的记者,其中甚至不乏国家级新闻媒体的记者。在金钱面前,这些记者忘记了自己担负的社会职责,忘记了自己拿来交换金钱的不是个人的权力,而是公众的权力。

而在自诩为全世界最民主的国家美国,2005 年初被曝光的"记者门"事件也让人们对其所谓的新闻自由有了新的认识。有报道披露共和党故意安插一位记者,在记者招待会上问布什一些很容易回答的问题,以掩盖布什不善辩论的缺点。这一事件在华盛顿的传媒圈引起轩然大波,不少媒体纷纷批评布什政府,指责其践踏了宪法关于言论自由的尊严。而实际上,雇佣记者为自己代言并非小布什首开先例,而是历代总统惯用的伎俩。自从小布什入主白宫以来,白宫用于公共关系的费用就从 3900 万美元飘升到 8800 万美元,雇佣记者在关键时刻为自己挤占时间,阻止其他记者的刁钻责难已经成为布什总统投资的一个重要方向。①

任何手握权力的人,都有可能受到诱惑。记者被认为是"守护社会良心底线的崇高职业",但随着新闻利润化趋势的不断扩大,记者在人们心目中不再神圣,很多人倒在了金钱的诱惑面前,失去了自我的尊严。

2003 年 4 月 21 日,"红包"媒体控制下的上海车展的新闻报道几乎与各厂商提供的广告宣传资料相差无几,没有收到厂商邀请的记者无法获得任何提问机会,而有关人士对此的解释是,厂商早已经提前一天或者两天安排了所谓的"记者见面会",由公关公司打点赠送出席"见面会"的记者红包。出席见面会的记者,与厂商的关系素来是"精诚合作",而各厂商安排

---

① 赵可金.从"记者门"看美国另类腐败凸现民主制度缺陷[N].国际先驱导报,2005,2,25 (7)。

的"媒体日"都只是现场秀而已。①

不仅如此,在各个新闻媒体之间、甚至是同一媒体的记者和编辑之间都存在许多不合规范的行为,促成了有偿新闻的泛滥。例如,有的新闻媒体在获得一些负面新闻的线索后,出于扩大舆论影响,造成当事人压力以换取更多利益的考虑会有意将线索告诉其他新闻媒体,各媒体"不约而同"对事情进行报道,成为共同受益人。在新闻单位内部,由于我国大多数媒体仍然是采编分离的体制,在这种体制下,记者和编辑之间具有一定的利益冲突,记者为了保证自己的关系稿或"红包"稿能顺利见报或播出,必须和编辑处理好关系,因此在记者和编辑之间又形成一个利益共同体。

2. 新闻的消费意识

大众传播媒介步入消费时代之后,传媒消费主义的倾向突出出来。作为现代工业社会产物的消费文化,通过与大众传播媒介的合谋,共同操控了都市大众的消费取向。大众传播媒介使自己的内容适应于广告需要,把广告商的思想作为他们自己的思想,在大众文化层面表现为世界范围内新闻媒介对消费主义的迎合、表达和夸大。最明显的,大众媒介对消费主义张扬的表现方式是无处不在的广告文化和商业电视信息。与意识形态的强制性灌输不同,广告作为媒介的一种特殊的文化传播行为,以其特有的意象潜移默化地影响了人们的行为举止、审美趣味乃至政治态度。这当中也包括巧妙地隐藏在广告作品中的不合时宜的、乃至错误的观念和意识,从而"对人们的心智和行为实施软控制"。②

广告刻意营造拥有某种商品的理想生活,并通过无数次的重复传播、科技和艺术手段强化广告视听冲击力以及"设置议题"制造轰动效应,在受众意识中铸造消费理念,从而深刻影响着人们思想观念、人生态度的形成。正如联合国的一份报告《多种声音 一个世界》中所指出的:"广告作为一种交流形式,已被批评为对人的感情施加影响,把人的现实情况简化为固定

---

① 刘建锋.少有真正新闻? 严重信息不对称控制上海车展——收红包传媒难持冷静客观立场变"媒婆"记者多成厂商传声话筒[N].中国经济时报,2003,4,23。

② 张殿元.广告传播负面影响的文化解读[J].现代传播,2001(5)。

的框框,利用人的急切心情以及运用密集劝说的技巧达到相当于操纵的地步。"

传播是商业发展的催化剂,商品需要在大众传媒的助长下日益膨胀起来。"大众传媒以广告等形式无孔不入的侵入人们的闲暇时间,在很大程度上削弱了人的个体意识和判断力,催生了人的虚假需求,使人变成了一个'单向度的人'"。法兰克福学派把这种从外部强加于个人身上的作用——消费控制,看作是西方发达工业社会众多弊病产生的罪魁祸首。厂商生产出一种消费者本来不需要或不想要的产品,却通过大量的广告宣传,说服他们确实需要这种产品。

在世纪的市场,消费者的主动权变大了,面对琳琅满目的商品,纷至沓来的信息,消费者的选择性也变大,正是因为选择性的增大,使选择变得复杂而困难,消费者对信息的判断力随之减弱。在这样的大环境下,企业试图利用大量的信息来包围消费者,广告作为有效传播手段之一,其目的则只有一个:在消费者心目中放进一点信息,以期影响他们日后的购买决策。而且我们从已有的现实案例可知,广告、媒介和消费之间有着深刻的复杂的联系。如果能分清这些联系,把握到位,就能促成三方之间的良性互动,使得基于三方面资源的媒介企业经营和产业化发展表现出健康稳定的状态,反之则会陷入恶性循环。既然广告与媒介的经营与发展存在着如此唇齿相依的关系,媒介定位对于受众细分和商家消费者的细分的意义已是毋庸置疑。对于广告商而言,有针对性的进行传播,更有可能带来以后的销售,故而企业会选择和自己的产品购买群相重合的受众群的节目或者媒介来投放广告。这就产生了广告商对于媒介的需求。

对于向企业贩卖广告时段的媒介而言,尽可能适应广告商的需要,以自身独特的定位甚至是一些创新手段来吸引受众,最终吸引广告商给自己创造利润就更加是必然的选择了。让电视媒介的目标受众群在购买需求方面保持较高的同质水平,受众的注意力和购买行为就会呈现出高度的正相关关系,媒介使用者对广告商品的现实购买会明显提高,这样广告传播的效果会得到最大程度的提高。

3. 新闻的有效发行

"有效发行"与"有效受众"是两个相对应的概念。在广告学上,"有效受众指接触媒介的具有广告的诉求对象特点的受众人数。对于在媒介上发布的广告,只有占总的受众的一部分、作为广告诉求对象的受众才是广告的有效受众。如果某一电视节目为某一特定的观众群体看,而这一群体又恰好是在这个节目中插播的广告的诉求对象,那么这个节目的有效受众就比较多。"在评定广告投放能否达到预期的效果时,有效受众是必不可少的标准。

报社针对"有效受众"的那部分发行被称为"有效发行"。"有效发行"能够有效地扩大报纸的市场占有率、阅读率和影响力,并能直接带来广告回报或对广告有较强吸附力。近几年,"有效发行论"颇为流行。"有效发行"的实质是追求高含金量的读者,这样他们的服务对象只圈定在有钱人,把低收入、低消费水平的公众排除在服务范围之外,报道内容也集中在"强力人群"或"主流社会人群"感兴趣的事情上,将"弱势群体"和"边缘人群"冷落一边。

过分强调"有效发行"势必会扭曲报纸的功能。在"有效发行论"的倡导者看来,报纸的主要功能是为商家寻找消费对象,而不是我们常说的,报纸是社会公器,其终极目的是为人民服务,为公众服务。他们的商业逻辑是,只有把目标瞄准厂商的潜在消费者,吸引住他们的注意力,厂商才会在这份报纸上做广告。因而,发行不可盲目,要与开辟广告源联系起来,赔本买卖不做,这才叫"有效发行"。

在"有效发行论"的误导下,新闻媒介变成广告媒介。对主流新闻传播事业来说,广告应当只是一个附属的业务,虽然经济生命线极重要,但是与新闻传播的神圣使命与社会责任相比,毕竟广告不能成为首要目标。新闻媒介可以在保证事业追求的前提下不遗余力地开发经营广告,但是如果放弃原则沦为广告媒介或广告至上的媒介,那么就太可悲了。而且,受众有自己的评价标准和能力,他们肯定不会愿意让广告媒介成为自己依赖的、尊重的、必不可少的每天阅读的对象。

第三节 媒介效益的制衡

中国的报纸、广播、电视在产业化过程中一方面因为体制的原因,另一方面因为媒介本身所具有的公共性和意识形态属性,决定了中国传统媒介的产业发展相比其他产业有自己的特点和发展逻辑。

一、两种体制的转换

我国报刊长期以来都是定位在上层建筑的范围内,"新闻事业属于上层建筑",并确认党所领导的新闻事业是党和人民的喉舌,中国共产党成立创刊的第一份报刊《劳动周刊》在发刊词中宣布:"我们的报刊不是营业的性质"、"为劳动者说话,并鼓吹劳动组合主义",不事经营,专心宣传,几乎是我国新闻事业半个多世纪的运营模式。1978 年十一届三中全会以后,我们的经济体制由计划经济向社会主义市场经济逐步转换,社会主义市场经济的法则已经渗透到每一个生产领域。道理是如此的明晰:如果中国的传统大众媒介不排斥社会主义市场经济,就不能排斥产业化经营。

早在 1947 年西方学者就提出了"文化工业论",他们认为"所有大众媒介均为具有相同的商业目的和经济逻辑的企业体系"。按加拿大汤姆森报业集团总裁肯耐·汤普森的典型说法就是:我们经营的是一个生意,只不过碰巧做的是媒介生意罢了。

我国媒介产业化发展的直接动因是财政负担过重,政府强行"断奶",而媒介自身随着数量的成倍增长,越来越需要扩大资本规模,进行更科学经济运营以提升自己的竞争实力。政府要断奶,而自己需要越来越多的奶。唯有加快产业化、市场化步伐、广拓收入源才是唯一的选择。政府希望借助媒介市场化的途径逐步减轻财政压力,卸掉过于沉重的包袱;媒体变压力为动力,希望借助市场化或的自我发展的资金。正是政府与媒体的"合意"使产业化成为我国媒体的必然选择。

"事实上,现代意义上的新闻媒介——大众媒体从产生之日起就是一种企业,尽管因其'双重性质'以及社会经济、政治、文化、历史传统等多重因素造成其与众不同的独特产业化运作方式。"①

1978年财政部批准《人民日报》等首都几家报纸实行企业化管理的报告,其后形成"事业单位,企业化管理"的传媒体制构成了当代中国大众传媒体制演变的基调。围绕这一基调,当代中国大众传媒体制内变革以"事业单位企业化管理"、筹资方式社会化与市场化、逐项审批的中外合资合作、传媒集团化等方式为主要特点。

以报业为例,我们可以清晰地看出传媒业由事业单位向企业单位演变的趋势。1979年4月,财政部颁发《关于报社试行企业基金的实施办法》,明确报社是党的宣传事业单位,在财务上实行企业管理办法,从而使报业经营改革成为可能。1988年3月新闻出版署、国际工商行政管理局颁布了《关于报社、期刊、出版社开展有偿服务和经营活动的暂行办法》,报社多种经营合法化。1996年4月,《广州日报》报业集团正式挂牌试点。广州日报报业集团在工商部门注册的全称是"广州日报报业集团有限公司",表明该报业集团已经转变为企业性质。

二、两个功能的定位

1. 媒介产品的公共性及其社会效益定位

对公共产品的特性,保罗·萨缪尔森在《公共支出的纯理论》一文中界定:"指每个人消费这种产品不会导致别人对该种产品消费的减少"②,主要是指商品表现出"在同一时间中可使多个个体得益的特性,即他们是被共同消费的。"③。

由于现代媒介开放性的传播通道与大众化的传播形态、使其所传播的信息(不独新闻信息),具有一种社会共享性,在传播过程中并不能形成商

① 陈力丹.西方新闻传播产业化的进程[J].现代传播,2001(6):22—24。
② 禹建强.传媒市场化的陷阱[M].北京:中国传媒大学出版社,2005:36。
③ [美]鲍德威,威迪逊.公共部门经济学[M].北京:中国人民大学出版社,2000:44。

品化的交换关系。又由于媒介信息传播的巨大社会功能,对社会及整个社会成员的重大影响,使得社会管理组织或从社会整体利益出发,或利用媒介作为管理和控制社会的工具或手段,使媒介作为"社会公器"的公共事业性质及其所生产的信息产品的"公共物品"性质进一步得以强化。媒介的公共性决定了媒介的运营及发展必须以大众的信息需求为中心,通过服务受众、监视环境、正确引导舆论等方式充分发挥媒介的社会效益。

2. 媒介产品的商业性及其经济效益定位

按照马克思对于商品的定义,商品是为交换而生产的劳动产品,具有交换价值和使用价值,报纸和其他商品一样是为了满足读者的需要而产生,是通过各种发行渠道与读者实现钱物交换的,因此具有商品的一般属性。早在 1957 年王中教授就认为"就其为读者获得的方式论,(报纸)是任何人以至敌对阶级均可以一定代价获得之的商品"。一般地看,媒介的商品形式首先是媒介的内容。在市场经济条件下,媒介通过传播内容制造交换价值从而使媒介内容成为商品,并把整个的社会传播关系都纳入了商品化轨道。就是说,媒介不仅直接生产商品,而且也通过广告为其他商品生产部门的运作服务,完成了整个经济的商品化过程。

1996 年江总书记视察《人民日报》社时指出:"在社会主义市场经济条件下,新闻媒体既要搞好宣传,又要搞好经营。"这是对新闻媒体的准确定位,也决定了中国的报纸、广播、电视在发展中必须创造经济效益。

在社会效益和经济效益面前,中国的传统大众媒介应尽可能兼顾利益,协调二者功能的发挥。但当经济效益和社会效益发生冲突时,作为具有文化承载功能的大众媒介必须首先服从社会效益。

三、两种属性的确认

1. 媒介的意识形态属性

主要以传播大众信息、监视社会为主要功能的报纸、广播、电视等传统大众媒介从一开始就具有意识形态的属性。

媒介之所以会成为意识形态,法兰克福学派认为,主要是因为媒介对人的操纵和控制功能。他们认为,在发达工业社会,大众媒介已经具有了操纵和控制人的意识的魔力。阿多诺在《意识形态》(1964)一文中写道:意识形态的首要功能,在于对群众进行思想灌输和意识操纵,而"这一直是由文化工业——电影院、剧场、画刊、无线电、电视、各种文学形式、畅销书和畅销唱片……加以实现的。"①大众传媒在法兰克福学派的论述中,就是国家用来维护意识形态、传递统治阶级意志的工具,甚至它本身就是意识形态,直接履行着意识形态的社会控制职能,维护着国家统治的合法性。

马克思、恩格斯在1848年发表《共产党宣言》之后,提出"喉舌论"作为无产阶级新闻媒介的理论基础,列宁全面论述了无产阶级新闻媒介的"党性原则",毛泽东提出了"全党办报、群众办报"和"政治家办报"的主张,与时俱进的马克思主义新闻观具有鲜明的意识形态色彩。现代西方主要资本主义国家占统治地位的大多数新闻媒介,不管他们承认还是不承认,从总体上说都是按资产阶级的政治观、价值观和新闻观进行工作的,在事实上不折不扣地充当着一种喉舌。阶级性原则、党性原则、喉舌论,无产阶级新闻传播和资产阶级新闻传播概莫能外,只是其根本性质和内容不同罢了。

2. 媒介的产业属性

新闻传播业属于上层建筑范围,具有鲜明的意识形态属性;同时,新闻传播业也属于信息传播产业,归属"第三产业",具有产业属性,它是社会经济基础的一部分。

西方新闻传播学者无一不肯定新闻是商品,新闻媒介是产业,市场是决定新闻传播业的最后力量。

著名传播学家麦克卢汉最早进行了注意力研究。他以电视为例指出,观众交给电视台的注意力是电视台的巨大资源,他们通过将这一资源高价卖给需求这种资源的人从而获得利润。对于广告商来说,做广告就是在高价收购注意力。美国传播学者麦克尔·高尔德哈伯提出了注意力资源的

---

① [德]霍克海默·阿多诺.启蒙的辩证法[M].重庆:重庆出版社,1993:129。

商业价值。西方传播学者们对注意力经济的研究使我们认识到,报刊、广播、电视等媒介产品不是直接实现自身的经济效益的,它最终实现经济效益经过了"受众"这个特殊的环节。媒介产品的经营具有二重性质:媒介既经营媒介消费品,又经营受众。没有受众,新闻的商品性是无法实现的。

世界上新闻传播业高度发达的美国、日本、加拿大、澳大利亚等资本主义国家,其报纸、广播电台、电视台大多数是私营企业,有的属于著名的超级传媒集团,其产业属性是不言而喻的。西方国家的广播电视传播体制也有实行国营制度型的,如法国、西班牙等国家。也有实行非盈利性的公共制度型的,如英国、德国、意大利等欧洲国家。近年来,广播电视实行国营制度型和公共制度型的国家,由于受到资金匮乏的困扰,也逐步介入了商业活动,出现了公商并营制度型的新体制,产业化的趋势令人注目。

我国当代的报纸、广播电视、电视台都是建立在公有制基础上的,没有私人办的新闻机构。新中国成立伊始,1949 年 12 月 26 日通过的全国报纸经理会议决议指出:"报纸的经营,必须采取与贯彻企业化的方针",1978 年底,《人民日报》等 7 家首都报纸经中央财政部批准实行"行政事业单位,企业化经营管理"。实行几年后,由于引进企业化、市场化的经营机制,广告收入大幅度增加,补充了"皇粮"的不足,有的甚至可以不吃"皇粮"、能够"断奶"了。1996 年 6 月,中共中央、国务院发布了《关于加快发展第三产业的决定》,明确地把报刊、广播电视划出党政机关之外,归属第三产业的范围。这是我国新闻传播业产业化改革的一个转折性的标志。中国社会主义新闻传播业经过近半个多世纪的探索,终于找准了自己的位置和应该走的道路。

3. 两种属性的统合逻辑

新闻传播业的性质在学理上应该这样表述:新闻传播业既是一定社会上层建筑领域的一部分,具有意识形态属性;又是一定社会经济基础的一部分,具有产业属性。新闻传播业是横跨于经济基础和上层建筑之间的特殊产业。

新闻传媒具有两重属性,其首要的属性是意识形态属性。当今传播于世界各地的新闻,90%以上由美国和几个主要的西方国家垄断。全球互联网中中文信息不足万分之一,不受西方控制的英文信息也不足万分之一。西方强势文化正将其自身的价值观念超国界地向全球渗透,强势的西方新闻传媒,凭借其高新技术和雄厚的资本,承载着它的意识形态观念进入中国市场。中国的报纸、广播、电视须增强应对的紧迫感,必须强化自身的意识形态信念,依托延续了数千年的博大精深的中华文化,凝聚民族的、科学的、大众的思想智慧,并以充分现代化的形态,超常规地将自身做大、做强,来迎接中西文化的碰撞。

新闻传媒同时具有意识形态的属性。包括新闻传媒在内的文化产业,已成为当代世界的朝阳产业。以发达国家为例,美国影视业的出口总值仅次于航天航空业,成为第二大产业。日本章化产业的经营收入超过了汽车工业的总产值。英国的文化产业平均发展速度是整个经济增长率的两倍。我们国家的媒介产业已经积极引入市场竞争机制,经过兼并、联合、重组,打造出跨省区甚至是跨国度、多媒介品种、以文化产业为主、多产业组合的超大型新闻传媒集团,这样才有势力参与国际新闻传播业的激烈竞争。

第三章 媒介文化：与消费合谋的文化流行与偏倚

第一节 媒介文化：与消费主义的合谋

依托于电子媒介的大众文化，在现代西方发达资本主义国家的产生和崛起对人类的文化发展产生了转折性的影响。这种转折性，一方面表现为文化的生产方式和存在方式的根本性变化。即依托无限复制的媒介技术和商业化运营机制，文化更多的开始关照大众的趣味和需要，"文化从一种'教化工具'和审美形式，逐渐过渡为一种大众娱乐方式和消遣方式。"①另一方面表现为人的存在方式和生活方式的根本性变化，即符号化和信息化的拟态生存状态，人们正是通过它来建构自我及确定自我在文化生活中的位置，媒介文化成为日常生活中的消费内容，文化工业从单数变为复数。这两者共同标志着一种新的文化模式，就是由文化工业塑造和支撑起来的消费型文化和消费主义观念。而消费社会的日益发达又在很大程度上促进了媒介大众文化的消费主义倾向。

一、消费主义诞生：符号的意义扩张

消费是人最基本的生命活动方式之一，在商业经济相对落后的时期，由于资源的稀缺性和生产能力的限制，人类长期在物质产品上处于匮乏状态，这使得人们形成了经济、节俭的消费观念，把消费限制在"基本需要"范

---

① 傅守祥.大众文化的市场逻辑[J].社会科学战线,2007(2):224。

围之内。消费应该是对物品的"有用性"的消费,凡不是出于实用目的而进行的消费,比如出于炫耀、出于审美、出于表明社会地位、表现生活品味或体现文化价值观,往往是不必要的、奢侈的,甚至是浪费的。

20世纪,西方资本主义国家的经济快速发展,伴随着公司资本的扩大和商品的大批量生产,以前的奢侈消费品也开始逐渐普及和大众化,社会进入真正的大众消费时代。商业运营所面临的首要问题不再是资本积累,而是如何扩大市场、增强消费需求的问题,消费在此时成为影响资本主义经济进一步发展的关键因素。二战以及二战以后,以美国为代表的西方世界进入了"富裕社会"(加尔布雷斯),人们的消费能力普遍增强,为了吸引和刺激消费,资产阶级不仅不断创造商品,而且也开始创造商品本身所能附带的文化、符号象征意义,人们被鼓励不仅大肆消费物品,更要通过消费物品所附带的符号意义来彰显社会身份、实现人身价值。

符号消费即人们在消费物品时,看重的是物品所表达或标志的社会身份、文化修养、生活风格。符号消费蕴涵着对精神观念价值的认可,体现了一种更高的消费格调。它扬弃了单纯的"使用价值消费"的狭隘性,是消费文化在社会发展到物质丰裕阶段的必然表现。但是到20世纪进入大众消费社会以后,消费在符号消费上走向了一个极致——消费主义观念的形成和发展。

消费主义是指这样一种生活方式,"一种不以使用价值为目的,追求炫耀、奢侈、时尚的消费思潮应运而生。它追求无节制的物质享受和消遣,并以此作为生活目标和人生价值,甚至形成当下流行的一种生活方式。"①

消费主义是现代消费文化的特定表现,它把符号消费对使用价值的背离,推向一个极致。法国著名思想家让·鲍德里亚将这种商业循环模式称为"消费社会"。消费社会有两个显著特点,一是过度,即商品呈现出极度丰富的意象;二是符号价值,让·鲍德里亚提出了符号价值的理论,为了某

---

① 张筱荙、李勤. 消费·消费文化·消费意义[J]. 学术论坛,2006(9):37。

种社会地位、名望、荣誉而进行的消费，用鲍德里亚的话来说，就是符号消费。具体来讲，符号由能指和所指构成，，能指是具体的事物（符号形式），所指是心理上的概念（符号内容）。两者之间的联系是任意的、武断的，因此，符号的所指意义具有非常丰富的延展性和可转换性。"一件商品，无论是一辆汽车、一款大衣、一瓶香水，都具有彰显社会等级和进行社会区分的功能，这就是商品的符号价值。一件商品越是能够彰显它的拥有者和使用者的社会地位和社会声望，它的符号价值也就越高。"①而且，很多商品并不是孤立存在的，它们之间通过一定的符号意义有机联系起来。一位有社会身份的人不仅要穿着优雅时尚，生活用品大到房屋、汽车，小到一件配饰甚至一双拖鞋都需要非常精致。消费主义更多强调的是通过一系列符号意义所制造的对消费的无限欲望和激情，这种消费文化的盛行意味着人们已经不仅满足于消费的"使用价值"，消费开始加入了文化的、感性的因素，消费者不再只是简单的理性经济人，而是越来越具有非理性的倾向———商品符号所营造的"仿像"文化及意义。

在符号消费价值的形成过程中，百货商场和广告起到了最初的刺激作用。商场的最大意义不在于同时呈现更多的商品，更在于商品丰富而有序的呈现方式以及自由随意的消费模式。消费者不再等待售货员的服务和推介，货架上摆着可供任意选择的很多商品。威廉斯（Williams）在研究这种消费文化时发现，这类百货商场都尽可能地装修和设计内部的购物环境，铺张华丽、气派和奇异的混合使得这类商场为顾客提供了想象中的欲望和物质现实之间以及梦想和商业之间既新鲜又明确的结合。② 从理论上说，这个过程也是从强调商品的"使用价值"到强调"交换价值"以及"符号价值"的过程。

为了有针对性地对每个商品单元进行意义的塑造，百货商场的商品促销也开始更多地依赖广告，广告从一开始便极力塑造一种华丽、浪漫、奇

---

① 罗钢，王中忱.消费文化读本［M］.北京：中国社会科学出版社，2003：32。
② 参考杨伯溆，李凌凌.资本主义消费文化的演变、媒体的作用和全球化杨［J］.新闻与传播研究，2001（1）：38。

异、美感和质感并存的符号意象来强调身体的享乐和感官的满足,这种宣传更多强调的是符号所带来的心理享受,而不是商品自身。在鲍德里亚看来,今天符号价值的消费已经构成了社会所有成员之间相互关系的基础和纽带。他甚至认为,在后工业消费社会,商品的实在性意义也在渐趋消失,商品的"仿像"文化消费占据了重要地位。

二、大众传媒:与消费合谋的文化表现

1. 媒介与消费主义的合谋

大众媒介的信息传播是有关符号的选择、制造和传递的过程,以帮助接受者理解传播者所期待的意义。电子媒介的出现,彻底将商场及其广告形式的符号意义推向了更高的表征程度,打破了信息传播的静态性和符号单一性,以声像传播为主的电子媒介直接诉诸人的视听感官,以完全富有生活气息的具象性符码来传达信息,这种极强的影像表现力最终将媒介制造的虚拟世界与现实世界混同为一,不但塑造了大批沉迷于形象魅力的消费者,而且也为商品附加无尽的象征意义。依托电子媒介进行商业信息和广告的传播,它所带来的不仅是即时的形象享受和消费刺激,受众对媒介的记忆依赖性使得这种符号具有更多的潜在消费价值。鲍德里亚在《消费社会》中对大众传媒的本质进行了揭露:"电视带来的'信息',并非它传送的画面,而是它造成的新的关系和感知模式,家庭和集团传统结构的改变。谈得更远一些,在电视和当代大众传媒的情形中,被接受、吸收、'消费'的,与其说是某个场景,不如说是所有场景的潜在性。"广告和媒介的结合使得任何物品的互动交流更加牢固和持久,通过媒介不断重复着物的语调和信息,促成了消费的全面和深化,使消费的范围无处不在。

电子媒介所开创的大众文化需要市场资本的支持才能真正实现其传播价值,而商家也必须依赖更具有传播形象力和影响力的媒质增值商品的文化符号意义。因此,电子媒介的大众文化和商家所追寻的消费主义一开始便在市场需要的机制中不谋而合的,共同完成了由大众文化向消费文化的蜕变。媒介介也是一种经济实体,依靠市场逻辑追逐利润是其本性。而

"商业逻辑一旦支配了传媒,就会把人的情感包括人的本能都当作商业资源开发,这会形成严重的文化物化现象"①。在消费主义带动下,媒介成功完成了信息符号的"二次售卖",即媒介将信息作为产品廉价出售给受众,然后将已经拥有的受众资源打包出售给广告商,第二次售卖往往是媒介运用的主要利润来源。媒介依托售卖受众来赚取利润,同时,为了获得更多的受众资源,媒介也开始尽可能迎合受众的信息消费需求和欲望。媒介——商品——受众三者相互依存,相互影响,处于一种共谋共生的状态。正如费瑟斯通所言,现代媒介致力为符号商品进行服务、市场开发与传播,"目的是为了生产新的符号商品、并对使用这些商品的人提供必要的解释。"②

2. 我国媒介的消费主义文化表现

媒介消费主义的核心是运用媒介的视觉审美和意义幻想培养受众对媒介的依赖和情趣,从而通过商业逻辑建构"拟态环境"在指导和操纵受众的日常消费行为。在消费主义的引导下,媒介的信息格局也逐渐由传统的以政治、经济、文化等严肃新闻转向了以猎奇、诱导、时尚等为主的娱乐信息和商业信息的报道。

美国新闻工作者协会曾就《时代》杂志、《纽约时报》、《今日美国》等16家主流媒体1977年、1997年的新闻报道做过比较研究。该项研究发现,美国主流媒体的新闻报道重点和主题已从原来的政治、经济、教育、国际事务等传统内容,逐渐转向生活方式、著名人物、娱乐、丑闻等方面。1977年,具有传统新闻特点的报道在数量上超过名人特写或丑闻为重点的报道,两者的比例为2:1,32%为传统新闻报道,15%为名人特写报道。20年后,这种关系颠倒过来,只有25%的报道集中于传统题目,而超过40%的报道着重于比较轻松的或耸人听闻的题目。其中特别是电视新闻网,超过55%的报

---

① 王岳川. 媒介哲学[M]. 河南:河南大学出版社,2004:14。
② 迈克·费瑟斯通. 消费文化与后现代主义[M]. 刘精明译,北京:译林出版社,2000:27。

道集中于生活方式、名人、娱乐等方面,只有 8% 的报道集中于传统新闻内容。①

中国随着媒介市场运营的不断深入,受众越来越成为媒介需要深度培养的商业资源,在市场利润的驱动下,媒介的信息也逐渐开始从硬新闻走向软新闻、商业信息的蜕变。尤其是随着随着经济全球化的不断深化,作为一种全球性的生活方式、文化现象和价值观念,消费主义文化伴随着跨国公司的商品、广告、代理人和机构陆续进入中国,日益渗透到中国社会大众的日常生活领域,对人们的生活方式和价值观念产生广泛而深刻的影响。

武汉大学的秦志希教授在《现代传媒的消费主义倾向》一文中指出,我国现代传媒消费主义倾向的具体表现有三个方面②。

第一,传播内容由"生产方式报道"转向"生活方式报道"。

我国计划经济时代以生产为主,新闻也多是具有指导意义的"生产方式的报道",最典型的如报道农业生产的"四季歌"。建立市场经济体制后,传媒的报道内容逐渐转向"生活方式的报道"。

这种"生活方式报道"包括休闲娱乐、购物旅游、居室装修、卫生保健、服饰化妆、烹饪美食等内容,同时还包括大量的生活消费的行情、趋势、热点、时尚与流行等。《人民日报》也于 1998 年创办了《假日生活》周刊,专门报道消费、旅游、购物等信息。目前全国各地的都市报、生活报和一些专业广播电视台及其栏目,都创办了大量的这种商业信息服务专版和专栏;关于生活方式的报道所占据的比重在逐渐加大。1993 年创刊的《精品购物指南》,1996 年创刊的《中国汽车画报》,2002 年创刊的《旅游中国》周刊以及继《读者》、《知音》、《家庭》之后涌现的《时尚》、《瑞丽》、《世界服装之苑》、《追求》《世界都市》等一批时尚品牌期刊相继出现,主要展现现代时尚的生活方式,在客观上诱导并刺激了人们对各类物质享受的欲望。

---

① 刘微. 变化中的新闻内涵———美国主要媒体 20 年来新闻报道的变化[J]. 国际新闻界,1999(5):19.

② 参阅秦志希、刘敏. 新闻传媒的消费主义倾向[J]. 现代传播,2002(1):60。

第二，传播主体由"生产英雄"移向"消费偶像"。

中国的传播媒介曾在一定程度很有效地发挥了精神的先锋模范作用，树立的一系列典型如雷锋、王铁人、焦裕禄以及在近几年的牛玉儒、任长霞均在一定程度上感染了一代又一代的中国公民。而在消费逐渐但随着市场逻辑的不断渗透，大多数媒介的报道视角逐渐由"生产英雄"转向了可以带来更多商业利润的"消费偶像"。大众传媒上随处可见的各种明星，带给受众的不是他们历经磨练的创造过程的本身及他们的能力和进取心，而是他们的生活、家庭、情爱、私生活之类内容，在他们身上已失去了"生产英雄"的崇高美，可他们却为普通人特别是青少年所推崇。

劳模、专家成了媒介的边缘人物，有关歌星、影星炒作在各大报纸版面上都制作成为数不多的彩版吸引受众的注意。杨丽娟追星事件再次说明：偶像与偶像的崇拜者相互依赖，在偶像塑造中制造消费。央视的《非常6 + 1》、《星光大道》、《梦想中国》、湖南卫视的《超级女声》、东方卫视的《我型我秀》等节目，表面上用平民式草根文化倡导全民参与，实质上则是媒介调动全民进行自主的"消费偶像"生产。

第三，媒介形式由"权威说教"走向"市场包装"

现代传媒在商业利润法则的驱使与控制下，逐渐摆脱党性严肃的面孔，努力培植受众对媒介的亲和力及其消费热情。

首先媒介开始注重自我形象的重塑与包装。在产业化的市场竞争格局中，各大媒介都开始进行自己的文化定位和形象宣传、策划，并不惜耗费大量的人力物力增加新闻和节目的卖点，以吸引人进行更多的消费。媒介本身已经成为人们消费的一个重要部分。其次，媒介文本的形式也逐渐强调视觉冲击力，夺目的标题、大量的图片以及视觉形象被媒体大比例运用。在新闻的叙述方式上，摆脱准确、简洁、程式化的传统新闻写作方式，以口语、俗语陈述新闻故事，力图凸显媒介的感人魅力。人们带着娱乐和轻松的心态感受媒介中的欢歌笑语，享受着媒介带来的快感。这样，媒介与消费主义的结合，在一定程度上是一种社会发展的必然，它释放了人们的物质欲望，满足了人们的世俗需求。

第二节 媒介消费主义的双重文化品格

消费主义作为一种话语权力不仅仅为人们的生产和消费提供了观念价值上的合理性,而且还将符号意义诉求所隐含的一种思考方式、价值观念与概念体系渗透到人们的意识中,作为社会文化的一部分影响甚至支配着人们的生存状态。依托于大众媒介的持续传播,社会的整个大众文化形态也出现了商业逻辑主导下的两面性。

一、文化由一元走向多元到无元

媒介消费主义必须考虑吸引尽可能多数量的受众,这使得文化面临全新的解构和重构,即解构以精英文化为主导的一元世界的同时建构更自由、更通俗的多元文化世界,思想、知识、审美和传媒都不再是知识精英的特权,这时的大众文化以个性对抗共性,以自由对抗法则,一元逐渐向多元文化方向发展。本雅明在分析这种大众文化时,认为这种媒介文化带来的是对传统的极大震荡,即以神秘性和唯一性为意蕴宗教崇拜被破解,现代媒介文化让事物更加具体和世俗地接近自己,因之,审美距离消失了。以消费效率为追求的媒介大众文化更强调直观、表象、通俗、消遣的信息传达方式,这不仅为文化生产与消费开拓了广阔的空间,也丰富了媒介的符号意义世界,扩大了文化的传播和辐射范围,实现了文化的共享与自由交流。

传媒的世俗化与大众消费主义文化一改媒介此前高高在上、不食人间烟火的面貌,电子媒介技术将一切遥远的、抽象的信息变成亲和的、具象的符号表征,这不仅丰富了人们的感觉世界,也拉近了社会与个体,人与人的心理距离,在一定程度上强化了个体对社会的认知和认同感。大批量快速生产的大众文化促进了文化的民主化、普及化和平民化的进程。自1990年代以来,消费主义文化本身成为主流意识形态后,它已经退化为围绕时尚与市场旋转的瓦解政治化的欲望叙事。"在官方所让出的有限思想文化空间内建构自己的价值规范、趣味取向与操作方法,它一方面在尽力取悦于市民大众,而另一方面又在谨慎地回避官方文化及主流意识形态所设立的禁区,把官民同乐作为自己的目标与策略。大众消费主义文化在拓展公共空间与民主化方面的作用常常是在追求经济利润的过程中的附带而不是自己有意识的政治诉求"①。不同文化层次的大众都能找到自己消费的对象,极大激发了大众对时代文化的参与愿望和体验热情。

但是,随着商业化操作与消费主义观念的渗透,媒介更强调技术化、标准化、市场化的高效运作,媒介以消费、利润作为信息选择的衡量标准,而不是信息所能发挥的公共社会效益。图像、影像、文字交叉表征的多元形式背后,是媒介围绕促动消费统一构造的欲望叙事,受众很大程度上被视作媒介的商品资源进行不断开发和再度挖掘。形式的多元取代了意义的多元,表面的民主、互动沦为实质上的操纵和利诱,媒介假服务受众之名,将利益动机移植进媒介文化领域,看似在不断制造新的意义,但事实上是"相同性"、"格式化"、"通用性"的一种伪装。阿多诺在分析媒介文化的这种流变时认为:"文化工业在大众传媒和日益精巧的技术效应的协同下,大肆宣扬带有虚假光环的总体化整合观念,一方面极力掩盖严重的物化的异化社会中主客体间的尖锐矛盾,一方面大批量生产千篇一律的文化产品,来将情感纳入统一的形式,纳入一种巧加包装的意识形态,最终是将个性无条件交出,淹没在平面化的生活方式、时尚化的消费行为,以及肤浅化的审美趣味之中。"②媒介以看似多样化的信息形态介入人们的生活,实质上则以构造欲望、刺激欲望的迷幻信息实施他们的文化控制,在"敞开"与"遮蔽"中不断的塞给人们虚假的幸福感和存在感。麦克卢汉将这种现象称为"集体的恍惚",他提出,每日的大众文化提供了大量可供诊断的"集体的恍惚"或"白日梦状态"的资料,而工业社会就沉沦在这种状态之中。由此,大众文化由对一元精英文化的反拨从而建立多元话语的新格局走向了无元

① 转引自徐小立、秦志希.新闻传媒的消费主义文化变异[J].现代传播,2007(2):19。
② 转引自杨一苗.大众传播时代的文化分析[D].西安:陕西师范大学,2002:23。

的迷茫与失落。

二、个体在符号叙事中的"自我实现"与"物性异化"

媒介的消费主义文化是商品极大丰富和多样促生的一种大众文化形态,媒介商品的符号性广告影像在一定程度上不仅指导了我们消费选择和消费效率,而且物品的符号意义也在一定程度上满足了自我心理的价值实现。

大众传媒将信息传播重点从生产方式向生活方式转变之后,它已完全渗透到人们的生活抉择中,从休闲娱乐、购物旅游、居室装修,到卫生保健、服饰化妆、烹饪美食等方面,都时刻闪现着大众传媒的影子。当人们面对商场货架上的丰富物品时,媒介在第一时间内帮助我们快速做出消费抉择。同时,每一种物品都被赋予一定的符号意义,这种物象背后的虚拟文化往往在一定程度上契合了人们的某种心理需要。消费不仅可以满足人们对物的使用,更可以和物品的文化意义进行感情地交流和体验。

现实中通过实际行为无法达到的消费或享受,可以通过镜像所营造的幻想占有之,虽然追求不到"幸福的感觉",但可以体验"感觉的幸福"。人的生存体验在大众消费主义文化中变得更加丰富和完满,个人也在意义符号的消费中获得了自我的陶醉和满足。

同时,媒介消费主义在彰显对个体极大关照的同时,也制造了扭曲的价值体系,即人很大程度上要通过对物的占有和无限消费来体现自身价值和社会地位,人成了消费物品的机器,人被"物化"了。消费主义从物中找到自己的灵魂,恰恰是人真正灵魂的失落。"文化产业通过不断地向消费者许愿来欺骗消费者。它不断地改变享乐的活动和装潢,但这种许诺并没有得到实际的兑现,仅仅是让顾客画饼充饥而已。"①而人们的心理及其人格受着物质符号及其幻像的支配,这导致人与真实的客观世界之间产生某些分离和偏移。物质消费的结果,必然导致高度的物质文明和相对低下的

①　霍克海姆、阿多诺.启蒙的辩证法[M].重庆:重庆出版社,1990年:130—131。

精神状态,突出表现在人们的幸福感降低、进取心减弱、精神颓废甚至道德堕落。说到底,"大众文化的对于现实的逃避实质上恰恰体现着人类当中实际存在着的某种消极状态、无个性的心理特征以及欲望视觉化和被动的接受性,换言之,在此意义上,我们甚至可以说,大众文化的对于现实的逃避实质上就正是对于自由的逃避"①,即人对自己生命自主价值的不自觉放弃。

三、文化由娱乐走向媚俗

消费主义使得媒介开始重新定位受众,把他们从接受者抬到了上帝的地位,满足观众的需要并且吸引受众成了媒介极尽所能要达到的目标。

这一方面促进了新闻信息和受众本位性,信息切实以大众的视角去解读和传播。如全国各地民生新闻的大量出现切实方便丰富了老百姓的生活。《南京零距离》倡导"我们就在你身边,我们与南京没有距离",北京电视台《第七日》植根于普通百姓的生活,体现着对老百姓生活的关注,表达着对普通人生活的关心。同期声被大量的运用,生动的画面,鲜活的本土化语言使媒体与市民实现了零距离的贴近。

其次,在通过信息服务获得受众资源的同时,媒介尽可能以消闲娱乐为本位带动全民狂欢,文化进入了真正的娱乐时代。《快乐大本营》、《梦想中国》、《超级女生》、《加油、好男儿!》,这些娱乐节目极力以自娱自乐、原生态演出和互动交流的特征展现在观众眼前,体现了大众文化中的自由精神、快乐哲学和参与意识。它把一个个普通平淡的日子成功地虚拟成热闹非凡欢天喜地的节日,着实为人们提供了一个狂欢的舞台。一方面,娱乐节目正是以它直观、快捷、生动、刺激的视觉文化的特点,迎合现代受众的消费心理。同时,也为人性的暂时舒展提供了可能。

但当人们依赖媒介进行心灵解压和娱乐狂欢的时候,媒介也越来越愿意为了贩卖更多受众而选择新闻的娱乐化以及随之而来的新闻媚俗化倾

---

① 潘知常、林玮.大众传媒与大众文化[M].上海:上海人民出版社,2002 年:321。

向。Kitsch(媚俗)这个德文单词出现于 19 世纪末期,是指相对于传统艺术的廉价艺术商品。米兰·昆德拉把它引申为"想要不惜一切地取悦最大多数人的态度",这正是一些市场化媒体的态度。如今,媚俗成了这些媒体的主旋律,他们常常把功夫下在如何迎合受众低俗的趣味上。曾经有业内人士在定位目前媒体工作者时认为他们所扮演的角色越来越像"按摩女",极尽讨好之能事为受众施以精神"按摩"。

如一些报纸每天花很大的篇幅炒作某某导演的家庭隐私、某某明星的三角恋爱,某某局长的地下情人等,黄豆大的新闻也炒成头版。一些都市报增强"可读性"的手段就是张扬男欢女爱、挖掘新闻的"性"趣点。如某些都市类报纸上刊登的标题:《壮汉入厕遭遇性骚扰—傻妇强行脱其裤子》、《重庆少女仅着三角裤赤裸彩绘醉仙城》、《贪官为何难过"美色关"》、《打工妹被囚七年当性奴》,这些标题内容煽情,字号粗大,令人眩目。暴力同样媒体追捧的热点,且非常畅销。一些报纸报道负面现象过于细化,对犯罪细节的描述耸人听闻。

娱乐化、庸俗化的新闻在吸引读者眼球时捕风捉影,无中生有或做准黄色新闻报道等做法只能误导读者,而不是告知读者有用的信息。"议程设置是一个过程,它既能影响人们去思考什么问题,也能影响人们去怎样思想。"①我们很难想象娱乐化、庸俗化的报道用一种煽情性、刺激、悬念、血腥和性的方式报道的犯罪新闻、暴力事件、灾害事件、体育新闻、名人明星趣事、日常事件等软性新闻能给人们的思想能带来什么进步理念。此种状况延续下去,必将丧失人们对先进事物的判断力和敏感性。媒介迎合的是教育水平很低的消费群体的娱乐需求和休闲需求,追求的再也不是知识或社会责任,而是剩余价值。娱乐化、庸俗化的新闻使公众丧失了战斗的品性,丧失了怀疑的精神和前进的动力。

人们在接受媒体的过程中变成一种工具,一种由媒体来塑造的工具。受众成了媒体与广告商谈判的筹码。当信息"包装"服务于市场目的、因而

---

① [美]迈克尔·埃默里,埃德温·埃默里.美国新闻史[M].北京:新华出版社,2001:19。

"包装"比信息本身更受重视之际,信息对公众的告知功能也就名存实亡了。

第三节 现代媒介文化:制造流行与偏倚

媒介与消费主义合谋在一定程度上必然驱动媒介信息选择的规则偏移,即利润追寻取代"社会公器"职能,媒介的话语平台实质上演变成为大众服务幻像下的商品资本霸权,追求市场绩效成为媒介经营的重要指向,"公司言论"以得天独厚的优势压倒"平民言论"。

网络媒介的出现虽然打破了传统媒介话语设置的权力,任何一个个体都可以成为信息制造者,媒介真正进入去中心化的自由状态,但网络媒介和传统媒介的相比,其最大的特性在于:技术首次成为限制网民进行媒介消费的最主要因素,同为网民,在技术上占有优势也就在行为上占优势,网上行为表达和信息传递要受到"线路"的制约,"技术依赖性"有可能演化为一种限制网民自主行为、自由行为的"技术控制"。这使得网络媒介中的文化并非完全平等自主的文化,掌握了技术操控权的大型商业门户网站、传统媒介背景下的技术网站以及被赋予高技术权限的网络论坛管理员无疑成为网络媒介中最有信息编辑权的一部分人,网络媒介较高的资本运作成本使得媒介的消费主义文化同样契合于网络媒介,为了吸引尽可能多的点击率,网络媒介一方面为网络创造更多的娱乐和想象空间,同时也不自觉地围绕传统媒介的文化运营规律进行信息的过滤与炒作。

一、媒介对流行文化的主导性

流行文化成为人们随处可见的一种社会现象,最直接的表现是人们基于一种普遍的心理认同而进行的趋同性消费选择。现代媒介对人们生活的系统性包围使得媒介首当其冲成为制造和传播流行共识和流行神话的工具,流行文化的动力并非受众内在的信息需求,而是商业利润、消费主义文化的直接结果表征。正如有学者在分析流行文化时的阐释:"如果说古代流行文化还处于一种自发阶段,那么当代流行文化绝不仅仅、甚至主要不是一种文化现象——我并不排除从文化学角度进行阐释,而是一种商业运作的结果。流行文化需要广阔的空间,电视提供大面积传播平台;流行文化需要大众关闭理性,电视在尊重受众的名义下将受众诱入自我迷失之境;流行文化需要一种具体的商品(或消费行为)做标志,电视渴望广告,而广告来自于商品(或推销行为)。因此,电视与流行文化是孪生姐妹。"① 为了通过符号消费追加更多的欲望刺激和消费普及,媒介在制造流行文化的同时进行的特定的信息选择和过滤。

1. 对中产阶级趣味的崇尚

美国文化思想家丹尼尔·贝尔在分析资本主义消费文化的危机时提出了中产阶级趣味的流行和普及现象。丹尼尔·贝尔认为中产阶级就是指那些从事技术、管理和科学等"理性探究"行当的人们,他们是社会发展的主流力量,也是社会身份认定中的"成功人士",因而这些孤独的人们的中产趣味能够左右艺术和文化的发展趋向:紧张、竞争剧烈的社会环境使得他们有一种追求自我放松和享乐的精神需要。于是,那些娱乐性的、松弛神经的、荒诞的、没完没了侈谈情爱的通俗艺术成为了时尚,并因其连带中产阶级的所谓"成功"标志和"财富"强势而迅速扩散到广大的社会中下阶层。社会开始普遍流行中产阶级趣味文化,媒介也更多关注和宣扬"白领"、"金领"阶层所谓的高品位的优雅生活,开设的专栏、专刊信息也基本上围绕这些成功和相对富有的阶层去选择,如 IT、房地产、汽车、证券、旅游、餐饮、服装美容专栏大行其道,媒介所推行的中产阶级品位很大程度上要依赖于对奢侈品的消费能力及占有程度。这也正是德怀特·麦克唐纳(DwightMacdonald)所谓的"中产崇拜"结果,"中产崇拜或中产阶级文化却有自己的两面招数:它假装尊敬雅文化的标准,而实际上却努力使其溶解

---

① 仲富兰.大众传媒:流行文化的合谋者[J].社会观察 2006(4):57。

并庸俗化。"①庸俗的中产趣味是抵御精英文化的最强大的力量,也是造成大众文化及人的"物化"的主因。

2. 明星文化及其偶像制造

流行文化的推行需要偶像的践行和大众媒介的引导宣传,大众传媒需要制造流行和偶像来满足人们的文化幻象从而获取利润,偶像则需要嫁接流行并通过大众传媒保持自己持久地关注度,于是,时尚、大众传媒和偶像就在这种共谋关系中完美结合在一起。"在充斥着媒体奇观的时代,名人也成为被制造和掌控的对象,他们成为媒体文化的偶像式符码和日常生活中的众神。——毫无疑问,媒体奇观是名人文化,它为受众提供了时尚、外形和人格的角色模型"②。明星偶像使得消费主义文化更加人性化和具像化,因此,明星偶像也成为媒介非常重要的商品资源,如媒介通过一系列的明星广告示范、通过大型文艺表演和娱乐新闻来不断强化受众的消费情感和消费欲望,这样,流行文化就不仅仅是单纯的消费行为和传统意义上的社会认同,而是进行一次包括偶像认定、表演观看与品牌树立、心理认同的复杂活动。

大众传媒在树立起一个个时尚英雄、明星巨人,营造了虚幻的消费社会印象之后,也使其进一步认识到不仅仅物质产品是一种商品,话语和形象也是一种商品。这使得媒介找到了自我拓展的运行机制,即通过炒作明星,重新制造明星来促进和商业的总深度合作,《超级女声》、《我型我秀》、《梦想剧场》一系列造星和选美活动营运而生,明星、帅哥靓女成了合法的商业销售工具,而社会普通大众只是需要为此付出代价的消费品。

3. 隐私文化的流行

埃里克·塞瓦赖德曾认为低级趣味的人都不会有高级趣味,但每一个自称趣味高级的人都有相当分量的低级趣味。而在电视面前,在那种日常的、放松的、私人的空间里,人的低级趣味最容易起主导作用。媒介对私人

---

① 转引自傅守祥.大众文化的市场逻辑[J].社会科学战线,2007(2):225。
② 于德山.时尚:大众媒介之中的偶像表演[J].电视研究,2006(10):74。

空间的侵犯在一定程度上满足了人们窥视的欲望,大众通过媒介,不仅看到他人的秘密,而且也常常通过幻想中的角色置换,使自己进入他人的私人领域,获得侵犯、扩张的快感。因此,各种"隐私倾诉"、"情感实录"成为媒介吸引受众的一种路径。网络媒介的出现则又为这一隐私的公开化提供了更理想的彰显空间。

网络匿名传播使得传播者实际上是一种原子式的、匿名的、孤独的存在,是一种脱离了社会现实进入了一个虚拟世界的存在,或者正如拟剧理论所说的,他(她)由生活的"前台"退入了"后台",他(她)不必再在意形象管理(Impression Management),因此,可以暂时摆脱社会角色和道德责任的束缚,随心所欲。这为隐私文化的流行提供了更开阔的延伸空间,木子美、"竹影青瞳"、"芙蓉姐姐"等这样的人物,在网络中不断涌现,因为她们可以满足受众的一种视觉快感,正是因为这样的特性,传统大众媒体对此又进行二次集体传播和炒作。媒体之所以要维护这种符号的生产,正是要满足受众的消费需求。

克楼克(Arthur Kroker)与库克(Pard Cook)这两位加拿大社会学家在分析电视的大众文化时认为:"凡是没有进入电视的真实世界,凡是没有成为电视所指涉的认同原则,凡是没有经由电视处理的现象与人事,在当代文化的主流趋势里都成了边缘。"①中产阶级趣味、明星文化、偶像崇拜和隐私的前台化使得现代的流行文化的主导性发生了很大偏移,普通大众、弱势群体往往因为媒体的漠然而失去了更多的话语平台,媒介的公共属性逐渐被资本权利所侵犯甚至掠夺。

二、现代传媒"拟仿"文化的自主性

现代传媒一方面可以真实地再现或模拟现实社会,同时又按照商业和市场逻辑对现实进行再一次的符号表征和信息诉求,媒介文化是经过不断分割和重组处理的拟仿文化,这使得受众也可以通过媒介来自由组合、包

---

① [英]汤林森著.文化帝国主义[M].上海:上海人民出版社,1999:118。

装自己的媒介生活。媒介文化中的这种拟仿特征使得它既不同于现实的文化环境,同时又具有组合、改造现实的自主性。

由于现代传媒的高效复制性,大众传媒时代实际上已经成为符号和影像的时代。报纸、广播、电视、互联网让我们足不出户便可尽知天下事,但通过这些媒体所接触到的"天下事"只是媒体对现实进行编辑处理后的"拟仿"性事件。我们自以为通过媒体看到了世界,认清了我们的生活环境,但我们所看到的,只是大众传媒模仿现实的一系列影像;我们自以为看到了某个普通人平常的生活,但那已经是这个人在摄像机前的"生活",多少带有表演的成分;我们自以为看到了原汁原味的民族风情和民族歌舞,但那已经是通过编导、舞美、摄像、导演切割包装出来的赝品了。"传媒只传播他们理解的'真实',并且还要经过强化、淡化、分割、重组等一系列处理。"①媒介事实只是对现实真实的一种刻意而主动的拟仿,多少带有虚拟性和不确定性。

尤其是网络媒介技术的加盟在一定程度上使得媒介的仿真性能更高。美国科幻巨片《侏罗纪公园》、《阿凡达》等让人们体验到计算机模拟技术和虚幻现实的惊人效果。互联网技术"超现实"的仿真性可以将许多东西甚至行为体验通过虚拟现实代替,如教育、飞行模拟、驾驶训练、足球比赛或者军事演习等。

现代传媒技术可以大面积地拟仿现实,同时又能对媒介符号进行不同程度的组合与重构,从而改变信息环境中的事物与原本事物之间的统一联系。正如马克·波斯特所言:"媒介往往会改变其所探讨的事物,改变了原本(originals)与指称性之间的同一性。从这一意义上说,在现代媒介时代,文化越发具有拟仿性,'现实'也变得多重了。"②

例如,当我们在网络媒体上显示的房间里要翻越一堵墙,只需点击鼠标,便可轻松进入另外一个空间,在现实中则必须自己费力气跳过去或绕

---

① 李思屈.传媒的"技术权力"与商业广告的"造梦"机制[J].新闻与传播研究,2000.3。

② [美]马克·波斯特.第二媒介时代[M].南京:南京大学出版社,2000:42。

过去。一个网络使用者,通常都以 ID 账号或匿名出现,个人可以隐匿部分甚至全部在真实世界中的身份。多媒体世界提供了大量各种各样的面具,网民可以从中任意选择一个甚至几个作为自己身份的象征。那些在现实中人们无法改变的天赋角色,如家庭出身、性别、外貌等,在互联网世界中却可以被轻易改变、拟仿。互联网的这种拟仿特征,使人们在网上有一种摆脱压抑、无拘无束的感觉。网民可以一方面始终处在隐秘的私人空间之中,另一方面,却在网络虚拟空间中塑造出一个有别于其在真实世界中的人格认同,扮演各种角色与身份,在虚拟社区这一公共领域中与他人进行互动,以展示一个在真实世界中无法展示的自我。

这种虚幻的拟仿性使得现代媒介本身所建构的文化与现实的文化环境出现很大的偏差。在网络游戏中,每个游戏玩家都接受一个虚拟角色,这一角色可能与他们的实际性别根本不同,而且这一性别也可以在游戏过程中随时改变,这就从根本上质疑了现实主导文化中性别系统固定不变的规律;在聊天室里,一个实际上地位低下的人可以扮演成身处要职的白领,扮演的角色给自己带来的欢悦与满足可能会让他重新看待现实生活中的自己,从而影响自己对现实中自我角色的乐观认同。

现代传媒可以让文化在信息环境中以多种形式聚合或重组,这种"拟仿文化"以其形态的自主性,可以为人类带来精神和心理上的很大满足,但同时也极有可能与现实文化的自然演绎规则相悖。

三、现代传媒建构文化交融的偏向性

媒介"地球村"的出现使得不同国家、不同民族和地区的各种文化可以同时融入信息环境这个大系统中,跨文化传播与多元文化之间的交流已成为一个不可逆转的趋势。但是,同政治民主一样,媒介文化依然要听命于现实社会中的权力分配规则,信息环境所容纳的各种文化基因并不能以 1∶1 的比例出现。世界文化在媒介中的交融出现明显的偏向性和不平等性。

在全球化文化产品市场形成和跨国传播领域越来越大的状况下,一些拥有先进传媒资源优势和政治强权的国家成为媒介文化中的主导者,各国之间的文化交融以一种不平等的方式进行。

比如,在西方媒介,特别是美国的主流媒体对中国社会现实的反应,仍然不能予以公正客观地报道,有的甚至刻意"妖魔化"中国,别有用心地制造障碍他们对中国的报道和分析往往是带有偏见的。这样,西方的普通人就很难通过媒介世界了解中国现实世界的真实情况。事实上,由于长期以来大众媒介传播几乎被发达资本主义国家所垄断,大众传播尤其在关注发展中国家或国际事件时,"大多数情况下,报道或是不全面的、或是不真实的"。①

根据加拿大统计,该国电视台每年总计播出的英语节目 52000 小时,其中本国生产的节目只占 28%;在播出的 27000 小时法语节目中,本国生产的只有 630 个小时。在日本,一些学者从 80 年代初就开始研究信息的"入超"问题。日本新闻协会研究所曾发表一项对亚洲 14 个国家 29 家报纸的"国际报道"状况的调查报告。这个报告显示,亚洲各国报纸"国际新闻"的主要提供者是西方信源,其中美联社占 22.6%、路透社占 21.9%、法新社占 9.3%、合众国际社占 8.6%,四大通讯社占了 60% 以上,而各报的"本报讯"总计只有 21.2%。②

我们可以很明确地看出,如今全世界的影视产品,仍由具有强势资本与人才的西方媒体所主导。《花木兰》被迪斯尼标榜为按照中国历史改编的中国文化产品,但仍是渗透了很多西方价值的混成文化,所谓的"本土化"和"全球化"只不过是他们用来推销其文化产品的一种修辞罢了。在西方以强势资本主导全球媒体工业的情况下,"全球化的过程意味着所有的地方性皆需仰赖西方优势主导的传播渠道,才有跻身全球'混成文化'的机会。因此,全球化的'混合'、'融杂'过程,仍为一种单方向的纳编过程。'全球化'充其量只是一个再生产不均衡权力结构的机制。"③

---

①　赵雪波.大众传播与国际关系[J].《国际新闻界》,2000(1)。

②　数据来源于郭庆光著.传播学教程[M].北京:中国人民大学出版社,2001:254。

③　李天铎.想象空间与认同并裂:媒介全球化的后果.第二届中国影视高层论坛论文集[C].2002。

　　确凿的研究结果和数据充分反映出在全球化的文化背景中,文化之间的交融依然按照世界的政治、经济和文化格局而进行,文化在信息环境中的流通呈现偏向不平等结构。

　　由此可见,媒介地球村的实现对多元文化的交流与跨国传播带来了前所未有的机遇,这已被众多学者所论述。但是在这个媒介"地球村"中,一些本来无关紧要的边缘文化因为媒体的放大而主导人们的生活,一些本应被重视的文化因为媒体的淡漠反而成了边缘。传媒无限复制的特点可以让文化在信息环境中以多种形式聚合或重组,这种"拟仿文化"以其形态的自主性,可以为人类带来精神和心理上的很大满足,但同时也极有可能与现实文化的演绎规则自然相悖。另外,文化之间的交融依然按照世界的政治、经济和文化格局而进行,文化在现代媒介环境中的流通呈现严重的偏向不平等结构,传媒文化在制造流行文化的同时,也在悄无声息地变异着现实文化本身的正常演艺规则。

第四章 媒介技术:赋权与平等的幻像

第一节 媒介技术:赋权与重新赋权

媒介发展历程中每一次大的突破和变革几乎都是在新的媒介技术的推动下得以实现和完成的。印刷技术的出现改变了信息历时、封闭的传播方式,大量复制的技术特点第一次奠定了信息大众传播的基础;19世纪至20世纪电子通讯技术的发展,直接带来了了广播、电视等信息传播的新形态,信息真正以"现场"直观的再现增强了受众感知信息的亲历性;而互联网和其他数字新媒体则更是现代信息技术和电子技术集大成的产物,其信息传播形态不仅实现了时空同步性,也颠覆了传统意义上传者和受者的主动与被动关系,信息传播平台变为信息即时互动平台,媒介第一次实现了自主、平等、开放、多元、交互的全方位信息沟通平台。"新的媒介导致了人际之间和地域之间的新联系,以及存取社会信息的新方式。"①科技不仅改变了传媒的基本形态,推动了媒介的进步,它也决定了信息传播的内容、文本的发展乃至传播观念的变革,成为信息传播中的一种隐性权力存在。

一、媒介技术:一种隐性的媒介权力

媒介技术使得信息传播突破了时空限制,并以更加直观、丰富的符号

---

① [美]约书亚·梅罗维茨著,肖志军译.消失的地域:电子媒介对社会行为的影响[M].北京:清华大学出版社,2002:17。

方式加以展现,为大众提供了远比现实世界更精彩的一个信息世界,让人置身其中并心甘情愿的依赖其中,这种对媒介的依赖是媒介技术发挥其强大的工具价值的基础。

技术绝非中立的摆设,海德格尔认为:"关于技术工具的中性把握,恰好表明对技术本质的茫然无知。"①技术绝不是纯粹的占有之物,它可以介入个人与事物的关系,改变双方的面貌。同理,现代媒介技术的发展,对人类既有的生存环境往往能带来规范上的冲击和革新,并能在一定程度上改变甚至决定人与现实存在之间的关系。正如阿多诺和霍克海默在描述广播媒介时所言,从电话到收音机,主体的角色就因这一技术的转化进步而被明确地区别开了。前者仍然容许用户承当主体的角色,是自由的;后者的情况则是民主的:它把所有参与者都转化为听众,并且以一种极具权威的方式迫使他们全都听完全一样的广播节目,广播信息无孔不入,用自己言说的内容为人们描绘外在的事实与生活。"广播的这一内在趋势能使言说者的言辞由虚假的圣训变得绝对正确。一个建议于是变成了一道命令。"②克楼克(Arthur Kroker)与库克(Pard Cook)这两位加拿大社会学家曾就电视也提出了他们的主张:"……非常之真实。电视就是真实的世界,不是现代而是'后现代'工业、社会、经济……这样的后现代社会,特色是科技以洋洋自得之精神呈现动态发展之势。"③现代传媒技术的强势渗透和垄断已无形中将人与"传媒世界"紧紧联系在一起。

大众传媒在本质上只是附属于人的物,作为一种技术工具,按常理它只是一种实施权力的资源,不能自发实施权力更不可能成为一个权力主体。但问题恰恰就在于,以现代科技为基础的大众传媒在开拓人类生存空间时,因为超越了人类的身体技能而保持了它对另一种权力资源——信息的垄断式占有,现代传媒之所以能迅速蔓延,无孔不入,成为现代人不可离开须臾的存在者,其原因就在于:生活在信息时代的人们,

---

① 刘斌.大众传播:权力的眼睛[J].现代传播,2000(2):28。
② [美]马克·波斯特.第二媒介时代[M].南京:南京大学出版社,2000:7。
③ [英]汤林森著,冯三建译.文化帝国主义[M],上海:上海人民出版社,1999:118。

往往需要而且只能通过现代传媒获取大部分生活必需的信息,对传媒的一味依赖导致了传媒权力的延伸。传媒的运作也便逐渐具有某些不以人的意志为转移的特征;印刷媒介对信息的传播必须以文字和图片对现实的抽象、剥离为前提;依靠声音的传播则把世界限制在有声语言和音响效果的框架内;电视则把世界压缩在平面上,而且还是经过镜头挑选的局部世界。

这就是说,即使不考虑传播者的主观选择和对信息的过滤过程,"传媒为人们所提供的,也只是被技术简化、变形和扭曲的世界,一个与真实世界相差甚远的影像世界。地球仪并不等于地球,真实的影像也不等于真实本身。"①现代传媒在一定程度上模糊隐藏了影像与真实之间的差距,通过对人们信息生存的规制来实现自己作为权力工具的价值。

二、媒介技术的权力基础

1. 速度至上与受众的被动跟进

"用时间消灭空间",是马克思在 19 世纪中叶提出的一个传播设想,马克思这一最初建立在物质基础上的传播设想,在他起草的《共产党宣言》里描绘为一种当时人们所能见到的最生动的传播现象:"过去靠乡间小路需要几百年形成的工人的团结,现在靠铁路只用几年就实现了。"一个世纪以后,加拿大人马歇尔·麦克卢汉将马克思当年描绘的传播现象解释为"媒介即人体的延伸",他认为每一种新媒介、新技术的诞生,都有如人体某部分的延伸,并且认为信息传播的速度会取消人类意识中的时间和空间。这一论断与马克思"用时间消灭空间"的科学预言有一种内在的契合,都是从广阔的社会与文化层面上观照技术及其承载信息的速度对于传播的意义。

媒介技术对信息传播速度的每一次增值,都在很大程度上提升了人和现实、个体和社会直接交流的质量和效率,也直接将人纳入一个信息共同体的生存境遇中,对信息的占有和利用成为社会存在的一个主要资本。技

---

① 李思屈. 传媒的"技术权力"与商业广告的"造梦"机制[J]. 新闻与传播研究,2000(3)。

术实现了对速度的超越,这种超越带给社会的现实价值又使得人们更加依赖技术,技术在每一次的革新中也更注重对速度的追求。在技术的支持下,速度成为传播的一个至关重要的元素。

从传播者的角度看,速度也成为媒介内容传播的第一要务。时效性成为衡量新闻价值的一个首要指标,媒介之间的竞争,很大程度上演变为速度的竞争,媒介都希望第一时间赶赴新闻现场,第一时间发布信息。现场直播、现场连线、整点新闻、滚动新闻、即时新闻成为各种媒介竞相争取的传播手段。"速度技术不再仅仅是一种资源和可能性,其本身就是一种价值,是传媒界自我展示的核心内容。速度也不再是一种手段,而成为一种目的。因为速度不再是事物变动的内在节奏,而成为一种外在标识,现代性的标识,竞争力的标识。"①

现代信息技术的发展,使得信息已经进入极度膨胀和过剩的阶段,受众面临更多元、更庞杂的信息环境很多时候无从选择和辨别,于是,媒介在第一时间以最快的方式引导的信息方向也便成为受众的信息跟进方向。媒介在提供信息的同时,即不断暗示这些信息的重要性,在有意识地培育受众跟进信息的速度,并最终促使受众自觉地、自我强迫性的信息跟进。

2. 技术符号的真实幻像

媒介技术的发展直接带来符号表征效果的强化,每一次媒介技术的革新都使得信息符号和感官的结合更直接和全面,尤其是广播、电视媒介的出现,打破了文字符号间接、抽象、理性的表征方式,文字失去了记录时间、空间和智能的垄断地位。视听技术拉近了符号能指和所指之间的外显性,尤其是电视的影像符号把思维支配的内容重新还给感官,使得视听感官同时结合并同步显现,大大增强了媒介信息和现实的融入性和一体化感受。美国媒体理论家彼德斯认为:"书写一直是个人'性格'的独特表现;这里的所谓性格说明,书写训练和人格观念是统一的。然而,凭借声音和视觉形

---

① 樊葵.传媒崇拜:现代人与传媒的异态关系[D],浙江:浙江大学中国现当代文学,2006:51。

象的记录,千变万化的面部表情、声音和体态获得万世不朽的性质。"①

视听符号为人们提供了感性直观的当下体验,缩短了人的知觉和符号之间的体验,也降低了人们接受信息的边际成本,因为影像是接收信息的最直观而且最便捷的方式。视听符号的优势还在于眼见为实的真实感,尽管视听符号之于真实的关系是脆弱的,甚至有时是虚假的,但影像总是能够巧妙地以自然的直接性和呈现性获得更多的信任感和参与感。"通常,如果一个节目愈让人觉得逼真,就愈让人觉得过瘾,也就愈受欢迎。但是所谓逼真写实,其实也还是人为的创造。它之所以自然,并不是因为它真的自然,主要是由于我们的文化喜欢把我们社会中仪俗性的凝缩行为披上一件外衣,让它看起来很自然。事实上,写实主义一点也不自然,但是它合乎我们观物的心态。"②

网络媒介的出现则彻底打破了传统媒介相对单一的符号主体表征,超文本的信息结构方式第一次完整延伸人的各种器官感知能力,它可以将文字、声音、图片、图表、动态图像等媒体符号综合在一个传播单元中,构成多媒体信息,使传播更具综合性、直观性、形象性,最大程度地还原信息的本来面目,其自主互动的信息传播特点又增加了这种符号消费的安全感和可信度,它的拟像性更容易逃避人的意识的审查,更易于建立一种催眠状态的传播关系,因而影像在很大程度上成功地接管了人们对现实生活的感觉。

3. 虚拟现实的沉浸感

虚拟现实是 1989 年由美国的兰尼尔(J. Lanier)最早提出的,他认为"虚拟现实技术是由交互式计算机仿真组成的一种媒体,能够感知参与者的位置和动作,替代或者增强一种或者多种感觉反馈,从而产生一种精神沉浸于或者出现在仿真环境(虚拟世界)中的感觉。"简言之,虚拟现实就是计算机和网络技术创造的一个仿真空间。这种仿真空间甚至可以将物理

---

① 彼德斯、何道宽译. 交流的无奈——传播思想史[M]. 北京:华夏出版社,2003:131。

② 彼德斯、何道宽译. 交流的无奈——传播思想史[M]. 北京:华夏出版社,2003:57。

世界中几乎所有类型的空间——几何空间、物理空间、文本空间、社会空间和想像空间统统可以网罗其中,使其成为一个可以实现潜在意念、欲望和幻想的空间。也因此,网络媒介自出现以后,便以迅猛的速度发展并广泛普及。

网络媒介,既是一种科技的艺术品也是一种大众影像,这种拟态的影像不仅可以不断缩小虚拟与真实之间的象征距离,更为惊奇的是,任何一个个体可以成为一个"比真实更真实"的拟象主体,完全彰显自己的话语权和信息操纵能力。在这种非常自由、开放的符号生存环境中,匿名传播成为了一种常态,角色重塑、角色多重扮演第一次完全解除甚至摧毁了人们的"现实身份"。"在这里,没有人知道你是一条狗",人们可以在此解放被压抑的意念,摆脱任何现实世界所加诸在人们身上的限制与束缚。

任何人在网络媒介中都可以是一个虚拟的存在,即作为人的文化生命存在的意义符号生存,这种数字化生存为人们提供了一种类似"化装舞会"的效果,使的通讯的双方得到很大的安全感。人们不仅可以通过视觉和听觉,还可以通过嗅觉和触觉多维地感受到虚拟世界中所发生的一切,使用者与虚拟环境中的各种对象的相互作用,就如同在现实世界中的一样,这种感觉是如此的逼真,以至于人们能全方位地沉浸其中。"沉浸感是虚拟现实最主要的技术特征,它是指参与者在纯自然的状态下,借助交互设备和自身的感知觉系统,对虚拟环境的投入程度。虚拟现实是通过计算机生成一个非常逼真的足以'迷惑'人类感知的虚幻世界,导致用户产生了类似于现实世界的存在意识或幻觉。"[①]网络媒介正在利用技术的进步,传达给用户一种更加完整全面的身体和心理感受,使得人机交流中的人能够越来越趋向于回到人的本原状态,进而吸引更多的人参与其中并乐于沉浸其中。

---

① 聂伟.走向虚拟现实传播的媒介技术[D],哈尔滨:哈尔滨工业大学广播电视艺术学,2007:10。

三、赋权与重新赋权

1.传统媒介为少数人赋权

政治经济学家因尼斯认为,传播媒介是人们行使社会权力和政治权力的一种有效手段,而每一种新媒介的出现都能打破某些人原有的垄断权。不能广泛传播的媒介,或者需要特殊编码和解码技巧的媒介限制了传播渠道和传播范围,很可能会被上流阶层所利用。相反,如果一种媒介很容易被普通人接触到,它很快就会被民主化。

印刷媒介出现后较之口头传播和书信传播其最大的特点在于:传播交往的范围更加扩大了,但对印刷媒介的使用必须有一个前提:即能认知并且对文字信息有基本的解码能力,这使得很长一段时间内,印刷媒介只是部分人的媒介。广播电视的出现则真正将社会带入大众传播时代,其依靠声音、影像符号传播信息的特点决定了任何人只有有正常的身体感知系统,就能够大致理解媒介信息,媒介的受众群真正普及到社会的各个阶层,成为大多数人的媒介。但传统的大众媒介,往往由传播者在信息的挑选和发布过程中充当了把关人的角色,把经过过滤的信息传递给受众。传播播的流向是自上而下式的注射和灌输,传播者发出信息在前,接受者反应在后。而另一方面,只要接触媒介就可以方便地获取大量的信息,人们在依赖媒介信息的同时不自觉地把自己变成了被动接受信息的受众。在这种信息传播格局中,传播者仍然处于主导地位,代表大多数人行使信息选择和传播的权力。因此,传统媒介的信息传播依然是单向、线性的传播流程,在这种流程中媒介组织始终处于主导和支配地位。

2.网络媒介为多数人赋权

网络媒介的出现打破了传统的信息传播流程,媒介工具不再仅为媒介组织所左右,网民不需要由别人代表自己,可以通过网络传播这种形式,在网上直接发表自己的想法和见解,传播成为一种人们共同享用的即时的沟通和交往。同时,传播和反馈是及时而通畅的,它强化了每个个体的信息主体地位。尤其是 Web2.0 技术的运用则更将网络平台推到"自媒体"的时代,媒介的自主和互动性更强。

Web2.0就是"主动"和"互动"的互联网。"主动"是指"以个人为中心",开启了个性化最大张扬的个人时代,个人深度参与到互联网中,并彼此相连。"互动"是指"以自组织为中心",个人与个人之间,个人创造的内容与内容之间,以及个人汇聚的群体与群体之间,都是以不同的自组织方式架构起来,以自组织的方式让人、内容和应用等充分"活动"起来,最大程度爆发互联网的能量。因此,互联网打破了垂直的信息传播模式,开创了平行网络化的信息应用格局,网上多元的信息和非线性的交往方式在激发人们创造性欲望的同时也锻炼、提升了其创造性能力,从而使得大多数人成为信息传播的主体。权力越分散,每个个体的话语权力则越有空间得到彰显。

3.平等的幻像

互联网的出现在很大程度上消解了传统的媒介把关人和舆论领袖的先天优势,自由、开放、交互、共享的技术平台使得网络上的沟通不再是单一的形式,而创造出多元的公共讨论场域。分布式的网络结构,使得今天的互联网成为了一种"去中心"(decentralized)的、分权的新兴媒体。在网络中,网民不需要由别人代表自己,可以以一个主体的身份参与网络信息传播活动。理论上,这种技术带来的信息传播路径打破了传统的垂直式权力结构,实现了网络平行式交流模式,每一个个体之间都是平等平权的信息主体。

但实际上,互联网在打破传统权威的同时也在制造新的不平等。传统媒介如电视、广播等虽然由少部分人控制着信息的内容和传播的方式,但受众接纳和选择信息几乎没有太多限制,只要能打开收音机、电视机,只要会调台、按遥控器,就可以轻松接受媒介传输的全部信息。互联网虽开创了开放、共享的信息平台,但因为技术路径的限制,使得每个个体享用信息的机会其实是不对等的。同为网民,在技术上占有优势也就在行为上占优势。"技术依赖性"有可能演化为一种限制网民的自主行为、自由行为的"技术控制"。网上行为表达和信息传递要受到"线路"的制约;网民行为自由性得益于技术,又受控于技术,这是一个问题的两个方面。

同时,互联网媒介技术发端于美国,其强大的信息基础工程的建构权力也毫无疑问地归属于美国。技术即意识形态,当信息技术逐渐成为整合世界得以连通的最关键方式时,技术的统治地位及其所附加的文化意识形态也变成为更隐蔽的非政治性统治手段。Internet 世界的中性意义成为了网络时代最大的政治神话,美国自由化的网络工程形成了一种规模宏大的新自由主义网络运动,他们在 Internet 扮演的是一种政策先导的角色,"因特网是他们最有效的同盟,这是一种不需要多边协议就可以推进美国传统贸易目标的全球性媒体。它大大降低了服务跨越国界的成本,同时也加快了服务跨国化的步伐。"①美国政府依靠雄厚的实力,大力发展信息产业,凭借网络媒介把政治地理边界冲得七零八落的现象已经出现,网络文化全球化的背后隐藏着西方中心主义的文化支配逻辑。

网络信息的梯度分布,必然会导致网络信息的梯度转移和跨界扩散(transborder data flow)。据统计,从发达国家流入发展中国家的信息流量超过从发展中国家流入发达国家的100倍。正如 N·莫尔所说:"所有迹象都表明,发达国家正利用其信息资源来剥削、而不是帮助发展中国家。"②因为信息总在一定程度上负载着文化,美国在网络上的信息垄断实际上也就是美国文化的垄断。当人们进入 Internet,在某种意义上就是步入了美国文化的万花筒。

---

① 王坚方. 网络文化帝国主义:价值裂变与和合思想的文化互动[J]. 现代哲学,2001(4):59—62。

② 卢泰宏、沙勇忠. 信息资源管理[M]. 兰州:兰州大学出版社,1998:95。

第二节 媒介技术:工业化后的文化本体

一、媒介技术的文化本体论

媒介文化概念的出现是文化和传播技术发展到一定阶段的产物。在以文字为主的印刷媒介时代,由于符号的静态稳定性,媒介传播过程中外在意识的主观介入大大降低,媒介信息只有进行再次解码才能产生一定意义上的互动语境。这使得文字符号必然具有某种权力操纵功能,而承载文字的印刷媒介似乎只是天然的表意工具,是思想的直接载体,物质媒介对文本内容与形式的影响并不为人注意。

电子媒体的出现则彻底改变了媒介的生存意义,它不仅使人们意识到了媒介的信息中介作用,而且也感知到技术手段本身对信息文本呈现方式的巨大影响,电子媒体特别是电视普及之后,它所展示的声像世界强化了我们耳听为虚、眼见为实的日常经验,它融入了人们的生活并成为生活中的重要内容,而且还参与了日常生活的塑造、诠释和再生产。人们第一次很清晰地意识到传播媒介不单是传播信息的工具,媒介特性对信息构成具有本体论意义,媒介不但传播文化,而且也在创造新的文化文本形态。

美国学者梅罗维茨(Joshua Meyrowitz)1985 年的著作《消失的地域》,通过研究电视这种媒介形态,论证了媒介本身如何成为一种文化。例如在电视新闻中"现场"报道和现场采访,在很大程度上改变了每个人的"亲身参与"对于经历社会事件的重要程度,人们下意识地受到传媒所建构的文化情境的影响。他写道:"电子媒介将许多不同类型的人带到相同的'地方',于是许多从前不同的社会角色特点变得模糊了。由此可见电子媒介最根本的不是通过内容来影响我们,而是通过改变社会生活的'场景地理'来产生影响。"

尼克·史蒂文森则认为"媒介技术将我们的中枢神经系统,扩展到与其他人类的能激起美感的全球性融合之中。这使时间(过去与现在)与空间(远处与近处)之间的区别变得多余。"①

哈贝马斯、贝尔·杰姆逊同样注意到了大众媒介尤其是电子媒介对物理意义上时间、空间的消解作用。杰姆逊认为:"电视机的出现给信息带来了一个很奇怪的变化。当你在看电影,或是在读报纸的时候,你看到一个视觉形象,例如……你看到一张关于中欧某地的大屠杀的照片,你依然有一个感觉,就是这一切仍然发生在外界,仍然是他性的,和你没有直接关系。这样,这一信息就仍然保存了某种客观性,对你来说属于另外一个外部的现实。但是,同样的信息出现在电视机上的时候,便失去了他性,因为电视机是你家庭的一部分,就像你的汽车或洗衣机一样,是属于你的,电视是属于家庭的东西而报纸或新闻纪录片仍然是外部的,是关于遥远的另一现实的;……在电视这一媒介中,所有其他媒介中所含有的与另一现实的距离感完全消失了。"②电视媒介并非现实信息的承载工具,它本身就是现实生活,即感官经验。

"今天的大众媒介技术对文化的介入已不满足于像传统的技术那样,扮演为他人作嫁衣的角色。它不仅为他者传播文化,更要为自己创造文化———传媒文化。"③正如传播学家麦奎尔所说,"新的媒介文化不是人与自然的桥梁,它们就是自然。"④

二、媒介由"技术理性"走向"文化工业"

媒介的文化本体现象是技术进一步渗透到信息建构过程中的直接结果。法兰克福学派在分析技术作为第一生产力对社会进行合法性统治时,他们提出"工具合理性"、"工艺合理性"和"技术理性"等概念。"所谓技术的合理性就是以技术进步作为一切合理活动的标准与模型,技术的进步及

① 尼克·史蒂文森.认识媒介文化[M].北京:商务印书馆,2001:191。
② 杰姆逊.后现代主义与文化理论[M].西安:陕西师范大学出版社,1986:192。
③ 江建文.大众媒介与社会文化价值观的变化[J].当代传播,2006(4)。
④ 切特罗姆.传播媒介和美国人的思想[M].北京:中国广播电视出版社,1991:192。

其理性的扩展,成了操纵大众意识、对人实施控制的有效工具。"①

在发达工业社会之前,科技是价值中立的,科技成为意识形态是发达工业社会所特有的现象。在发达工业社会,由于科学技术在西方文化中的真理性地位以及在当今社会中作为第一生产力创造了丰富的物质财富、极大地提高了人们的物质生活水平,科技成为生产发展、经济增长的决定性因素,在生产领域、经济领域以至整个社会生活领域,使科技成为最高评价标准和唯一权威,这样作为第一生产力的科技,就同时具有了意识形态功能,传统的科技与意识形态的外在抽象的对立消失了,科技就僭越出生产力领域,成为了意识形态体系的构成部分。在海德格尔看来,技术就是一种强求于人的、人不能突破的无形的驱使力量。法兰克福学派在分析这一现象时提出:科技即意识形态,科技意识形态被科技所界定,体现着工具理性的要求。"技术理性这个概念本身也许就是意识形态的。不仅技术的应用,而且技术本身就是对自然和人的统治。"②

当技术不断以自己的生产力价值渗透到大众媒介信息运营格局中时,媒介文化则逐渐从稀缺神圣的"人文理性"走向批量化生产的"技术理性"。"科技理性"以科学计算的方式处理对象,企图以精确度量来给世界以标准化的解释,而不易数量化的"人文理性"被排斥在"工具理性"之外,丧失了自身存在的理由。

媒介"技术理性"产生的直接后果则是媒介中的文化生产采取了工业化的生产及销售方式,因此被人们称作"文化工业"。现代技术的发展和大众传媒的勃兴使得人类历史上首次得以有大量人口参与文化活动,从而消解了文化的阶级性、阶层性和垄断性。大批量生产的文化产品必然关照最多的是利益机制所驱动的文化形态,即大众文化。

大众传媒因其技术统治和合理性逐渐渗透的大众文化大生产的各个环节,市场与效益的双重驱动直接导致现代媒介文化与大众文化与生俱来

① 潘知常、林玮.大众传媒与大众文化[M].上海:上海人民出版社,2002:47。
② 马尔库塞.否定:关于批判理论的论文[M].波士顿,1969:233。

的特质与运作范式,具体表现为:

1. 商业性

文化工业使得媒介文化背后必然遵循商业化机制,商业性是媒介中大众文化与生俱来的特点,其商品化倾向并非仅指产品的商品性,而主要是生产和运作的商品性,媒介文化都潜在地遵循着商品经济和市场利益的原则。文化企业的操作程序与工业企业的操作流程基本相同首先是对市场进行分析,了解市场的需求之后,企业开始投入资金进行文化产品的生产,然后把产品投入市场销售,最后进行投入产出的分析。

2. 机械复制

文化产品的生产同先进的科学技术紧密结合,使原有的个性化创造纳入到标准化、模式化生产程序中来,形成了批量的生产与复制,文化不再是一种个体的精神和灵性的活动而成为大批量生产的工业。

"在大众传播中,被媒介化了的东西涉及到文化的各个方面。复制的不单是一种具体的产品,同时也是一种思想,一种生活方式,一种文化。既然一切都可以复制,那么在大众文化中就有可能会呈现一种同质或趋向同质的现象。这就是一些学者所发现的现代文化现象:从来没有这么多人在不同地域和语境中共享一种文化。"[①]这种共享文化方便了文化制品向更广范围内的统一性传播,但同时,机械复制的文化运作在一定程度上遏制了文化原本最可贵的创造力,"艺术作品的机械复制时代凋谢的东西就是艺术品的韵味。"[②]本雅明对机械复制所带来的文化冲击做了更为深刻地剖析。

3. 标准性

机械复制带来的直接结果是媒介产品的统一标准化,即媒介利用绝大多数人都能理解的固定程式提供了大多数人能够欣赏的角色模型,表面上看,它打破了传统文化在少数人手中绝对的垄断权力,实际上,按照商业规

① 陆扬、王毅.大众文化与传媒[M].上海:上海三联书店,2000;20。
② 本雅明.机械复制时代的艺术作品[M].杭州:浙江摄影出版社,1993;7。

则复制出的标准化文化样本却在创造另一种媒介文化权力,即拟仿现实文化的绝对话语解释权。它的独霸的话语使自身成为整合调节人和整个社会的权力。

三、"技术工业":为大众服务的幻像

"技术工业"的商业化特点,使得媒介信息必然尊重的是大众趣味和需要,这使得媒介文化在整个社会文化互动中产生了非常重要的作用,也在很大层面上衔接了民间文化和精英文化难以逾越的鸿沟,大众文化所具有的通俗性、浅显性、娱乐性、游戏性、流行性、时尚性、复制性、拼凑性、伪饰性、狂热性、都是其背后经济杠杆作用的结果。快餐式的文化消费也可能在一定程度上模糊了大众对有益的先进的文化与通俗文化关系的基本认知,甚至于使真正的有益的先进的文化被排斥和边缘化。

同时,大众传媒专横的将大工业标准化生产的本性移入到媒介文化之中,并毫无保留的将固定化了的、标准化了的思想和情感模式灌输给受众,扼杀了一切个人灵性和想象力的发挥。科学知识的技术化将人的感性异质同化,从而达到人性物化、商品化、主体物品化的工具化。对此,阿多诺认为,"文化工业在大众传媒和日益精巧的技术效应的协同下,大肆宣扬带有虚假光环的总体化整合观念,一方面极力掩盖严重的物化的异化社会中主客体间的尖锐矛盾,一方面大批量生产千篇一律的文化产品,来将情感纳入统一的形式,纳入一种巧加包装的意识形态,最终是将个性无条件交出,淹没在平面化的生活方式、时尚化的消费行为,以及肤浅化的审美趣味之中。"①

按照法兰克福学派的观点,技术工业是在工业社会中产生,以都市大众为消费对象,通过大众传播的无深度的、模式化的、易复制的、按照市场规律生产的文化产品。但他们往往用"文化工业"而不是"大众文化"在指称现代社会的这种文化模式,阿多诺认为这种表述是为了排除一种错误的

---

① 转引自杨一苗.大众传播时代的文化分析[D].西安:陕西师范大学文艺学,2002:24。

理解,即这是一个类似一种从大众本身,从流行艺术的当前形式自发地产生出来的文化问题。阿多诺的基本观点是:"对于大众文化来说,问题在于它并不真是大众的,与其说它是由人民创造的,不如说它被用来欺骗人民,它服务于统治者的利益并潜在地服务于极权主义。"①大众文化并非大众自己所为,而是政治与商业机制自上而下强加给大众的,看似为大众量身定做,实际上是渗透了统治集团意识形态的、欺骗大众的工具,是稳定工业社会生产的"社会水泥"。马尔库塞认为:在技术理性占主体的社会中,完全商业化的文化产品满足的是人们的虚假的需要,并使社会逐渐失去了批判向度,成为单面人。

第三节 现代传播技术环境下的媒介人性化解读

一直以来,媒介的人性化都是国内外学者不断探讨的一个热点,但先前的一些研究关注更多的主要是媒介的内容方面,如探讨报纸的报道、电视的节目制作如何更好的反映民情、贴近百姓;网站及网页的设计如何更方便于受众等。然而,随着现代媒介技术的发展,传播工具又会对媒介的人性化产生很多正面或负面的影响,由此可见仅从内容关注是不够的,研究现代传播技术环境下的媒介人性化有着更为重要的意义。

一、传播生态的博弈与媒介的人性化

麦克卢汉最早提出了传播生态问题,但他没有对其进行系统的研究。美国学者林文刚认为将传播生态引入学术领域的人物是尼尔·波兹曼。1968 年波兹曼在演讲中将媒介生态学定义为"将媒介作为环境来研究"。美国的阿什德指出,"在最宽泛的意义上,传播生态指的是信息技术的结构、组织和接近性,及各种论坛、媒介和信息渠道。"正如生物学使用"生态"

---

① 戴维·麦克莱伦. 马克思以后的马克思主义[M]》. 北京:中国社会科学出版社,1986:349。

这一概念研究生物与生物之间、生物与环境之间的关系一样,"媒介生态"是审视媒介发展环境的一种观点。综合而言,媒介体系与制约其发展的若干因素,构成相互依存与演变的生态系统,其间总是伴随你死我活的博弈过程。

传播技术是媒介形态的物质基础。媒介生态每次新一轮的变化,都是以新技术应用为突破口的。重大新技术的应用决定了媒介形态,因此,伊尼斯开启了"媒介决定论"派,麦克卢汉也提出了"技术决定论"。虽然对这些论断学界争论较大,但没有技术发明就不会有媒介的大的变化却是一个不争的事实。从报纸到网络,从少数人控制到多数人的参与,从人机的界限分明、甚至是对立到人机对话的实现,不能不说我们的媒介越来越人性化了。于是,现在有学者提出了"第二媒介时代"的概念,这主要是针对网络出现之后,在网络传播中,网络媒介高度兼容和整合着传统的视听符号,在新的技术条件下,它打破声音、文字、图片、图像等传统媒介之间的形式壁垒和阻隔,充分发展人与人、人与机、机与机之间空前的实时互动。在这个时代,没有人会限制你的上网自由,只要你具备一定的基本的计算机操作知识,凭借着友好的界面引导,再加上鼠标和数据板的协助你就可以畅游网络世界了。而与其相对的"第一媒介时代"采用的则是一种"播放型传播模式"(broadcast model of communications),即"为数不多的制作者将信息传送给为数甚多的消费者",比如报纸、广播、电视都属于这种模式。它们都有着严格的准入限制和高操作技术的要求,从而决定了他们只能被少数人所掌握,可以说处于一种"权利的媒介"状态。往往媒介成为其操控者实现自己目的的工具,这就好像中世纪黑暗时期的僧侣通过独自把持古怪的宗教仪式从而维护自己独尊的地位一样。这种目的性无疑体现出一种狭隘的功利主义、醉心效率的工具性以及非人性化的表演性。

现代传播技术环境下的人性化缺失造成了媒介生态的较大破坏,由于信息传播技术的加快而"把关者"的失效,清华学子残害黑熊、大科学家为伪科学产品广告呐喊、高考成绩不理想的中学生竟然会杀亲生父母等等新闻进入人们的视野,传播技术的发展对"把关人"提出了更为严峻的挑战。

在当前受众媒介素养普遍欠缺的情况下,如何打造一个负责任的媒体、如何利用新技术使我们的媒介更加人性化是一个我们不得不面对的问题。

媒介人性化这一概念,从字面看,人性即人的本质和需要,"人性"是"人所具有的正常的感情和理性。"而媒介的人性化就是指媒介站在受众的立场上考虑受众的需要。

马斯洛提出了一个著名的"需要层级论",在这个理论中,马斯洛将人的需要结构分为五层:生理需要、安全需要、社交需要、尊重需要、自我实现需要。但由于受众是一个广泛的概念,受众的需求具有多样性,而媒介不可能照顾到每一个人的想法。再加上媒介只是作为一个中介而存在,所以它主要是为人类这些需要的实现提供渠道,而非最终"产品"。因此,媒介的人性化主要体现在媒介为实现人类的需求提供最为便利的渠道。那么,在现代传播技术环境下,媒介的人性化又发生了哪些变化呢?

二、现代传播环境下媒介人性化的反思

1.传播媒介对人的主体性的侵犯

现代媒介虽然给人类带来了许多的便利,虽然一直在向人性化的方向前进,但不可否认,在这个并非完善的过程中,它对人类的发展带来了一些负效应,突出表现在媒介对人的主体性的侵蚀。

第一,信息狂潮的冲击

随着传播工具的不断更新,受众获取信息的途径和内容更加多样化了,加速化的媒介不断改变着人类的生活和思维方式。一方面,我们获得了更为快捷的信息流;另一方面,也使我们这个熟悉的世界显得拥挤不堪。人们在沉迷于技术上飞跃的同时忽视了负面信息传播的恶劣影响,用纯技术层面的评价代替道德层面的判断。比如:相互矛盾的就医指南、饮食指导的多样化、虚假的就业信息、致富秘诀、征婚广告、招生宣传等。所以麦克卢汉在《理解媒介》中说"失去根基,信息泛滥,无穷无尽的新信息模式泛滥,是各种程度的精神病最常见的原因。"人类最终会在"供大于求"的状态下无所适从,不知到自己究竟需要什么。David Shenk 在他的《数据迷雾》

(Data Smog)一书中提到"信息疲劳"一词,他说在人类历史长河中,每当新的信息出现,人都有能力对此进行检测和思考,然而在过去的几十年中,信息量以每年翻番的速度在急剧增长,而人处理信息的能力并没有变化,于是人就处在永久性的信息处理能力缺乏的状态中。他把这种信息过剩的现象就命名为"信息迷雾"。

第二,虚拟的沉溺,现实的远离

人们通过媒介信息来了解自身与外界的发展,增长个人的知识与信念,媒介信息还告诉人们小到如何穿衣打扮,大到如何理解困难的行为方式,而通过娱乐,人们能够获得精神上的放松以及与他人感情上的交流。现代化的设备使人们足不出户便可以完成许多事情,但这也减少了人们同真实社会接触的机会。信息基础造成的非人化倾向使人疏于同他人、同社会交往,从而导致人与人关系的疏远和淡薄。拉扎斯菲尔德和默顿在《大众传播、大众鉴赏力和有组织的社会行动》一文中指出"他们用于参加有组织的行动的时间越来越少了","他们与现实政治生活只有间接的联系"。国外有学者提出"电视人"、"容器人"等概念,都是因为对媒介的过于依赖和沉湎造成的,他们的世界是孤立、闭锁、漠然的,他们的生活是丰富的单调性,生活的内容除了传媒没有别的。受众如果长久地沉溺于媒介环境中,会导致狭窄、偏狭、极端自我内化,甚至引发心理障碍,无法应付现实生活的种种变化。

第三,"印象世界"的迷失

负面信息可能会导致人在社会化过程中的异向。大众传播学中的"二级"传播理论认为大众传播中的信息和舆论并不是直接"流"向一般受众的,而是要经过"意见领袖"这个中间环节,即经过一个从"大众传播———意见领袖———一般受众"的过程,即便是在网络时代,我们也无法否认把关人的存在,只不过是网络资源的拥有者将"把关人"的社会角色进行重新定位,从过去的让人们"看什么"改为教人们"怎么看",于是受众在潜移默化中朝着媒介所期望的方向发展。人们已经习惯了用媒介的思维代替自己的思维。媒介与人的界限开始渐渐模糊了,媒介不仅仅作为"人体的延伸"

而存在了,"我们塑造了工具,此后工具又塑造了我们。"人本身也开始成为媒介的一种延伸了。人们自己创造出不断加速运行的媒介,又不得不调整自己去适应这种加速,否则将因落后而被淘汰。

2. 传、受话语权的失衡与媒介歧视

传播者与受传者的基本关系是"传"与"受",在此基础上,又可将其概括为以下两种:从信息角度看,传播者与受传者之间是影响与被影响的关系;从市场角度看,传播者与受传者之间是买和卖的关系。当发展到今天市场经济条件下,买和卖的关系更多决定着影响与被影响关系的方向。传播者生产出来信息的目的就是为了获取受传者更多的注意力和消费力,因为这关系到传播者经济效益的好坏。一方面,媒介是为主要消费群体服务;另一方面,媒介不得不依循其利益控制者或政治主导者的意见,这样难免会产生"媒介歧视"。主要体现在:

第一,媒介话语权的不平等

媒介的运作离不开资本的支持,为了获得更多的广告赞助,媒介把目光主要放在主要的消费人群身上,竭其所能地去吸引这部分人的目光,无疑就忽视了"目标受众"之外的人们的需求。尤其是媒介受广告商的制约较多,在当前媒介商业化的运作中,在某种意义上,媒介成了广告商的"代言人",而对其不利的文章一般不登,这样媒介的公信力就无从谈起。如房地产业存在泡沫,但又有多少媒介真实地反映这一问题呢?

媒介话语权的不平等,产生了大量的媒介歧视现象,这里面有性别歧视、民族歧视、种族歧视、国家歧视、地域歧视等等,话语权的失衡导致部分受众对媒介的内容产生了质疑,主流的公众舆论很难在媒介上得以体现。

第二,信息获取量的不平等

在当代信息的传播过程中,从表面看似乎受众自主选择信息的程度提高了,其实在这自由之下却掩藏着隐含的不自由。旧的垄断被打破,新的垄断却悄然而生。大众传媒更乐于向处于强势地位的受众群提供信息服务,而常常忽视甚至排斥弱势群体的需求。举例来说,虽然网络给了更多人说话的权利,但是它给社会弱势群体提供的信息资源却极为有限,而且还有意无意地将他们置于社会注意力的边缘地带。

3. 传播工具的媚俗化及大众文化的低品质

传播技术的发展虽然为大众文化的发展创造了条件,但同时它也会摧毁另一些文化。技术决定了内容的表现形式,因此,那些不适合电子媒介传播技术的文化自然被剥离出来,例如文化中抽象的力量:比如思想、比如意义、比如形式的内涵等等。它们更适合于生存于语言和文字之中,声音和图像对于表现它们的力量是有限的。虽然报纸、书籍、杂志等作为印刷媒介仍然存在着,但并不处于主流的位置,电视虽然也开始注重加深节目的内涵,可是由于其表现形式比较单一,比如通过主持人在演播室里的阐述等,因此收视率不是很理想。再加上很多人追求一种快餐式消费的电视文化,喜欢看轻松情节性强的节目,这也同大众媒介对大众文化的一种错误阐释有关,其实媒介人性化发展的首要任务就是要将本来"曲高和寡"的精英文化用通俗易懂的方式展示给百姓。网络虽说集纳了百家之长,有着更加丰富的内容和表现形式,但是由于没有形成一个有序的体系,往往给受众带来多而杂的感觉。有网民就曾坦言自己上网是撞到什么看什么。真的很形象,因为信息实在是太多了,点开一个又是一片,广告和内容混杂在一起,没有头绪。这样就容易导致一种倾向的产生——"媚俗"。

三、媒介人性化的不懈追求

人性化是媒介发展的一个必然趋势,反思的最终目的是寻找解决问题的途径。构建和谐社会要以人为本,要营造良好环境,激发人的活人,调动人的积极性和创造性,因此,媒介应担负起为构建和谐社会提供舆论支持的历史重任,把"人"作为传播的终极服务目标。

1. 提高受者的主体性

现代媒介(尤其是电子媒介)的发展给人类带来了很多的便利,但对于一些弱势群体还是有所忽视。对于人性化的改善可以从技术上加以改进和发展。比如,建立更便利的引导机制、更方便的操作系统、更全面的媒介服务等。

当然,人性化程度的提高只靠媒介单方面的努力是远远不够的,媒介的开放性、互动性必然要求受众使用媒介的能力也要得到相应的提高。美国的媒介教育专家将受众媒介素养定义为一种能力,一种获取、分析、评价和传播媒介信息的能力。受众媒介素养并不是一种知识体系,而是一种技能,一种思维的方法。它能对大众媒介,如报刊、电视、广播、计算机及各种广告的语言和视觉符号进行解释,产生个人意义;能判断所有媒介形式;能正确看待所见所闻。媒介素养教育的作用是它能赋予人完善的知识结构,提供解读媒介信息的正确视角,培养不被媒介信息所牵制的能力,以及控制自己信念和行为的能力,使受众成为积极的信息使用者。

2.传者的责任

首先,传者要为受者提供真正的有用性信息。媒介曾经努力创办、精心打造了很多可读性或可看性较强的精品栏目或节目,但从读者调查看,它们的收视率、阅读率往往并不高,反而是一些很粗糙的内容,如天气预报,它的阅读率、收视率始终高居前列。这告诉我们一个事实,形式上的好看和精彩是次要的,关键在于媒介所生产的内容是不是受众必看、必读、必听的。

其次,要增强媒介内容产品的可用性,在众多的有用内容的竞争中,哪些内容会被人们首先地选择,必然选择,实际考验的是为媒介所拥有的目标对象量身定制的专业能力。由于人们直接经验的有限性以及专业知识的缺乏,媒介工作者应该提供一种转译,帮助他们尽快消化。

再次,传者要为我们的服务对象提供价值意义上的判断,哪个更重要,哪个不重要。如果1万条资讯摆在受众面前,你应该告诉他哪4~5条最重要,如果还有时间应该注意哪15条信息。

最后,不同的社会阶层、不同利益群体具有不同的文化品性,传者如果能够充分发挥文化符号的作用,为不同的受众群体提供精神黏合剂的功能,让人们从媒体提供的资讯服务中找到精神归属感,这样的传媒就会获得可观的具有高度精神依存度的受众群,从而获得市场竞争的主动权。

3. 传受主体的协同进化

其实,在传播过程中,传者和受者关系的最佳状态,既非传播万能论,又非受者中心论,而是传受双方的协同进化。对此,国内有学者提出了传者与受者的"双螺旋"结构,即传者与受者任一方制约因素的变动都会引起自身形状的变化,这一变化迟早会影响到另一方形状的变化,而另一方变化的性状反过来又会成为此方性状变化的诱因。如此循环往复,传者和受者就如同基因里的"双螺旋"结构,在相互影响和决定中盘旋而行,实现协同进化。

在媒介传播过程中,受众是传播符号的释码者、传播活动的参与者、传播效果的反馈者和传受活动中的权利主体。他们是传媒信息的使用者和消费者,他们付费获得媒介的产品,就有权要求媒介及传播者提供所承诺的服务。因此,要想实现传受双方的协同进化,不仅要求媒介不能唱独角戏,忽视受众的权利和需要,还要求受众不能作为消极的信息接收者,而应主动融入到媒介之中去。多重的身份和角色,使得受众拥有多项基本权利,其中最主要的三项是:传播权、知情权和接近权。媒介要充分尊重受众的这些权利,并为其实现提供便利的渠道。

第五章 媒介权力、利益对媒介形象的影响

媒介权力的扩张导致的媒介霸权已经渗透到媒介制作信息、传播信息和反馈各个环节的实践之中。在市场经济条件下,媒介市场化、产业化、企业化的趋向日益明显,媒体过分追求经济效益,出现了新闻的寻租趋向、消费意识和有效发行,加之媒介与消费主义文化的合谋、媒介技术的拟真性这些媒介运作特点及现象的出现,在一定程度上导致媒介经济效益和社会效益的失衡,从而影响媒介形象的塑造。

第一节 媒介形象的建构标准

一、媒介形象的界定

目前,在各种学术文章中,对媒介形象概念的释义主要有以下几种观点:

媒介形象是公众对媒介所持有的观点和看法,可以说良好的媒介形象是媒体赢得受众的重要条件,是媒体宝贵的财富。[①]

媒介形象是媒介的表现与特征在受众心目中的反映,是受众对媒介的整体评价。良好的形象,是媒介的无形资产和无价之宝。[②]

媒介形象是一个内涵丰富的概念,在媒介市场竞争环境下的媒介形象

---

① 网络媒体的经营与管理[EB/OL]. (2003,10,9) http://www. people. com. cn/GB/14677/22114/30056/30059/2125967. html。

② 董平、解志荣. 媒介形象的塑造[J]. 楚天新闻人,2002(6)。

是指社会公众和内部员工对传媒组织的整体印象和评价。①

本章认为,传播学者栾轶玫在《媒介形象学导论》一书中对媒介形象的诠释是这一概念的高度浓缩,即:媒介形象是指媒介在社会交往中形成的能够吸引注意力的品相,是受众对媒介组织的印象集合,具有"有价性"、"被评价性"、"技术表征"及"唤起联想"等特点,是媒介符号化的社会特征。

1.媒介品牌与媒介形象

品牌,英文为"brand",意指铁匠给自己的作品刻上自己的名字,以示负责并同他人作品相区别。著名市场营销专家菲利普·科特勒博士这样解释品牌:"品牌是一种名称、术语、标记、符号或图案,或是他们的相互组合,用以识别某个消费者或某群消费者的产品或服务,并使之与竞争对手的产品或服务相区别"。"品牌"是一个经济学名词,是经济学研究的对象,而"形象"则是一个社会学名词。

我国国内的相关传播学研究中,对于媒介形象的研究没有跳出媒介品牌的局限,有些甚至将媒介形象等同于媒介品牌,交叉混用,缺少明确的界定。我们认为,媒介形象和媒介品牌的分野主要在三方面:

首先,媒介品牌是从商业角度出发,诉求的是经济利益,将媒介看作是一个"商业机构",通过市场营销的方式更好的"卖产品",其本性是"商业价值"。而"媒介形象"是从社会角度出发,偏重社会价值和社会意义的体现,更倾向于将媒介看作是"社会组织"。媒介形象包含媒介品牌的概念。

其次,品牌的产生是用于社会交换的,在非市场化背景下,交换不存在,由交换产生的品牌价值也就无从谈起。然而,无论在非市场化、市场化还是高度市场化的情景下,社会交往都是存在的,媒介组织在社会中总是进行着社会交往。那么,作为媒介组织"身份识别"即"社会关系识别"的一个重要标志,媒介形象始终具有意义,它是媒介用于社会交往

---

① 朱春阳.媒介形象创新策略分析[J].现代传播,2003(2)。

的重要工具。显然,媒介品牌不具备这一功能。

再次,媒介品牌因为其"商业"属性,它的塑造受外界的影响较小,只需专注商业诉求即可。媒介品牌塑造的目的只是引起受众的注意,打动受众,从而促发其购买行为。品牌活动的核心是利益获得,整个过程的实质是一种经济活动。而媒介形象受到的社会制约远比媒介品牌复杂得多,它包含更多的社会性内容,涉及社会交换与社会交往,是社会关系的总体反应。品牌对于媒介的作用,在于"商业利益"的获得,而形象对于媒介,除了获得物质利益之外,还会带来社会资本的增长。①

影响媒介形象生成的各种因素见图1。

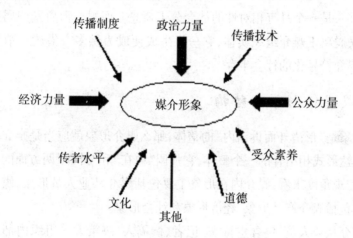

图1　影响媒介形象生成的各种因素

2.媒介角色与媒介形象

关于"媒介角色"这一概念,吴庆棠在其著作《传媒角色论》中作了比较清晰的论述。他认为,"首先,新闻传媒,不论是哪一张报纸,还是哪家广播电台或电视台,都是一个个角色。这些角色是社会所赋予的,是社会对传媒职能的划分,它不但表明每一个传媒在社会中的地位、作用和在传媒结

---

① 栾轶玫.媒介形象学导论[M].北京:中国人民大学出版社,2007:26。

构中所处的位置,而且也代表各个传媒的身份。其次,新闻传媒角色是随着社会的发展变化而变化的。新的历史条件,赋予新闻传媒新的角色;角色变换了,它在社会中的地位、作用,以及在传媒结构中的位置,也都随之改变。"由此可见,媒介角色主要是指媒介在社会中所处的位置,是媒介的社会扮演。

以中央电视台为例来说明媒介角色与媒介形象概念的区别:中央电视台的媒介角色是"党中央领导下的传播机构",它的媒介形象是"党的喉舌、主流媒介、严肃媒体、权威性强"等。可以看到,媒介组织的角色即是指"传播机构"——是从媒介的社会位置来定义媒介的。它是媒介的社会标签与社会扮演,是一个具有相对性的社会分工概念。而媒介形象既归属于媒介组织,又脱离于媒介组织实体,它一旦生成便成为供多方借读与消费的对象,是媒介符号化的社会生存。

二、媒介形象的结构

形象是"形诸外而诉诸内"的整体,那么媒介形象就应当是媒介内涵和外在表达形式相结合的一个整体,它强调"内在"和"外在"两方面的有机结合,从宏观角度来看,媒介内在形象主要包括媒介从业人员形象;媒介外在形象则包括媒介产品形象、经济形象和社会形象。

媒介从业人员,包含主持人、记者、撰稿人、决策人等组织内部的行动者,他们既是媒介产品的生产者,又是媒介产品的传播者,同时还是媒介形象的主要体现者。媒介从业人员的素质、职业修养、举止、言行等都影响着媒介在受众心目中的形象。

媒介产品主要是指新闻产品,包括新闻报道、电视广播栏目、报纸专栏等,产品形象是媒介形象的基础,是和媒介的功能性特征相联系的。受众对媒介的认知首先是通过对其产品的认知来体现的。当受众对媒介产品评价很高,产生较强的信赖时,他们会把这种信赖转移到整个媒介上,对其整体产生较高的评价,从而形成良好的媒介形象。

在我国,媒体有追求经济利益和社会责任的双重属性。各种新闻媒介都需要广告和发行等方面的收入来维持。媒介要想赢利,必须树立良好的经济形象,以此来扩大自己的影响力。同时,媒介经济形象的树立有利于媒介本身整合各方资源,突出品牌栏目,增加广告收入,推动媒体经济效益的增长和长远发展。

大众媒介作为一种信息和文化载体,其形象的内容和层次与一般企业形象不同,它更加注重形象的文化性、公益性、导向性和社会性。对媒介而言,社会形象的塑造是重中之重,它是提升媒介竞争力、吸引力、亲和力、信任度的关键,是赢得受众认同的重要途径。

三、健康媒介形象建构的标准

从媒介形象的结构分析,建构媒介形象主要有五个标准,分别是:公信力标准、亲和力标准、影响力标准、传播力标准和经济效益标准,这五个标准互相依存、互相补充。

1. 公信力标准

公信力是评价媒介形象的一个重要指标,它主要是指受众与传者之间形成的一种信任关系,即传媒和传媒内容在受众心中的信任度和权威性。在公信力基础上,传媒的社会效益与经济效益可以达到完美结合。

中国人民大学新闻与社会发展研究中心陈力丹教授曾在《解析中国新闻传播学》一书中指出媒介公信力的评判指标体系,如图2:

这一指标体系将媒介公信力的评判细化为三个方面,其中社会关怀是从社会责任角度出发,目的是塑造良好的社会形象;新闻专业素质是从新闻产品角度出发,旨在生产出高质量的新闻产品,塑造良好的产品形象;媒介操守主要是从经济角度分析,要求媒介不能盲目追求经济利益,要塑造良好的经济形象。这一指标体系为媒介形象建构提供了重要的参照标准。

纵观传媒发展长河,英国的BBC电台,美国的纽约时报等经久不衰,根本点还是在于其树立起了具有高度公信力的媒介形象。美国《好管家》杂志每期发行量100多万份,长期以来在受众中拥有极高的公信力,一种商品只要贴上《好管家》期刊的标志,就会被认为是信得过的商品。它的这种公

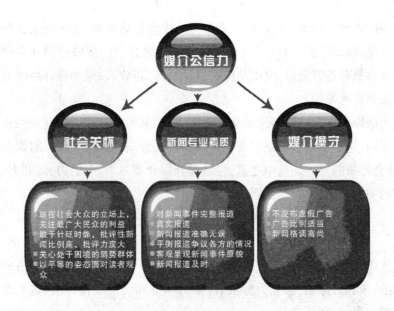

图2 媒介公信力的评判指标体系

信力建立有很多组成要素,但其中很有特色的是,《好管家》虽是一家杂志社,却在期刊社内部建立了一间间密闭的实验室,有化学实验室、物理实验室、生物实验室、力学实验室等。一家杂志社用建立实验室的方式,替受众来把质量观,这是媒介树立自身公信力的一种姿态,也是媒介形象成功建构的一个例子。

从大众角度而言,接触新闻媒体,主要原因就是通过获得信息以消除对外部世界认知的不确定性,如果媒介丧失了公信力,它所提供的信息对于大众的效用也将丧失。这种媒体的结果是可想而知的。2005年2月5日,某报纸以"越洋电话采访郎平"的对话形式,报道郎平应邀执教美国女排。郎平十分好奇,她根本没有接到这位记者的"越洋电话"。实际上,这篇报道中多数内容是根据其他媒体的报道拼凑而成的。写这篇报道的记者未能与郎平取得电话直接联系,只是通过我国驻意大利使馆人员获得一些当时郎平在意大利的新闻素材,报道中多数内容是从其他媒体上搜集来的,此举对媒体树立公信力方面无疑是一块硬伤。

2. 亲和力标准

亲和力是评判媒介形象的另一要素,它是指媒介能够使受众产生亲近的愿望,媒介亲和力的出发点是受众,"你说的就是我想要的","我以你想要的方式说给你",当受众视某种媒介为生活中的一位不可或缺的朋友,对它产生熟悉感、亲切感和信赖感,并认同其存在的社会地位意义,我们就认为该媒介具有亲和力。凤凰卫视和央视二套经济频道都是媒介亲和力营造的成功案例。对于媒介亲和力的评价指标体系,可试做如下分析,如图3所示:

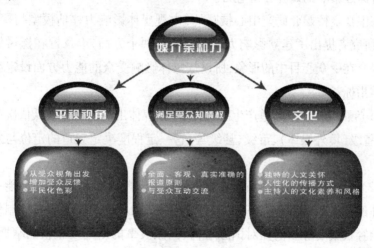

图3 媒介亲和力的评价指标体系

评价一个媒体是否具有亲和力,首先看其是否以"平视"的角度看待受众,从受众的视角出发,代受众发问。媒体,无论电视、广播,还是平面媒体,存在属性都是传播者先导的信息传播方式,因此,对于媒介经营者来说,以什么样的眼光看待受众,决定了将呈现出什么样的信息用以传播;进一步来讲,放低姿态、平视受众、增加媒体的亲和力,就是拉近与受众的距离,增加受众的反馈渠道,才能使传播者更加有的放矢传播信息。其次看其是否尊重和满足受众的知情权,秉承全面、客观、真实准确的报道原则,善于与受众做互动交流。第三从文化角度评判媒体是否具有亲和力,包括节目本身独特的人文关怀,人性化的传播方式,主持人的文化素养和风格,以此拉动与观众的情感认同。

3. 影响力标准

媒介的影响力体现了一个媒体存在的权威性、在社会中的信誉度和在受众心目中的分量等多重特征。从普遍意义上讲,媒介影响力是媒介在长期的发展中日积月累而成的,是在社会中有广泛的权威性和信誉度、在受众中有深远影响的媒介自身魅力。

在中视金桥媒介研究中心撰写的《电视媒体影响力评估模型初探》一文中,研究者提出了建立影响力评估指标的两个方面,本章旨在探讨如何塑造媒介在受众心目中的形象,所以从媒体影响受众的能力方面设定影响力评估指标:

(1)频道层级,指频道产生时所拥有的"媒体出身",由高往低依次有国家级、省级(境外媒体)、市级、县级等,它一定程度决定频道的定位与发展潜力。

(2)资源实力,指媒体所能达到的讯息的掌握程度,以及本身所能占有的媒体经营投入所需的经济、政治、人力等资源,从而保障了节目的制作能力及内容权威度等。例如对国际事件、国家大事的新闻发布权的掌握、自主创办栏目的能力、是否具有直播能力、高速获取独家信息及运作大型节目及制作的能力等。

(3)受众规模,受众规模分为全球规模、全国规模、地区规模、省级规模、市级以下规模等地区观众。

(4)受众忠诚度,观众越依赖频道所传达的基本资讯来源、思想和观念,说明其受众忠诚度越高。

(5)内容公信力,频道在观众心目中的可信赖度越高说明其传播的内容公信力越强。

(6)形象代言力,频道所拥有的明星栏目及明星主持人的数量多少决定了其形象代言力的高低。

(7)影响深度,指媒体影响受众能够到达注意、记忆、理解、态度、行为的哪个层面。影响到受众的行为层面被认为是媒体的影响深度达到最高水平。

4.传播力标准

媒体传播力是指一个媒体通过各种传播方式的组合,将信息扩散,导致产生尽可能好的传播效果的能力。衡量媒体传播力通常有四个指标:传播的信息量、传播速度与精度、信息的覆盖面以及影响效果。

传播的信息量是从信息内容角度出发,不仅是对数量的要求,更是对信息质量的要求,要求将传播主体提供的信息进一步深化与细化。

传播速度与精度是主要从传播技术层面出发,考察媒介的技术设备更新能力和自主开发新技术、新方法的能力。

信息的覆盖面主要是指媒体传播的信息到达受众的能力。一般来讲,这种能力通过收视率、阅读率、到达率、发行量等指标得到体现。

影响效果是信息对受众的行为效果。它是指受众由信息产生的心理反应而导致的行为改变。

5.经济效益标准

无论在商业领域还是传媒产业,效益无疑也必须是衡量形象价值的核心要素之一。只有对媒体实施合理的投入产出控制,才能掌控媒体经济效益走势,才能有效为媒体整体形象价值的提升增加砝码。

经济效益是反映媒体市场竞争力的重要因素之一,在确保媒体带来良好的社会效益的同时,加强经济效益考核应是媒体必须考虑的重要因素。媒体是具有高投入特点的产业,经营管理者只有在注重媒体传播社会效益同时,关心媒体经济效益,才能厉行节约,增收节支,为媒体可持续发展提供坚实的物质基础。媒体的经济效益可以通过综合分析投入产出状况来体现。其中,媒体投入包括制作投入、管理投入、人力资本投入;产出包括频道的广告收入、节目销售收入、衍生产品及电信服务增值收入等。

特别需要说明的是,媒体作为社会公器,应树立自身良好形象,不能唯经济利益驱动。例如:在衡量判断广告销售状况时,应注意广告对节目的干扰问题,防止由于对媒体内广告资源的过度开发而导致对媒体品牌形象的损害,从而阻碍媒体的可持续发展。

媒介公信力、媒介亲和力、媒介影响力、媒介传播力、媒介经济利益之间互相依存、相互补充。媒介建构形象时会根据不同的定位突出其中一个或两个主要要素。在媒介发展的不同阶段,其形象塑造的策略也各不相同,会不断进行调整。但无论如何调整,媒介组织在形象建构及传播时还是要注意围绕公信力、亲和力、影响力、传播力及经济利益来进行。

第二节 媒介权力和利益对媒介形象的影响

一、媒介权力和利益对媒介形象的正面影响

媒介合理使用自身权力可以使其增强权威性并成为主流媒体,像中央电视台拥有的权力较其他省市地方电视台多,它在受众心中的权威性也强;另外,如果媒介获得了良好的经济效益,便可以在资金、技术设备、人才等多方面占有优势,从而生产出更好的媒介产品。

1.综合实力不断提高

新闻媒体的综合实力主要包含三方面:第一是信息资源的拥有量;第二是资金实力;第三是传播技术和设备。

作为国家级电视台,中央电视台在第一时间获得信息资源的优势是任何一家媒体所无法比拟的。央视十余个频道多元化地为全国观众提供不同类型的电视节目,内容涵盖生活、经济、文艺、体育、科技、教育等多方面,借助中央电视台丰富、优质的信息资源,适宜的节目编排策略和良好的频道覆盖状况,中央电视台在2007年推出了丰富的内容:重大新闻事件直播、综艺晚会类节目、专题类节目都是收视率很高的,重大新闻事件直播尽显大台本色,由于中央电视台的权威地位,对重大新闻事件的时效性和独有

性使得新闻和时事类节目一直都有着很好的收视效果。其中《胡锦涛在中国共产党第十七次全国代表大会上的报告》在综合频道中的收视率达到 2.71%;《嫦娥探月工程特别节目奔向月球》更是取得了 3.4% 的收视,中央电视台通过综合频道、新闻频道、四套和九套对整个发射和飞行过程进行了全程跟踪报道,规模和声势极其浩大。中央电视台 2007 年春节联欢晚会、山庄月中华情 2007 中央电视台中秋晚会全球现场直播、庆祝香港回归祖国十周年文艺晚会、北京 2008 年奥运会倒计时一周年庆祝活动、2007CCTV综艺盛典等综艺晚会类节目的收视率居于榜首。专题类节目是中央电视台播出量最大的节目类型,2007 年占到了播出总时长的 17.06%。在 2007年中央电视台播出的专题类节目中,关系到老百姓生活的《CCTV2007 年3.15晚会》摘得收视率排名桂冠,其次《CCTV 中国联通杯感动中国 2006 年度人物颁奖盛典》用平凡人的故事打动观众,以 3.45% 的收视率排名专题类节目第二位。

良好的经济效益能够使得媒体的资金实力不断增强。凤凰卫视 2005年第三季度的财务报告中显示,其广告收入接近 9 亿元港币。2006 年,中央电视台全年广告经营收入达到 92.7 亿元,全年总收入达到 139.8 亿元,比 2005 年 124 亿元增加了 15.8 亿元,以 12.7% 的增幅继续保持高增长。2007 年中央电视台广告招标额突破 80 亿,全年广告收入突破 100 亿,中央电视台总资产超过了 200 亿元。充足的资金为媒体在技术和设备更新方面提供了保证。

2. 社会影响力不断提升

2006 年,中央电视台 15 个频道收视份额达 35.13%,比 2005 年34.14% 提升 0.99 个百分点,连续六年保持上升趋势。总体收视份额高于30% 的天数达到 362 天,比 2003 年(128 天)、2004 年(153 天)和 2005 年(322 天)分别增加了 234 天、209 天和 40 天。全国观众每天平均收看电视节目 153 分钟,比 2005 年减少 1 分钟,而全国观众每天平均收视中央电视台节目为 54 分钟,比 2005 年 52 分钟增加 2 分钟。

央视索福瑞媒介研究有限公司曾对 2007 年中央电视台收视竞争力进

行了总盘点,指出:2007 年,中央电视台收视继续在高位稳定地运行,整体收视份额为 34.9%。随着我国电视产业近半个世纪的发展,电视在观众中的影响力已经稳定。从 2005 年到 2007 年,我国人均日收视总量平稳保持在 2.5 个小时左右。其中,观众收看中央电视台节目的时间为 54 分钟。全国收视市场在整体结构上仍以中央电视台频道占据首位收视份额,省级非上星频道位居第二,其次是省级上星频道和市县级频道。2007 年,在与省级卫视的竞争中,中央电视台处于绝对优势地位,两者收视份额相差 7.3 个百分点,如图 4 所示。

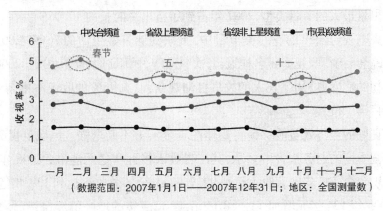

图 4　2007 年各级频道全年收视走势

3.人力资源队伍不断壮大

主流媒体和权威媒体不仅在技术设备、信息内容这类"硬"资源方面有优势,在记者、主持人等人力"软"资源方面,也占有着其他非主流媒体不可比拟的资源优势。

作为中国最重要的新闻舆论机构之一,央视担负着国家的喉舌和政府核心的舆论阵地的责任,其媒介定位就是定位于权威和综合,甚至可以说定位于中国电视媒介。这一优势必然使得央视能够吸引众多市场敏感度高强的经营者,专家型的记者,头脑敏锐、对时政有着深刻洞察力的思想者,一大批综合素养超人的媒介从业人员的加入,使得人力资源队伍不断增强。2006年,央视市场研究股份有限公司对全国50个卫星频道在观众心目中的形象及品牌竞争力进行了调查,在主持人品牌价值排名前十名的名单中,有七位是中央电视台主持人,凸显了权威媒体人力资源队伍的强大。

再看凤凰卫视,这个十几年前才成立的香港电视台,现在无疑是中国"核心竞争力"最强的媒体之一。凤凰卫视2005年第三季度的财务报告中显示,凤凰卫视广告收入接近9亿元港币,充足的资金为凤凰卫视为人才资源维护提供了保证。凤凰卫视主持人的薪金之高是内地少有的,窦文涛、吴小莉、陈鲁豫等更是年薪百万。除了给予主持人高薪外,还有一定数量的配售股权奖励。据有关资料显示,窦文涛获得1064000股,陈鲁豫和许戈辉获得的数量与窦文涛相同,而吴小莉更高达1596000股。用一个知名的主持人而不是受众不太熟悉的主持人,可能会大大提高该节目的收视率,而多出来的观众又没有耗费媒体的什么成本。较高的收视率又可能会为该节目带来更多的广告收入。因此,凤凰卫视就这样利用打造名主持人、名评论员、名记者的"三名主义"战略享受到了规模经济为其带来的低风险和高利润的乐趣。

二、媒介权力和利益对媒介形象的负面影响

媒介权力的异化和媒介过分追求经济效益致使新闻产品背离真实性原则,片面追求轰动效应,这样不仅会误导社会舆论,而且会影响媒体在公众心中的健康形象。

1."把关人"功能的滥权使用

作为大众传播的"把关人",媒介权力主体拥有媒介资源的占有和操纵权。从本质上讲,媒介权力通过控制信息载体,传播特定的价值意识,建构人们的认知与评价体系,从而形成对人们社会行为的隐性支配。在大众文化的制作与传播中,媒介与传播对象的关系是双向互动关系,而媒介是受传播者操纵的,媒介权力主体主宰着社会信息的筛选和加工,并通过报纸、出版物、广播、电视、电影、多媒体、互联网等媒介,对社会信息进行生产、表

现和传播。从逻辑上推论,假如把大众传播作为人的行为起点的话,那么,"把关人"的这种权力开始时则是受众者所给予的,其目的是希望他们能够为自己提供所需的信息。然而,一旦"把关人"拥有这种权力之后,大众媒介权力主体就有了自己的现实利益,就可能使其根据自己的利益或价值取向来传播信息。

现代传媒手段的高科技化以及商业化,使大众传播中的媒介权力任意扩大。特别是某些大众传媒主体在商业利益的驱使下,把营利的目的置于大众传播的基本目标之上,甚至把经济利益作为行使媒介权力唯一的价值取向,从而使大众媒介权力成为媒介权力者维护其商业利益的工具,导致媒介权力应有的道德正义力量、知识理性力量和实践效应力量不断衰退,而媒介对大众的控制权却不断增强。在此过程中,媒介权力所体现出来的媒介意志,将大众导入由媒介营造起来的脱离现实甚至与现实相悖的精神世界。这些严重损害了媒介在受众心目中的形象。

2. 媒介产品的趋同及泛化

20 世纪 80 年代以后,在市场化环境中,现代营销观念大举进入传媒业,作为媒介产品主体的节目内容的确定往往不再依据专业标准和公众真实需求,而是随着广告客户的口味和发行量、收视率等因素随时调整。曾经作为普遍受推崇的行业制度的独立编辑原则(即编辑权和经营权相分离)受到了前所未有的挑战和排挤。

第一,媒介定位趋同于"主流群体"

我国政府给媒介的整体定位是"事业性质,企业经营",反映出媒介不同于一般的产业。但是媒介内部已经在向这一定位发起挑战,如《北京青年报》把本报致力于服务的目标人群概括为"四有人群":有点权、有点钱、有品位、有点闲(懂得休闲),《南方周末》也有相似定位;《北京现代商报》对准商务人士和高端人群。以上所记录的这些"主流人群"对于生产消费品的广告主来说,无疑具有不可替代的广告价值。也有人一语点破:"晚报、都市报、生活类等报纸都想一味迎合现代年轻人的时尚品味,似乎已成风气,原因在于这些受众是广告商的关注对象。有人就提出:"我们不认为自己是崇高的,是在制造拯救别人的精神产品。我们从事的就是服务行业,跟饭店、宾馆等一样,只不过我们提供的是信息服务。"①,潜台词自然就是:"谁给得起钱,我们就为谁提供信息服务。"在这种理念指导下,那些广告商所青睐的具有较强消费能力的所谓"主流群体"(有人称之"白领化")成为媒介的主角,媒体的选题和报道也会采纳广告商的思路,迎合富裕人群的口味、需要和价值观的声音得以放大,而与广大人民生活有重要关系的硬新闻的空间则被挤占。

但主流群体并非受众全部,即使撇开 9 亿农民不说,还有大量非主流群体,比如弱势群体。尽管各类媒体越来越多,却是越来越无暇顾及这些社会弱势群体的生活状况和信息接受的权利。那些下岗在家的工人、消费能力低下的农民和外地打工者等事实上很大程度地被媒体"边缘化"。不少大众媒体很少具体和深入地报道他们当中的新闻,很少报道有助于改善他们生计、帮助他们走出生活困境的新闻和提供相关的信息服务。不少大众传媒实际上已偏离了为公众利益服务的职业责任。

第二,虚假新闻和娱乐泛化

在营销导向下,一些媒体不惜以制造和传播虚假新闻、爆炒明星绯闻、渲染暴力和色情场面作为"卖点"来吸引受众,赢取广告利润,迷失了公众传媒的职业品格。

打开一些都市类报纸的文化娱乐版和电视节目中的"娱乐报道",可以看到大量的明星绯闻充斥其中。"文化娱乐新闻＝明星绯闻"已成为这些版面和节目不成文的"规矩",常常是不厌其烦地炒那么几个明星。当所谓的"有卖点"的明星出现时,就会有相当数量的"娱记"进行围截采访。导演张艺谋与模特王海珍的"恋情"不知由谁炮制而出,一些都市类报纸却将这条消息当作新闻"活鱼"。竞相报道的内容就有《张艺谋与 19 岁模特儿"地下情"曝光》、《她夺去了张艺谋的"贞操"?》等等,将这场子虚乌有的恋情

---

① 李清飞.我们怎样卖报纸———<经济观察报>的发行理念和策略[J].新闻记者,2002
(6)。

莫名其妙地炒了一把。

为了追求所谓的"视觉冲击力",一些媒体在娱乐新闻的标题制作上哗众取宠、危言耸听。为了吸引受众的注意,往往煞费苦心、断章取义,从文章中挑出一些敏感词汇当作标题。《张柏芝为大众宽衣解带》这样的标题令人瞠目结舌,其真实的内容只不过是影视明星张柏芝为某沐浴露做广告的消息。又如申花队另请了一位外国教练这条新闻,记者巧选角度从原教练徐根宝写起,编辑却取了《徐根宝黯然神伤:爱人结婚了新郎不是我》这样驴唇不对马嘴的标题,以此"煽情"招徕读者,完全有悖于新闻原则①。

一些媒体为追求"卖点",过多过滥地刊播一些有明显负面影响的社会新闻,诸如抢劫杀人、偷盗扒窃、吸毒贩毒、绑架勒索、卖淫嫖娼、搞婚外恋、包二奶、家庭暴力犯罪等等。这些报道的重心不是落在如何汲取教训、避免同类事件发生以及宣传法律知识上,而是对犯罪细节进行详尽的描述,极尽渲染、夸张、虚构之能事,津津乐道,不惜版面。

从上述例证分析中我们不难发现,营销意识主导下的媒体,一旦离开了其职业责任,就可以把一切都变成经济权力的游戏。人与人之间的真诚、关爱、尊重、耻辱、善恶、美丑的基本标准,统统会让位于媒体的经济利益追求。媒体的品质似乎已变得不那么重要了。

3. 新闻队伍的道德缺失

受经济效益的影响,部分新闻从业人员只把眼睛盯着"上面"和财大气粗的企业家,对人民群众的疾苦漠不关心,对基层群众的意见、建议和监督置若罔闻。以各种不正当手段,片面追求发行量、收听率、收视率和广告额。只要有"好处",不惜发布未经证实的消息,刊播不健康的内容。炒作、媚俗、跟风、追星、打"擦边球"等现象时有发生,忘记了自身的形象和责任,所作所为经不起社会受众的追问,也经不住自身良心的拷问。

新闻从业人员普遍存在以稿谋私情况。不仅小报小台如此,大报大台也热衷此道。有的向被报道者收取报道费,有的将新闻与广告混淆,有的

---

① 谢健. 警惕都市类报纸的不良倾向[J]. 新闻战线,2002(4)。

与被报道单位"合办"栏目、版面,向对方要钱,有的干脆拍卖时段、版面,有的给记者下达"创收"任务,令他们利用采访拉赞助。单位如此,个人也不甘寂寞。有的编辑、记者利用发稿和报道向作者或被报道单位提出个人要求,吃拿卡要,甚至以"曝光"相威胁,谋取私利;有的搞"有偿新闻",报道以篇幅大小甚至以字数论价;有的搞"有偿不新闻",在收受了贿赂后,应该曝光的、批评的也可不报道;还有的利用与领导干部熟悉的便利,为自己或亲朋好友说情办事,甚至干预执法和党政事务。故民间有"防火防盗防记者"的顺口溜。为了经济效益,同行之间互相拆台、贬损的情况屡见不鲜;抄袭、剽窃更是不以为耻,反而视为成功的捷径。即使是明显的错误也不愿承认,更不愿意公开更正和赔礼道歉。有的人盛气凌人,自视高人一等,自我感觉特好,致使团结协作精神淡化,恶意竞争盛行。

中国人民大学舆论研究所和全国记协国内部于 2005 年一月在全国范围内进行了《中国新闻工作者职业意识和职业道德》的大型抽样调查。结果表明,新闻从业人员认为新闻工作者的职业道德水准变低了。2006 年对上海报纸、电视、广播从业人员关涉职业意识的一些问题的调查或许也能体现现在我国传媒人的职业意识现状。如表 1 为 2006 年上海新闻从业人员职业意识调查情况[①]。

表1　2006 年上海新闻从业人员职业意识调查情况

对以下问题所持态度	持肯定态度占有率
记者为自己的版面或节目拉赞助	61%
记者为本媒体拉广告	56.6%
记者接受被采访方的招待用餐	77.8%
记者接受被采访方免费旅游	68.6%
记者接受被采访方馈赠礼品	71%
记者接受被采访方现金馈赠	66%

① 俞卫东.传媒人的媒介观与伦理观.新闻记者.2007(4):46。

当记者的奖金与新闻的利润挂钩,节目的内容和广告商的赞助结缘,新闻专业主义所倡导的新闻专业人格的独立与自主原则便会遭到严重打击。新闻从业者不再是冷静的观察者,而是成了"新闻商品"的制造者或策划者。商业逻辑一旦支配媒体,新闻专业主义理念也将逐渐被消解。这些因素直接导致新闻报道的客观、公正、真实、平衡、全面的理念被践踏。有些记者不惜使用炒作的手法、煽情的词语、夸张的标题、主观的想象、低俗的内容,致使假、大、空屡禁不绝。不少记者不愿深入基层做细致的采访、调查,而是跑机关、泡会议、编材料,抄简报,急功近利,写出的稿件水分大,甚至严重失实。

以上种种问题的存在腐蚀了新闻队伍的肌体,损害了新闻工作的声誉,严重影响了媒介的主体形象。

4.媒介公信力的急剧下降

公信力是新闻传媒取信于社会和公众的基本条件,也是影响媒体品牌塑造的重要因素。市场化改革以来,我国媒体公信力一直处于下降的趋势。许多媒体在经济利益与社会效益的博弈中丧失了良心,忽视了自身引导和教育民众的社会责任。长此以往,媒体便在民众中失去了信任,损失的是长远的利益。当媒体的公信力降到最低点的时候,就离跨台不远了。

而在西方媒体中,决策者把公信力看得比自己的生命还要重要。一些竞技、博彩类真人秀电视节目,尽管很多内容粗俗不堪,格调低下,但是我们却不得不承认其公正性。中国电视传媒从西方泊来了很多不错的节目形式,却没有学来其社会影响的实质。2006年,湖南卫视推出"超级女声"节目是一次经济效益的丰收,却让人痛恨湖南卫视背后的天娱公司赚钱手段。公司天生是逐利的,而作为社会媒体的湖南卫视却背上了公众的骂名,是得不偿失的。

网络媒体作为纯粹的商业传媒,更是给新闻界带来了虚浮之风,让媒体的社会公信力跌至了最低谷。比如"中国女排先输后赢"事件、"比尔盖茨跳楼自杀"事件在网络上的传播,是对网民不负责任的戏弄,必将遭人唾弃。近期在上海网民中的一项调查显示,受众对网络新闻的真实性持否定性评价的比例高达 56.6% 。胡冰、范海燕在其《网络为王》一书中说:"像任何大型的未经审查的媒体一样,Internet 可能是一个糟糕的传播媒介,传播一些无从证实的传闻、流言、诽谤、错误的信息、假情报、天花乱坠的谎言。Internet 的用户有能力在几分钟内传播上万条错误信息,并在同一过程中不断增加一些虚构的情节"①。

在人们对媒介形象的判断中,广告往往占有非常重要的地位。一个媒体的广告过多,受众就会形成一个基本的判断:这家媒体追求经济利益,唯利是图;如果广告过滥(即不良广告充斥),受众就会形成媒体公信力差的看法。例如,不良广告在广播节目中一度以"医药坐台"的形式被表现出来,"医托、药托"堂而皇之地占领了媒体讲堂,虽为广播电台带来一定的经济回报,却成了为人诟病的把柄,特别是在一些骗人的医药广告被揭露之后,媒介公信力急剧下降。

第三节 权力和利益下的媒介形象建构

一、提高从业人员素质 平衡媒介权力利益

1. 内化职业规范

新闻专业主义的核心是从业人员对其自身的控制,这种控制可以通过职业规范的内化来实现。职业规范的内化就是将新闻职业规范内化为自己的新闻道德观念,形成职业良心、职业荣誉心和职业品德,它是人们的思想、言行的标准和尺度。内化本质上是对职业道德规范认知、评价的过程,是在心里确立新闻道德规范的过程。新闻职业道德规范一旦内化为传播主体的道德观念,就意味着传播主体获得了评价自我职业动机和行为的标准,也形成了传播者的职业良心,它反过来成为"调节新闻道德的力量"。

---

① 丁艳. 网络媒体公信力危机与解决之道[J]. 中国新闻研究中心,2005(11)。

新闻职业道德规范的内化,是一个长期的过程,需要从一点一滴入手,需要不断地认知和实践。

新闻工作者内化职业规范,首先要加强从业者的入门教育和继续教育。与其他如医生、律师职业相比,新闻业的从业标准相对低一些,几乎是人人都可以当记者。因此,新闻工作者的角色学习非常必要。通过角色学习,使他们具备扮演角色的技能,更重要的是让角色期待内化为他们实践时的重要准则。另一个不可忽视的学习就是学习角色的态度和情感,培养记者的职业精神和职业道德,如果新闻工作者能热爱自己从事的工作,有一种职业的追求,他就能从意识层面强化和提升把关人的人格境界,才会在实践中自觉将新闻的真实性视作一种高尚的追求,严格按照新闻规范来行事。也正是在此意义上,我们说角色态度和情感的学习比角色义务和权利的学习更为重要。然而现实情况是,人们往往把角色学习等同于角色义务和权利的学习。角色态度和情感的学习与培养还未引起足够的重视,导致一些新闻从业者缺乏根基性的职业品德和职业荣誉感。

2. 增强社会责任感

2004 年 9 月,俄罗斯北奥塞梯别斯兰市人质事件备受关注,央视《今日关注》栏目却在播出的报道中,打出滚动字幕:"俄罗斯人质危机目前共造成多少人死亡?答题请直接发短信……"事后据称央视对此进行了内部通报批评,认为错误在责任编辑,属"严重错误","说明当事人缺乏政治头脑"。事实上"死亡人数竞猜"这样带血的竞猜绝对不是简单的缺乏政治头脑就能解释的,它所反映的是部分新闻从业人员人文精神的沦丧和社会责任的淡忘。要实现媒介权力的自我控制就必须强化权力行使者的社会责任意识。

媒体的责任感是公信力的基石,编辑记者的社会责任感则是媒体责任感的基石之基。为了平衡媒介权力和利益,必须提高媒体承担正确传播社会价值观的责任感,增强为人民服务的意识。媒体在履行社会责任的过程中,从业人员的思想道德水准、业务素质、价值观念和敬业精神综合性地渗透在媒体的生产运作之中,影响着媒体的产品内容,决定着媒体产品的好坏和媒体品质的优劣。因此,传媒要很好地履行社会责任,就要努力培养一支有思想、有道德、有文化、业务精、作风正、纪律严的从业人员队伍,教育编辑、记者树立正确的职业观,增强责任感,要使每一位编辑记者明白,虚假新闻不仅会给党的新闻事业带来负面影响,还会因为传媒是党和政府的政策传播者的特殊身份,使受众对党的执政能力的建设产生怀疑。所以,记者在报道中都要敢于说真话,以理性观察和富有建设性为出发点,不偏激、不盲从、不媚俗,不受经济利益的左右,披露事实真相,分析问题症结;除了快速、客观、真实地报道新闻事件外,还应在了解事情发生的原因和发展趋势等问题上下工夫,写出有深度、有新意的新闻报道,以期对社会问题起到促进、解惑释疑的作用。

二、遵循新闻规律 塑造媒介产品形象

大众媒体要塑造良好的媒介产品形象,就要遵循新闻规律:选材新颖,并能够最大限度的引发受众关注;具有贴近性,贴近生活、贴近群众、贴近实际;发挥好舆论引导的作用。

1. 提高新闻的必读性

所谓必读性,一方面着眼于题材的新颖性和社会性,选题能够最大限度地引发受众的关注,调动受众的兴趣,触动受众的"兴奋点";另一方面则是资讯的不可替代性,向受众提供的是"人无我有,人有我优"的信息产品。建立在受众对新闻信息的认知度与满意度基础之上的必读性是媒介形成核心受众群进而提升核心竞争力的重要因素,因为只有必读性才能培育受众产生对媒介资讯的依赖性和忠诚度,从而为报刊积聚"注意力"的宝贵资源并形成坚实的营销基础。实现必读性的两个条件,题材的"新",是对媒介发现力的一种考验,要能够从大量的新闻资源中慧眼识宝,发现新闻价值极高的"富矿",进行全力的开掘;资讯的"精",则是媒介整合力的一种显示,能够运用各种手段将新闻资源的含金量和品位展示出来,向读者提供强度、效度、新鲜度、保真度等各方面指标都能符合要求的足够的信息量,形成报道独特而强劲的支撑点。

随着改革开放的深入,社会正从新闻信息短缺转为信息过剩,仅仅传递信息已不能满足受众的需要。新闻媒体不仅要反映新闻事实,更要评价新闻价值,分析新闻发生的原因、背景,产生的影响及发展趋势。着力深度报道,才能体现媒体自身的价值观和风格品位。鉴于此,新闻媒体必须以高质量的主流新闻和深度报道铸造高品位的传媒风范,并以此吸引主流受众。用自己的深度、观点、立场,形成高质量的舆论场。

2. 强调新闻的贴近性

新闻媒介,就其所承担的社会责任来说,同时扮演着双重角色。一方面,它是党和政府的"发言人",要以党的喉舌的定位,及时传达党和政府的法令、政策、指示、方针;另一面,它又是人民群众的"代言人",要从人民群众根本利益的高度去充分反映群众的意愿,倾诉群众的呼声。这两个方面的结合点,就是新闻的"贴近性",即努力做到贴近实际、贴近生活、贴近群众。实现"三贴近"涉及到媒介的组织创新、机制创新、办报模式的转变、报道重点的调整等诸多方面,但精髓还在于媒介应牢固树立"受众本位"的观念。要真正从受众需求的角度考虑媒介的报道能在多大程度上满足受众的需要,能够满足哪些受众的需要,满足受众哪些方面的需要,能否真正为受众提供具有鲜活感和冲击力的足够的信息量,能否为受众传所思,释所疑,解所惑,排所忧。在此基础上,才能把体现党的意志和反映人民群众心声统一起来,把坚持正确的舆论导向和增强可读性统一起来。2003年春节前夕,新华社组织播发的"关注民工工资"系列报道就是关注"三农"问题的一次成功的专题报道。整组报道从在外辛苦劳作一年的农民工能否在年关临近时拿到血汗钱回家团圆这一焦点问题切入,重点对一些劳务输出大省和进城务工人员聚集的重点城市进行采访,对一些行业拖欠克扣民工工资的情况进行曝光,陆续播发了《一些企业拖欠民工工资现象严重》《奔波三千里,忧愤两百天》《怎样合法讨工钱,法律专家解疑难》等报道,真实地向社会反映了农民工的生存状况,唤起了全社会对其命运的关注和同情,同时也对督促政府有关部门加快对这一问题的解决起到了推动作用。

3. 加强新闻的引导性

树立良好的媒介产品形象,应当加强新闻舆论的引导性。"报纸是作为社会舆论的纸币流通的",把握舆论导向,在提高报道质量、营造健康向上的舆论环境、增强社会的凝聚力与向心力方面有着非常重要的作用。一方面,要加强对社会舆论的反映,使人民群众的各种舆论都能得到有效表达、健康发育和顺利整合,另一方面则要对群众自发产生的舆论进行引导和疏导,推动代表人民群众根本利益的舆论上升为主导舆论。从方法上来说,主要是对积极有益的舆论予以推动、扶持和放大,对消极有害的舆论加以阻止、限制和转化,对可能存在副作用的舆论,如批评性、暴露性舆论进行慎重的鉴别、分析和疏导。要通过调查研究,把握社情、民情、舆情,敏锐地观察人们社会心理的变化,梳理人们对当前热点、难点、疑点问题的看法,摸清人们心中存在的深层次的思想认识问题,探索舆论引导的思路与对策。

三、强化品牌经营意识 塑造媒介经济形象

品牌是媒介形象的代表,打造品牌的中心任务说到底也就是塑造媒体形象。本章主要探讨的就是如何强化媒介的品牌,从而塑造媒介的经济形象。由世界经济论坛和世界品牌实验室共同编制的2004年《中国500最具价值品牌》排行榜上,共有40家媒体榜上有名,占12.5%。其中,央视的品牌价值更是高达608.5元,凸显了品牌价值的重要性。

1. 加强媒介的品牌意识

CNN的创始人之一里斯·舍恩菲尔德说过,在重大新闻事件的报道上,各个电视新闻机构的表现,直接决定了今后年内观众的收视状况。长期以来,我们一直把"报"与"不报"重大事件作为评价一个媒体表现的概念化标准,在媒体竞争日趋激烈的今天,这种思维已经不适用了。如今每一个重大事件都会有众多媒体竞相报道,只有那些风格独具的媒体,才能在受众心中打下深刻的烙印。

以东方卫视为例,东方卫视已经报道乃至直播过很多重大事件,如现

场直播"神州五号飞船上天"、"神州六号飞船上天",系列直播温总理访美等等,但在叙述视角和整体风格等方面没有形成鲜明的个性,更没有形成自己的"话语权"。因此,这些报道只是规模很大的新闻报道,很难形成品牌效应。我们认为,要想通过重大事件来获取强势品牌效应,媒体就不能止于常规性的重大事件报道,应该选取与当地密切相关、影响力辐射全国的重大事件,以便获得自己的话语权,同时整个过程要精心策划,在叙述方式、主持人风格、舞台布景乃至历史资料选择编辑等细节上精雕细琢,这样才能做出提升媒体强势的品牌形象。

加强媒介的品牌意识,就要精心打造富有号召力的子品牌,以点带面,提高受众的关注程度。选择受众关注度高的议题,在一定时间内全力打造一个富有号召力的子品牌。同时,进一步强化新闻类节目的播出,加强对重点品牌的打造力度,辅以一般性新闻栏目,形成一个品种齐全、重点品牌突出的新闻栏目品牌阵容。这一阵容的优劣将直接决定媒介的品牌个性、品牌形象和品牌价值。这个品牌的投入产出不宜用简单的成本理论计算,因为它担负着提升整个媒介形象的作用。这个子品牌可能发展为系统的主要品牌,如中央电视台的《焦点访谈》、江苏城市频道的《南京零距离》等。

2.优化品牌管理方式

只有对媒体内容架构不断进行动态调整并逐步优化品牌,才有可能建立起富有竞争力的强势媒介品牌。媒体的名牌栏目在诸多同行的激烈竞争中,也如逆水行舟,不进则退。迪斯尼总裁就曾经宣称:"每隔七年迪斯尼就会进行一次大调整。"以《东方时空》为例,其作为中国电视首家新闻杂志类栏目,也是在不断地调整变化中。近年来,《东方时空》不断以内容为依托,积极改版,提升新闻的品质和质量,适应广大观众的需求。在实现自我创新的同时,也取得了良好的社会效果。"纵观《东方时空》多年的发展,创新的追求贯穿始终","有突破、有创新,老的子栏目要有新气象,新的子栏目要有新面貌。"①这样的不懈追求终于迎来了栏目的深度发展。2004
年9月1日,在中央电视台的新一轮改版中,《东方时空》时间的调动成为
其中最为抢眼的大举措。一改创办十余年来早上播出的历史,调整到中央
电视台傍晚18:14播出,与每晚《新闻联播》、《焦点访谈》共同打造晚间黄
金时段的新闻板块,可以说这一刻开启了《东方时空》新十年的里程碑式的
起点。

优化品牌管理机制的另一途径是加强频道制管理改革。要按照"层次
要少,人员要精,成本要低,创收要增"的科学目标,推进由节目中心制管理
向频道制管理转变。中央电视台在这方面完成了很好的实践。2006年,中
央电视台在完善经济频道改革试点基础上,实施体育频道、少儿频道的频
道制管理改革,初步搭建扁平化的组织架构和新的运行管理模式。目前,
体育频道和少儿频道已全面启动频道制管理,新的管理体制和机制正在逐
步显现出生机和活力。

3. 整合营销传播

整合营销传播,正日益成为营销传播包括品牌传播的基本思路。按照
整合营销传播的倡导者D. E. 舒尔茨教授的观点,在"媒介零细化"的今天,
每个消费者接触到的媒体数量越来越多,而每个媒体的受众却越来越少,
必须整合广告、促销、公共关系等。各种传播渠道传播出"清晰、一致而且
易于理解"的讯息,才能够使相关产品和品牌的印象不断"累积"在消费者
的感知当中,取得良好的传播效果。②

其中凤凰卫视就是媒介中整合营销传播的典型例子,从1996年3月中
文台开播以来,凤凰卫视已然成为全球颇有影响力的华人卫星电视台,内
地一直以来都是凤凰卫视最大的收视市场。凤凰卫视的"明星主持"策略
改变中国新闻播报一贯的风格,轻松诙谐中不乏睿智思辨的光芒,为其赢
得了一批忠实观众。每个节目主持人作为栏目代言人,个个都个性鲜明,

---

① 梁建增.创新为先内涵是金——中央电视台新版《东方时空》的探索[J].新闻战线,2002
(7).

② 唐·E.舒尔茨.整合行销传播[M].吴怡国等译.北京:中国物价出版社,2002:34.

主持风格各异,明星主持们也被誉为凤凰卫视的驰名商标。此外,凤凰成立初期就策划了飞越黄河的活动,在社会产生广泛影响,之后凤凰卫视组织了千喜之旅、欧洲之旅、穿越风沙线、寻找远去的家园、两极之旅等多个大型采访活动,这些举动都被称作华语传媒史上的壮举。凤凰卫视的典例证明,好的频道品牌并不是品牌节目的简单相加,而是需要整体营销策划,需要在宏观战略的指引下,再做具体细化节目的品牌策划。

像这样一种以公共关系理论来建立媒体品牌的方法,对于处于初始商业化阶段的中国媒体市场,具有非常重大的借鉴意义。目前,媒体公关可谓是大势所趋,不少内地媒体也已经从中尝到了甜头,《北京晚报》的《健康快车》栏目,就是通过吸收会员出版书籍等活动使得这个栏目深入人心。

4. 延伸媒介品牌优势

如果媒体已经拥有一个在本行业中处于领先地位的知名品牌,这意味着该品牌得到受众充分认同并产生良好口碑,媒体在此阶段就应充分运用品牌延伸或扩张战略,发挥和利用领导品牌的效应,开发和拓展其它相关品牌,从而使得整个媒介集团最大限度地挖掘品牌的潜力,始终保持市场领先地位。

同时,品牌延伸的优势在于媒介集团可以对同一信息资源进行反复包装再生产,从而获得多重效益。从品牌塑造和扩张的角度来看,媒体全方位的市场推广还有助于业务范围的扩大,形成立体式和多元化的联合品牌,进而形成整体的品牌宣传网络。同时,这种品牌扩张的成本较低,在不毁坏核心品牌识别的基础上,能够有效地发挥品牌效应,强化品牌价值。

媒体品牌的市场推广已经从地方性扩展至全国性,从单一的媒体公司延伸到多元化经营的集团公司。以广州日报报业集团为例,广州日报报业集团经过近十年的扩张,已经拥有 10 种报纸、3 种杂志、一家出版社,并建立了 100 多家图书报刊发行连锁店和几个大型图书发行中心,形成了日发行量 120 万份、年产值 20 多亿的规模。品牌的无限延伸也为媒体集团提供了无穷往复的盈利空间。像媒体巨头迪斯尼的经营策略通常是,每推出一部新电影后,票房收入是第一轮收入,发行录像带是第二轮,然后是全球各地的迪斯尼主题公园,每播放一部卡通片,就在公园里新增一个卡通人物,最后是特许经营和品牌产品的销售。在这样的循环品牌推广造势下,迪斯尼的盈利份额中,老本行电影发行加上电视只占 30% 左右,主题公园占 20%,其余的 50% 都来自衍生品牌产品销售。

四、强化社会责任意识 塑造媒介社会形象

中国媒介应强化社会责任意识,全方位扩展和维护公信力,促进媒体与受众的沟通和交流,注重媒介社会形象的塑造,开展必要的广告宣传活动,扩大知名度和影响力,并努力体现人文关怀和公益特色,塑造媒介负责、亲善的公益形象。

1. 提升媒介公信力

我国传媒业发展较快,新闻传媒之间的竞争不断加剧,各家媒体要想争得受众,在传媒市场上取得一定的占有率,必须提高在受众中的公信力,树立良好的社会形象。我国新闻传媒作为党和人民的喉舌,承担着正确引导舆论的责任,提高公信力,才能充分发挥这种作用。在新闻界"内容为王"的今天,捍卫公信力,"客观、公正、真实、全面"是新闻采编人员在新闻报道过程中务必坚持的基本原则。

所谓客观,即必须以事实为依据,不能在报道中加入主观臆想;公正,即在报道中要注意平衡报道,避免片面;真实,即报道的内容必须与事实完全吻合,不能有虚假内容;全面,即报道必须完整反映事件的整个面貌,避免一叶障目。坚持新闻真实性,既是社会主义新闻传媒的优良传统,也是取信于民的关键因素。要在新形势下增强传媒的公信力,这就要求编辑记者做到深入进行调查研究,讲真话,报实情,让所报道的每件事、每个细节都真实、准确无误。除此之外,对新闻真实性还要有更深层次的要求,就是用马克思主义的观点、辩证唯物主义和历史唯物主义的方法去分析当前的事件,透过所反映事物的现象和外部联系,注意和善于从总体上、本质上以及发展趋势上去把握事物的真实性,通过对大量事实的连续不断的报道,显示事物的主流层面和发展趋向,再通过深度报道推进新闻走向本质真实

的更高境界,帮助受众深化对事物本质的认识,确保传媒的报道具有公信力。

传媒的公信力是与受众的关切度紧密联系的。所谓关切度,就是受众对客观事物关心的程度。如果传媒报道的是受众极为关切的人和事,而且报道从内容到形式都是紧密贴近受众的,那就会产生很强的公信力。社会主义新闻传媒在关注群众利益、反映基层群众呼声,从新闻与群众血肉联系的角度,从新闻工作最基本的群众路线的角度把握自己的新闻报道活动方面进行了大量的实践,在贴近实际、贴近生活、贴近群众,更好地为人民服务、为社会主义服务、为党和国家工作大局服务方面起到了很好的作用,但仍有一些会议新闻、工作性经验性新闻在贴近性方面不尽如人意。因此,还要进一步改进这些报道,还要努力改进文风,要多用鲜活通俗的语言,生动典型的事例,百姓喜闻乐见的形式,采编适合群众口味、满足群众需要的新闻;要增强亲民意识,确立人民群众是新闻报道主体的观念,做到心里装着群众、凡事想着群众、一切为了群众,到困难最多、群众意见多、工作推不开的三个"必须去"的地方去调查研究,与普通群众保持经常的、密切的联系,真正深入到群众生活中去,了解群众的所思所想所盼,写出与百姓休戚与共、有血有肉,亲和力强、感染力大的新闻作品。把体现党的意志与反映人民心声统一起来,增进传媒的公信力。

2. 展现媒介公益特色

媒体社会形象塑造的途径多种多样、举不胜举,但展现公益特色无疑是一条便捷有效的途径,能在最短的时间内取得最显著的效应。湖北卫视在围绕着自然关怀、社会关怀和人文关怀展现公益特色方面取得了很好的传播效果。

自然关怀着眼于人与自然的关系,追求和谐。以《幸运地球村》为代表的一些知名栏目体现了湖北卫视频道的自然关怀这一追求,他们积极探索,取得了很大的成绩。特别是以《幸运地球村》牵头推出的保护长江的大型媒体活动——《祝福长江》,联合多家媒体共同推出,引起社会广泛关注,取得很好的社会影响。

　　社会关怀着眼于人与社会的关系,关注社会的健康发展。以《阳光行动》、《财智时代》为代表的一些栏目体现了湖北卫视频道对社会关怀的追求,《阳光行动》关注社会弱势群体,深入社会的一些较少得到救助的角落,为生活无助者送去温暖、爱心与阳光,社会反响很好。《财智时代》把握经济脉搏,倡导用知识、智力获得财富,体现了中国向知识经济时代迈进、迎接世界科技发展挑战的时代精神。《阳光行动》、《财智时代》以其参与社会的积极行动为推进社会进步、改善人与人的关系做出了可贵的努力。

　　人文关怀着眼于人本身的方方面面,追求生命、尊严与人格的完善。以《往事》为代表的一些节目在人文关怀方面做出了可贵的探索。以《往事》为代表的一些栏目通过参与节目的主人公对往事的追忆,关注"小人物大命运",唤起人们对良知、尊严和高尚情怀的追求。这三种关怀具有极强的建设性,力图建立自然、社会、人本身的良性的、健康的、美好的关系,这种追求也体现了湖北卫视频道最具普遍意义的公益特色。

　　对于新闻媒体来说,与观众展开互动,通过举办各种公益活动来增强观众对本栏目核心价值的认同,从而提高对栏目的忠诚度是一个好办法。以《南京零距离》为例,栏目没有把单纯的新闻报道作为工作的全部内容,至少有三分之一的精力花在节目之外。经初步统计,栏目两年来已经举办了近27场下岗职工培训班,包含电脑、家政、书法、烹饪等。每当长假的时候,出动节日服务队为市民提供各方面的服务。"零距离社区行"已经成为一个品牌,每周都会走进一个社区,每周有一个小活动,每月有一个大活动,每季有一个更大的活动。成立了"南京零距离艺术团",逢节假日送戏,送文化进社区,被老百姓称为南京人自己的"心连心艺术团";还有"空中看南京"直播活动等。这些活动使栏目"真正办到了市民心坎上",塑造了栏目的亲和力,真正体现了"百姓电视,平民节目"的准确定位,增强了《南京零距离》品牌的效应。与《南京零距离》类似,各地的民生新闻栏目也都适时策划组织新闻公益活动,以此提高栏目在受众心目中的美誉度。

3.增强服务受众意识

　　根据新闻社会学理论,受众的需要是新闻传播活动的根本出发点。从这个意义上说,新闻事业首先是满足受众需要的服务性事业。

第一,关注民生新闻

媒介最大的功能之一就是提供信息服务,策划的目的是增强节目的服务性,即在节目中应该给观众提供什么样的服务、如何提供服务、采取什么方式与内容为观众服务。目前,人们越来越注重自身的生活质量,从最基本的柴米油盐,衣食住行到和百姓生活息息相关的国家政策、法律法规,都是百姓关心的话题,媒介节目应切准社会的脉搏,着力反映普通百姓的生活,做到真正走进观众、走进生活,想观众之所想、急观众之所急、帮观众之所需,尽量满足观众的需求、适合大众的口味,只要是观众关心的事情,就是节目镜头应对准的地方。如今,从中央台到地方台,经济服务类节目层出不穷、花样翻新,楼市、车市、股市、烹饪、旅游、购物等都成为经济节目的主要内容。只有节目形式能引起观众的共鸣,节目才能充分发挥服务性。

第二,加强与受众的互动

媒体要主动接触并创造条件鼓励受众接近媒介、了解媒介;可以组织受众参观报社、电台、电视台,向他们讲解新闻机构如何运作;可以举办特定的栏目或者讲座,向受众传授媒介知识;还可以通过制作相应的媒介知识节目,在自己的媒体上进行普及性宣传。

凤凰卫视有一档节目,叫做《媒体大拼盘》,其中有一个小版块叫做"我来评新闻",就是每天请一位异地的观众做评论员,通过电话对当天的一则新闻进行评点。从传播方式上说,传者和受者之间的界线被淡化了,体现了个体的话语权,传者和受者之间形成了互动。也正因为这种互动以及个体话语权的被尊重,使更多的观众获得了满足感,产生了共鸣。

技术的提升给电视节目互动提供了无限可能,普通人用相机或手机拍摄的素材,都可以在电视栏目播放。中央十套《讲述》栏目播出观众自己拍摄的生活故事,不少电视台开设的"俱乐部"也都是互动参与的较早形式。青岛电视台《生活在线》节目栏目中专门开辟了版块,就叫"新闻自己拍",是又一种"互动"。栏目组把有家用摄像机,对新闻感兴趣的观众都发动起来,请他们来参与节目。通知在节目中一播,报名者一下子来了多位,俱乐部的活动就这样搞开了。72 岁的李雄飞老人特别善于观察,把一家饭店盖房子盖进了两棵树的事拍了下来,题目就叫"开餐馆围进两棵树这餐馆是张大民开的"角度很独特,画面很生活,加上我们配了俏皮的解说词,给大家留下深刻印象。11 岁的小朋友也送来了自己所在学校搞军训的新闻"今天我当兵"。这些内容,因为是出自普通观众之手,关注的大多是生活小事,语言也朴素平实,为这档都市新闻增添了亮色,使节目更加生活、生动、活泼、轻松。《浙江卫视新闻联播》就曾因播出温州观众送来的"一辆宝马车引火自燃"的新闻引起较强反响,便在以后的节目中有意识的征集和使用新闻,随着计算机技术的进步,个人可以很容易的利用一些软件进行视频编辑和配音,利用进行拍摄的这种受众与媒体互动的电视节目类型,在媒体的竞争发展过程中将日益重要。

4. 个案分析:大连电视台大型慈善公益栏目《情动心动》的社会形象塑造分析

大连电视台法制频道《情动心动》栏目是在媒介塑造社会形象方面的一个较为成功的案例,栏目围绕各种关怀充分体现出了公益特色,同时具有很强的服务受众意识,在受众心中也具有一定的公信力,我们试从以下诸方面做以分析:

(1)栏目创办的背景

在当前全国上下全面建设小康社会和着力构建社会主义和谐社会的大环境中,社会公平、贫穷差距、弱势群体等问题日益得到社会各界的重视。观察近两年的中国电视荧屏,我们发现,电视媒体及时敏锐地捕捉到了这些重要社会问题,不仅在新闻报道、舆论引导等方面加强对这些问题的关注,更以全方位的视角和姿态投身到这一历史进程中去,其集中表现为慈善公益类电视节目的兴起和蓬勃发展,大连电视台《情动心动》栏目正是在这样的一个大环境下诞生的。

(2)栏目定位与出发点

《情动心动》栏目定位公众化、贫民化,作为国内少见的日播型慈善互动栏目,它将慈善事业与电视手段有机结合,倡导并弘扬热心向善、真情互助、帮助他人、共筑和谐的公益文化。依托该栏目，大连电视台与大连市慈善总会合作设立了"大连电视慈善基金"，广泛吸纳社会善款，用于扶贫济困、助学助医、安老抚幼等社会慈善项目。节目充分体现出电视媒体的人文关怀和社会责任感，探索出了一条电视媒体与慈善事业相结合的发展道路。栏目主旨为：热心向善，善有善报，真情互助，共筑和谐。《情动心动》栏目重视"以大众为本，以观众为本"，全力营造公益、慈善、亲民的形象。事实上，该栏目在这方面做得非常到位。自《情动心动》开播以来，已经制作播出了200余期节目，栏目共收到各界捐赠136万余元，观众来信上千封，来电上千个，在社会上引起了强烈反响。该频道在黄金时段放弃播出广告利润丰厚的娱乐节目，而是选择播出这样一档慈善公益性栏目，体现了社会责任感，在观众心中树立了良好的媒介社会形象。

（3）栏目的发展与特点

截至目前，《情动心动》栏目已经成功播出了200余期节目，综合分析这些节目主要有以下这些特点：

——内容丰富，表现形式多样

慈善公益文化的丰富内涵和慈善公益行为的特有感召力，使得《情动心动》栏目内容丰满，形式活泼，体现出较强的创造性和持续发展的后劲。从内容上来看，《情动心动》栏目以谋求社会公众利益为出发点，联结社会大众的日常生活，通过对一些弱势群体的报道来引起全社会的关注和帮助，同时也努力展现这些弱势群体自强不息、热爱生活的乐观精神以感染和引导受众。如对身残志坚的"手拉手"爱心艺术团团长李波的报道；对为盲人训练导盲犬而倾尽财力物力的大连市导盲犬基地馆长的报道；对贫困高考学生坎坷求学路的关注；对脑瘫孩子乐观、顽强精神的展现等。形式上，《情动心动》栏目有慈善公益晚会、电视推介活动、电视专题片、电视系列节目等多种形式。在很多时候，围绕一个主题或事件，栏目常常综合调动多种电视手段和形式来进行创造和表达。

——议程强势，多方力量合作

慈善公益传播具有实现社会整合、推动社会发展的重要作用。"公益传播可以通过'议程设置'的功能,向人们提供价值和行为的范式,去竭力唤醒人们的'集体良知'……"。① 围绕救助弱势群体、保护环境这些慈善公益类主题而设置的议题具有强大的传播渗透性和持续性。从传播者角度出发,《情动心动》栏目引发了多媒体联动,在节目策划启动和节目播出后,在大连门户网站"天健网"上特别开设了节目专题,持续关注报道这一议题,报纸、广播等媒体也大量主动跟进;同时,强势议程的形成也离不开多方力量的介入。《情动心动》栏目由大连电视台和大连市慈善总会联办,很多大连市知名企业和社会知名人士都主动或被邀请加入到其中来,另外,栏目在2007年末举行了慈善晚会,董洁应邀作为爱心大使出席,崔永元也捐献了义卖品并寄来信件。多方力量的合作,使得《情动心动》栏目形成一个又一个热点社会话题,从而取得了很好的社会效果。

——公开透明,关注参与度高

慈善公益类电视节目的公开透明表现在两个方面,一是节目创作的公开透明,一是节目效果的公开透明。《情动心动》栏目在策划伊始,电视台就通过进入社区举办栏目推介会和在商场超市义卖等各种方式、各种平台发布有关节目的介绍,并向广大社会公众征集需要救助的个案。这种预告不能仅仅把它等同于一般电视节目推出之前的前期宣传,因为在慈善公益类电视节目中,没有社会公众的真诚参与,即使节目有较高的收视率也无太大的意义。

因此,公开透明的节目传播效果,也指的是公众的关注度和参与度。一般电视节目的传播效果几乎只能通过收视率来衡量,而慈善公益类电视节目则不是这样。《情动心动》栏目有爱心捐助这一环节,通过时间和钱物两种手段来体现收视率。电视台与社会慈善机构联手,把每次筹集到的善款公之于众,与其他慈善公益栏目相比,《情动心动》栏目还具有一个特色,就是栏目中有一个重要板块叫"慈善擂台",每期都会在报名做志愿者的观众中选择3名,通过他们的努力有效利用慈善基金为有困难的人实现心

---

① 马晓荔、张健康. 公益传播现状及发展前景[J]. 当代传播,2005(3)。

愿,让观众实际参与到节目当中。栏目每天都会接到许多观众打来的电话,表示愿意成为志愿者。这一方式大大增强了栏目的参与性。

——社会效益与经济效益和谐统一

"现代公关之父"艾维·李曾说过:"凡是有利于公众的事业,最终必将有益于企业或组织。"《情动心动》栏目的兴办,不仅为电视传媒带来了良好的社会效益,也创造了可观的经济效益。

首先,《情动心动》栏目的创办体现了电视媒体的社会责任感。一位观众表示,电视综艺节目扎堆播出,但热闹有余感动不足,经常是笑过之后感觉"轻"了,与慈善主题直接挂钩的综艺节目的出现,表现出对社会责任的承担意识,为荧屏注入了人性和爱心的分量。其次,《情动心动》栏目的创办有利于慈善公益文化的推广和普及,唤醒公众和企业的社会责任意识。慈善的核心即"是利他主义价值观,其精髓在于个人对正义和平和集体福祉负有不可推卸的责任"。① 再次,《情动心动》栏目通过各种方式筹集到了一定的善款和时间物品等资源,切实推动了慈善事业的发展,使一些社会群体和问题能够得到社会的关注和帮助。

在取得良好社会效益的同时,《情动心动》栏目也取得了良好的经济效益。栏目不断上升的手势率对于电视台来说,无疑会拉动节目时段的广告销售,同时,现代企业越来越注重通过与慈善公益连接来提升企业形象,丰富品牌内涵,所有这一切,必将有助于电视台取得丰厚的经济效益。

(4)栏目存在的问题

慈善公益文化在我国的发展尚处于起步阶段,由于社会大众认知的不足,包括新闻媒体从业人员缺乏这方面的知识和素养,在慈善公益类电视节目蓬勃发展的同时,很难避免地会出现一些问题。《情动心动》栏目也同样存在一定的问题,例如节目选题的局限性和同质性、慈善事业的发展机制和应注意的问题、选材没能跳出地域限制等。相关电视从业者应加强慈善事业方面知识的学习,确保慈善公益类电视节目导向正确,措施合法合

---

① 张维.慈善文化:慈善事业发展的原动力[J].成都大学学报(社科版),2007(4)。

理,如此才能真正将栏目生命期延长,办出精品栏目。

总之,《情动心动》栏目彰显了媒体对社会的责任和贡献,在栏目播出中树立了良好的媒体形象;从实际效果来看,媒体开办这样的栏目,一方面可以吸引公众对本媒体的关注,从而扩大媒体的知名度和影响力,另一方面可以在节目过程中体现媒体勇于承担社会责任,乐于为社会作贡献的价值取向和精神风貌,以此赢得受众的道义认同,获得受众的好感,从而提高媒体的美誉度。如此一来,知名度和美誉度都增强了,良好的媒体形象也就树立起来了。

对媒介而言,媒介具有权力已经成为传播学界和业界一个不争的事实。在市场经济背景下,媒介产业意识逐渐复苏,媒介为维持自身运作,必须要考虑到经济效益。由此,本章旨在探讨研究如何在平衡媒介权力和利益而不是消除媒介权力和利益的前提下塑造媒介的形象。事实证明,良好的媒介形象策略有利于媒介在市场竞争中以良好的、个性化的媒介形象培养大众对媒介形象的偏好,进而巩固他们对媒体的忠诚度。它可以形成无形资产,有利于传媒用来进行资本运营,发展传媒规模,提升传媒抗市场风险的能力。当媒介进入高速发展期,媒介产业高度发达、媒介产品极大丰富,受众的媒介消费习惯和心理也在悄然改变,不只关注媒介产品本身,也开始关注媒介组织及传播过程;受众对媒介产品的判断,不再仅仅建立在对产品本身的评价上;受众对媒介产品的选择,也不再仅仅是对产品本身的消费。在这个选择和被选择的变得无比困难的时代,媒介组织的形象因此具有了比以往任何时候都更重要的价值和意义。

影响媒介形象塑造的因素有很多,包括传播制度、传播技术、传者水平、文化、道德、素养等,但最主要的还是来自内部、产品、经济、和社会四个方面,要建立良好的媒介内部形象、产品形象、经济形象、社会形象。如果能将这四个方面处理好、平衡好,就会塑造出成功的媒介形象。然而,我们认为,良好的媒介形象,归根结底,要建立在对传媒内部资源整合与核心能力的培养之上。如果过于沉醉于媒介形象的构建而忽视了传媒内在品质的培养,这样的形象也不会长久。

　　媒介形象的塑造是一个长期的过程,媒体形象一旦形成,便具有相对的稳定性和整体性,在受众心目中就会形成某种思维定势,因此,新闻媒体在塑造自身形象时,应当慎之又慎,合理规划,力求精当、独特、完美。

下　部

第六章 大众传播媒介地域歧视问题

第一节 导论

我国在改革开放以后,由于生产力的发展,整个社会在物质文明和精神文明方面有很大的进步与发展。但仍有少数媒体出于种种原因,对我国不同地域的信息进行歧视性报道,在对其他地域客观报道的同时只选取某些地域的负面信息报道,甚至对所谓反映其阴暗面的信息大肆宣扬。这种正反面信息的极度失衡不仅扰乱了国人的视听,同时,也造成了国内某些媒体对我国信息传播的地域歧视问题。

在一个国家所有的媒体中,说服力最强、影响最大、最具权威性的往往是主流媒体。主流媒体经常会在很大程度上影响一个国家内部不同地区对不同地域的态度和整体评价,进而影响这些地域形象的塑造。若研究大众传播时代媒介地域歧视问题,国内主流媒体对我国不同地域的信息报道是一个很好的切入点和突破口。

一、媒介歧视与媒介地域歧视

大众传播媒介对我国不同地域的媒介歧视问题由来已久,只是近几年随着我国的社会发展与综合国力的提高有愈演愈烈之势。媒介歧视与地域歧视也因此被越来越紧密的结合在一起。那么就究竟什么是媒介歧视?媒介地域歧视的概念又是怎样的? 首先,我们将结合其他学者对媒介歧视内涵的研究,进一步探讨传播学中媒介歧视的内涵。

1. 媒介歧视的内涵

何为"媒介歧视"？媒介歧视目前在学术界尚无明确定义,长江日报高级编辑罗建华认为,媒介歧视是与传媒公正对立的,带来新的社会不公——信息资源上享用不公、话语权上分配不公、舆论形象上反映不公、公共价值上判断不公①。浙江大学新闻与传播研究所樊葵则认为:媒介歧视,就是指新闻传媒不能够平等地对待分布于不同纬度上的人群,歧视弱势群体即处于阶层低端和社会边缘位置的人群②。

海宁广播电视台石月平认为"媒介歧视,是指作为社会公器的大众传播媒体及从业人员,在传媒资源分配、议程设置、话语权、评介取向、语言符号等方面,不能公平地对待社会各个阶层,有意无意地歧视部分群体的做法和主观评判。③ 媒介歧视在学术界中有许多专门性的研究,如性别歧视,政治歧视,年龄歧视,地域歧视,种族歧视等等。"④

国际方面,与媒介歧视相关联的是"知沟"理论。以美国明尼苏达大学新闻与广播系副教授 P. J. 蒂奇纳(Tichenor)为首的"明尼苏达小组"提出的"知沟"(knowledgegap)理论中,对大众媒介普及时代信息流通和分配的均衡性和社会成员在知识获取上的平等性提出了质疑,认为"随着大众传媒向社会传播的信息日益增长,社会经济地位高的人会比社会经济地位低的人以更快的速度获取信息,因此,这两类人之间知沟将呈扩大而非缩小之势。"⑤学者赵志立在《传媒歧视:正在倾斜的社会公器》一文中认为,两者的共性是在传播效果中形成了受众接受的不平等;而"知沟"理论产生的原因,一方面是由于接收者的经济条件、所具备的智能、教育、技术等掌握信息的先决资源有差别,另一方面也与传播者如何分配信息资源、如何选择

---

① 罗建华. 公众性"拷问"传媒歧视[EB/OL]. http://media. people. com. cn/GB/5200916. html。

② 樊葵. 传媒歧视:论当代信息传播中的不平等[J]. 中国传播报告,2003(3)。

③ 石月平、张建琪. 试析"传媒歧视"对构建和谐社会的负面影响[J]. 视听纵横,2007(3)。

④ 樊葵. 当代信息传播中的传媒歧视[J/OL]. http://www. worldpublaw. sdu. edu. cn/zhuanti/index. phpmodules = show&id = 1389。

⑤ 郭建斌、吴飞. 中外传播名著导读[M]. 浙江:浙江大学出版社出版,2005(8)。

信息有关。媒介歧视无疑加速和扩大了信息"知沟"。"传媒歧视是指传播者在信息资源分配上的不均衡而造成信息接受的不平等,传媒歧视即新闻传媒不能够平等地对待分布于不同社会地位维度上的人群。"①

结合政治学中歧视的概念,本章中所研究的媒介歧视是指相同的地域或相同新闻事件被其他媒介不平等对待,或者不同地域或不同新闻事件受到了其他媒介的同等对待。所以媒介歧视即不是以新闻事实和正确的新闻价值观等为依据,而是以诸如被报道的人或事物的身份、性别、种族、世界观、政治意识形态或社会经济资源拥有状况等为依据,对所报道的人或事物通过新闻传播范式进行有所区别的对待,以实现不合理的目的。媒介歧视是一种公开的歧视,不仅影响媒介自身的发展,并且随着时间的推移会在人的观念里根深蒂固难以改变,从而带来诸多社会问题。

2. 媒介地域歧视的内涵

所谓地域歧视是指社会上的某一群体或者社会成员所共有的针对某一弱势群体或某一特殊地域的社会群体的不公平、否定性和排斥性的社会行为或制度安排。② 地域歧视可谓源远流长。齐国的宴婴出使楚国,楚王当着他的面说齐人"善盗"(喜欢偷东西),虽属故意羞辱,但也说明当时已经存在地域歧视。在战国时期位于山东的六国对于地处关中的秦国即以"虎狼"、"夷狄"目之。③ 在汉代便有"山西出将,山东出相"之俗谚。如此说来地域歧视至少已经有两千年的历史了。

虽然传媒歧视的历史比地域歧视产生的历史短了很多,但随着大众传媒的发展,传媒歧视的具体表现已经呈现多样化发展,如性别歧视、年龄歧视、地域歧视、政治歧视、种族歧视、群体歧视等,这些都值得分门别类地进行研究。但各种歧视的共性均表现为:传媒不能够平等地对待分布于不同社会地位维度上的人群,歧视弱势群体即处于阶层低端和社会边缘位置的

---

① 赵志立. 传媒歧视:正在倾斜的社会公器[EB/OL]. http://news. wtojob. com/news109_4378. shtml。

② 黄国萍、姚本先. 地域歧视与和谐社会的构建[J]. 社会心理科学,2006(4)。

③ 何晋、秦称."虎狼"考:兼论秦文化遇到的对抗[J]. 文博,1999(5)。

人群。在这些媒介歧视中很重要的一种表现形式就是地域歧视。

当然,弱势群体的概念有着不同的、特定的历史文化含义,本章主要以中国当代大众传播的现状为研究背景,在市场经济迅猛发展的社会转型期,当今中国社会阶层的分布更明显地表现为一种经济地位的等级序列,因此弱势群体主要是经济地位纬度上的中下阶层,具体包括尚未脱贫的广大农村、改革过程中出现的城市郊区以及这些地域内居住的绝大部分居民。中国当下的大众传媒都自觉地避开这些地域或人群,不约而同地将目标受众锁定为社会的"强势区域"、"主流群体"。大众传媒更乐意向处于社会强势地位的群体提供信息服务,常常忽略甚至排斥弱势群体的信息要求,从而造成公共信息平台的倾斜的现象。对媒体内容稍加留意就不难发现对城市和农村、不同的地域之间的报道无论是内容还是比例构成上都表现出了极大的差异性,这种差异性具有强烈的地域歧视倾向。[①] 综合媒介歧视与地域歧视的概念,我们可以认为:媒介地域歧视就是大众传播媒介在报道内容以及报道数量比例上不能平等地对待处于不同地域的信息格局。

3. 媒介地域歧视的分类

观察我国的媒介地域歧视现象,主要有以下几种表现形式。

第一,大众传播媒介对城市的偏爱

现在城乡一体化趋势越来越明显,但是在一些新闻报道中仍然可以看到城市对农村的歧视现象。城市在大众媒介中出现的频率和其经济增长成正比,而农村在大众媒介中出现的比例明显较低,而且和经济的增长成反比,城市地区新闻的特征明显而且千差万别,而农村地区的形象特征要么比较模糊,要么就以贫穷落后的形象出现,这种情况时至今日,仍然没有得到根本的改观。

第二,对经济发达地域的重视

笼统来说就是东部经济发达地域歧视中西部经济欠发达地域,狭义的

---

① 王磊.大众传媒中歧视问题探究[J].思想战线,2005(5)。

就是大城市歧视小城市。媒体将更多的目光投向经济发达的地域,而对那些存在劳动强度大、工作环境恶劣等社会问题的经济欠发达地域的报道无论是内容、还是比例构成上都表现出了极大的差异性,有意无意采取歧视的态度。

第三,对特定地域的歧视

地球上每六十个人中就有一个人叫做"河南人",而今天的河南人是尴尬的。谁也没想到,流淌五千年的黄河水现在弯进中原的时候,会突然被称为"盗泉"。一些同胞喊出了"千万不要相信河南人"的口号,将一颗颗"鄙夷"、"冷漠"和"蔑视"的"目光散弹"深深射入了这群河南人粗壮的后背。丑化河南人已成为当今世俗社会的一种"时尚",一种不健康的文化现象。

东北一直被描述成一个荒芜落后、土匪横行的地方。提到东北,受众就会想到一个土地荒芜、生活困苦的蛮荒之地;提到东北人,受众的印象都是好吃懒做、一身匪气。建国后,东北曾一改贫困落后、好吃懒做的形象,成为了"新中国工业的摇篮",被誉为是"共和国长子"。但随着东北经济发展的不景气,媒体对东北的描述并不客观公正。

二、研究背景及意义

当前的市场经济条件下,由于竞争的加剧,为获取更大的市场回报,大多数媒介在策略上重城市轻农村、重经济发达地域轻经济欠发达地域,分别对待、"各个击破"的二元分割现象被迅速放大,媒介的传播着力点和大部分传播资源都放在城市以及经济发达地域。

比如国内一些综合性的社会生活类和都市类媒介,几乎都将自己的读者群定位于城市白领或公务人员,完全放弃了农村居民的传播。2004年3月1日,《城市快报》的《创刊词》说:高品质,城市化,全新闻。快而且城市化,这些都是为了表达我们这张报纸的追求。核心是城市化。见证城市,阅读城市,感悟城市。述说万家灯火中的城市故事,面会风驰电掣中的城市激情,勾勒大街小巷的城市人物,还有新市区,新建筑,还有这期间色彩斑斓的城市生活,城市感情,城市文化,我们期望的事,我们这张以城市定位的报纸,为您提供的是一种完全城市化也完全现代化的新闻享受。可以说,《城市快报》的读者定位代表了大部分都市类报刊的定位。可见社会弱势群体的确在这类媒介的读者定位作用下,被"成功"放逐了。

即使像省级党报和省级电视台等综合性主流媒体,事实上也弱化了对农村或经济欠发达地域的传播。近年来,国家先后提出了西部大开发、振兴东北老工业基地、建设社会主义新农村的方针政策,为了适应政策性的需求,很多综合性媒介创办一档面向农村的栏目或节目,或者加大对农村和西部等落后地域的报道力度。但只要仔细检查就会发现,这些媒介的传播重点,仍然是城市或者西部经济比较发达地域的群体。有统计显示:目前我国开办对农节目的电视台只占总数的1%,省级综合电视台也只有4%开办了对农节目。而且节目播出时长、分布时段和都市节目比,完全是昙花一现。除央视七套每天播出对农节目六小时以外,其他办有对农节目的电视台,一般时长只有3分钟,最长只有50分钟;而播出的时间都在农民根本不可能收看的清晨或中、下午①。广大农村居民,包括进城农民工,都被排斥在传播重点之外。有部分省级党报,专门创办一个对农子报从事农村传播,是当前重视农村居民最好的方式之一。

总之,无论是综合性的社会生活类、都市类媒介还是像省级党报、省级电视台等综合性主流媒体,在进行媒介报道的过程中带有或深或浅的地域歧视现象。

地域歧视自古有之,媒介地域歧视也是伴随着大众传播媒介的发展而发展的。现在,我国正处在由传统社会向现代社会过渡,由计划经济体制向市场经济体制过渡的转型期,大众传播媒介地域歧视却在全国范围内蔓延开来,这种趋势的发展阻碍了和谐社会的构建。媒介地域歧视的长期存在已经成为一种现象,反媒介地域歧视成为一个重要的社会课题。

国内清华大学学者李希光与美国宾夕法尼亚大学中国学者刘康对美

---

① 胡黎红.电视与农村发展问题探讨[J].湖南大众传媒职业技术学院学报,2003(1)。

国妖魔化中国现象及成因进行了深入的分析;中国人民大学学生王磊对大众传媒中的歧视现象进行了研究分析;周立的《刍议中国电视法制报道的地域歧视》从媒介中的电视法制报道这一领域入手,通过抽取内容样本分析了法制频道在关于城市与农村选题方面的差别;李双龙则在《欠发达地区如何应对新闻"歧视"》中,指出了政府应在媒介地域歧视中扮演重要角色。此外也有很多学者在媒介歧视问题的研究中涉及到地域歧视问题。四川省社会科学院新闻传播研究所研究员赵志立在其论文《传媒歧视:正在倾斜的社会公器》中提出传媒歧视表现为社会传媒资源分配的不均衡,包括报纸、杂志、电台、电视台、网站在内的传媒资源本是一种公共资源,它为全体公民所有并为全体公民服务,在传媒资源的分配和利用上,社会各阶层应享有完全平等的待遇。然而近年来,传媒资源却越来越向只占人口少数的"主流人群"倾斜。海宁广播电视台石月平在《试析"传媒歧视"对构建和谐社会的负面影响》一文中指出大众传媒及其从业人员在传媒资源分配、议程设置、话语权、评介取向、语言符号等方面不能公平地对待社会各个阶层,有意无意地歧视部分群体并对其做了属于媒体立场的主观评判,并深入分析了媒介歧视对构建和谐社会产生的负面影响。

值得一提的是在非典、禽流感、松花江水污染事件发生后,很多学者的研究开始倾向于研究危机舆论环境下的地域形象传播问题。其中英国布鲁内尔大学硕士研究生冷凇在《媒体在危机中的角色》一文中引用了英国危机公关专家里杰斯曾提出的著名的危机沟通"三 T"原则:第一,以我为本提供情况(Take your own take);第二,提供全部情况(Take it all);第三,尽快提供情况(Take it fast),还提出"信息不对称是社会各个领域都存在的一个问题。"[①]并为媒体缓释危机提出了若干建设性意见。中国人民大学胡百精在其论文《危机状态下的议题管理》中认为,危机议题管理的核心是,设置媒体议程书影响意见领袖,并在实践的基础上提出三种危机议题管理

① 冷凇.媒体在危机中的角色[J].中国电视,2005(9)。

的基本模式。①

　　如何在媒介地域歧视环境下进行有效的地域形象传播,专家也纷纷提出了他们的对策。清华大学国际传播研究中心中国政府执政能力与新闻发言人制度建设课题组通过研究认为在新闻发布会上,通过发言人的情况介绍和与记者之间的问答,政府的方针政策通过媒体传达给公众,公众的意见要求通过媒介反馈给政府,这种双向交流体现了政府与公民间的互动,最终使得政府塑造出高效、亲民、开放的形象。海宁广播电视台石月平提出"促进传媒资源向弱势群体倾斜,实行'信息扶贫'"②

　　在国外,媒介歧视现象由来已久,最早可以追溯到19世纪商业报纸出现以前的党派倾向的新闻。W. 兰斯? 班尼特(W. Lance Bennett)在其专著《新闻:政治的幻想》一书中认为"价值冲突和矛盾信息是贯穿政治的两大主题,并提醒学术界在对媒体的政治倾向关注的同时,也要意识到更为令人困扰的信息问题"如片断化(缺乏与突发事件相关的其他内容)、对个人情绪化的过分关注(不如强调更为广泛的社会条件和社会问题)、对于细枝末节的戏剧化描写(还有不断追求最耸人听闻而不是最有代表性的事件和角度),以及过分关注对权威和社会秩序的疑问而忽略了对潜在问题的分析。国外研究现状主要表现在公众在使用媒介和接收信息上不平等的问题。施拉姆在《大众传播媒介与社会发展》一书中,在美国学者蒂奇纳等人提出的"知沟"理论中,以及传播政治经济学派的相关研究中指出:信息不仅在国家间流动失衡,在国家内的流动也很不平衡,信息水平总是随着与城市距离的增加而迅速下降,大城市比农村地区更容易得到信息,这种差距在发达国家要小些,在不发达国家则非常明显。此外还有如美国的Thomas R. Dye,David L. Altheide 等学者都曾研究过媒介歧视问题,其中很多的报道技巧和现象值得研究和借鉴。但是这些学者的研究由于地处发达国家的局限并没有对媒介地域歧视进行较深入和透彻的研究,相比较而

---

① 胡百精. 危机状态下的议题管理[J]. 国际新闻界,2006(3)。
② 石月平、张建琪. 试析"传媒歧视"对构建和谐社会的负面影响[J]. 视听纵横,2007(3)。

言国内学者对相关现象和问题的研究更加有的放矢。

第二节 我国大众传播媒介中地域歧视的调查与分析

一、样本分析：我国三大媒体报道中存在的地域歧视的统计

1. 介绍所选取的样本

《人民日报》是中国第一大报,是中国共产党中央委员会机关报,是中国最具权威性、发行量最大的综合性日报,被联合国教科文组织评定为世界十大报刊之一,日发行量达210万份。

《经济日报》创办于1983年,是由国务院主办、以报道经济新闻为主的综合性中央级报纸,是全国经济类报刊中权威性、公信力最强的报纸之一,是传播、发布国家经济政策信息的重要渠道,是国内外各界了解中国经济发展动向的重要窗口。

《法制日报》是中共中央政法委员会机关报,日常工作委托中华人民共和国司法部管理,是中国目前唯一一家向国内外发行、立足法制领域的中央级法制类综合性日报。

本调查主要选取了2007年上半年1~6月份的《人民日报》(头版、要闻版、经济新闻、政治新闻、文化新闻和新农村周刊)、《经济日报》(头版和地区新闻)和《法制日报》(头版、政法综治、司法刑事和政府法治)3份全国性大报的能够报道国内各地新闻的版面,作为对我国主流媒体中出现的媒介地域歧视现象报道分析的依据。

2. 样本调查情况及结果分析

第一,大众传播媒介重城市轻农村

图1是《人民日报》2007年上半年1至6月份头版、要闻版、经济新闻、政治新闻和文化新闻共5版1711篇新闻报道中有关城市与农村的报道比

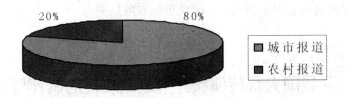

图 1　《人民日报》5 个版城市与农村报道数量比

例数,其中涉及到城市相关报道的有 1368 篇,占总数的 80%;而涉及到农村地域以及农民的相关报道只有 343 篇,占总数的 20%。

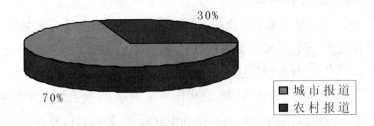

图 2　《经济日报》城市与农村报道数量对比

　　图 2 是《经济日报》2007 年上半年两个版面(头版和地区新闻)中有关城市报道和农村报道出现频率的比例。在总共 1159 篇新闻报道中,有关城市相关报道的新闻有 815 篇,占总数的 70%;而有关农村相关报道的新闻只占了 30%。

　　相对于有关城市报道的实质内容,《人民日报》2007 年上半年 1 至 6 月份头版、要闻版、经济新闻、政治新闻和文化新闻共 5 版中的 343 篇有关农村地域的报道中很多是关于政府向农村地区提供的在住房、医保、环境、教育、农业、就业、农村建设等方面的各种方针、政策,属于政策性硬新闻。报道内容如表1。

表1 《人民日报》有关农村的报道热点分析

关注议题	议题名称	趋势分析
住房	村民告别茅草屋;山庄窝铺迁进移民新村;万余名中低收入户喜迁新居;五万余人搬出深山脱贫	得到更多关注 报道数量增多
医保	百万农民工参加医疗保险;城乡居民全民医保;25万农民工将纳入工商保险;外出务农民工买保险;启动城镇"全民医保"试点;启动"医疗惠农"工程;花小钱看大病;城乡统筹健全社会保障体系	得到更多关注 报道数量增多
环境	农村改厕改环境;绿色村庄万树环绕;秸秆价值翻了50倍;山西省晋城市大力推广农村沼气和秸秆气化	
教育	启动农村义务教育管理体制改革;免收农民工子女借读费	
农业	关注春耕;科技人员到户良种要领到田;3000元扶持马铃薯产业;田间课堂培训百万农民;田间埋地管,清泉到田头	得到更多关注 报道数量增多
就业	农民工有长期工作岗位;扶持小锅小灶,促进门口就业	
农村建设	10万农村无电户亮起来;农村户户通电;村村通电话;多项措施打假保农;扶持农民自主创业;万名干部下乡了解民情;复垦兴农 废地新生;太行新愚公 九年修一路;邓州兴起文化茶馆热;农民喝上自来水	得到更多关注 报道数量增多

　　同时,本调查还统计了《人民日报》新农村周刊的信息总量。新农村周刊为每周日出版(有特殊情况除外),每期3版。2007年1~6月份,共出版了20期,59个版面(6月10日只有2个版面),共计发表各类有关农村新闻513篇。在13期的新农村周刊的头版开设了有关农村的专题,其中经济方面的专题有4个,受灾农村建设专题有2个,报道农民和农民工问题的有3个,有关农村地域环境问题的1个,其他内容3个。在每期随后的两个版面中,报道的内容中涉及到的关注议题几乎涵盖了有关农村建设的方方面面,其中尤以农村地域广大农民受众最需要的各种信息为主。可以看出,新农村周刊的出现是紧跟党中央提倡的建设社会主义新农村的路线方针。所涉及到的专题和关注的议题内容如表2。

表2 《人民日报》新农村周刊有关农村的报道热点分析

专题	关注的议题内容
走近农民工:城市生活有一年	科技富农
年底走访受灾户	农村信贷问题
听农民说1号文件	以案说法
年底算算增收帐	新农民风采
2007年:猪年猪市旺	农化服务广场
擦亮定点这扇窗	农村市场
关爱农民工	信息平台
推进农村标准化,保障食品安全	大学生到农村当村官
奶牛业如何走出窘境	千方百计为农民增收
养猪场里探虚实	农民喝上自来水
直击南方洪灾	新农舍
目击夏粮收购第一线	
美丽家园哪堪污染之痛	

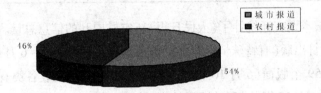

图3 《人民日报》所有调查版面城市与农村报道数量比

　　加上新农村周刊上所有报道农村的新闻报道数量,人民日报2007年上半年6个月中涉及到的农村报道共计856篇,远低于城市相关报道1025篇的数量。虽然在《人民日报》的调查统计中,由于有新农村周刊的"帮助",涉及到农村地域及其人口的新闻报道的数量在比例上达到了46%,但是我们也应该看到在这些涉及农村报道之中有很多是直接涉及到农村地域以外而又和农村发展有关的新闻报道。2007年2月11日的《鲁花带动三百万农民致富》讲述的是:鲁花公司已在山东、河北、河南等地发展花生配套基地 500 万亩,年收购花生 100 多万吨,带动 300 多万户农民致富;2007 年 4 月 8 日的《农民和企业心里都有底》讲述的是:吉林省农业产业化快速发展,一些企业对农业订单起了不可替代的作用;2007 年 4 月 29 日的《进城住旅店 存包丢物能否获赔》是一个普通的案例,只因"主人公"是位农民而出现在了新农村周刊的新闻报道里面。因此,856 篇和农村地域有关的报道,并不全是实际实用的报道内容。

相对于《人民日报》报道有关农村地区住房、医保、环境、教育、农业、就业、农村建设等方面内容,《经济日报》在和农村有关的住房、医保、教育方面结合时代特征也作了相关的报道。《经济日报》主要报道了农村在经济建设方面取得的成就;在农村建设方面注重报道农村的基础建设,如修建公路、兴建水利等方面。在其他方面的报道中,《经济日报》同《人民日报》一道,很多是关于政府或城市地域向农村地区提供的各方面的方针、政策及帮助等内容。

表3 《经济日报》有关农村的报道热点分析

报道内容领域	报道视角
住房	农村特困户住房问题;社会保障房;让中低收入家庭有房住;实施廉租房制度保障困难户住房
医保	330 万农民收益合作医疗;农村养老保险制度;农民参加城市医保;切实提高劳务工医保待遇;参加工伤保险农民工;农民工买保险
教育	农村孩子上学费用到实处;农民工子女免借读费;远程教育进农家
经济	贵州兴起农村旅游;江西农村旅游;枣庄建设游客度假农舍;开发农业旅游吸引龙头企业进村;茶农增收;促农业增效农民增收;农民致富渠道多;沂蒙山农民采摘大棚内油桃;农民采摘反季节蔬菜;农产品注册为商标
农村建设	城乡同饮放心水;全力兴水 农民增收;五年内增加 10 亿立方米农田水;农村电网建设;公路通了村子富了;推进农村公路建设

在涉及到农村地域的报道中,虽然医疗、住房和农业的比例增多了,可仔细一看医疗、住房都是全国一盘棋,城乡统筹的比较多。而对于农村教育、环境、就业等问题,报道的就不是很多。在有关环境的问题上,只涉及到了如农村改厕改环境、绿色村庄万树环绕、山西省晋城市大力推广农村

沼气和秸秆气化等少数几篇报道。2007 年 4 月 29 日,《农村的垃圾放哪儿》一文中提到了农村环境卫生改善了,农民身体就会更健康,身体健康了,就可以少花医药费,农村应该重视卫生环境。可在如何处理农村垃圾等一系列问题的解决上,文章又把这些问题全部推给了农村。"对这样一些问题,都应该有个基本的规范和要求。有觉悟、有条件的地方就可以按照规范先做起来;没有条件的,也可以逐步创造条件做起来。"同时,有关批评性的报道也比较多。2007 年 4 月 3 日,《土焦土钢污染 黑烟废气漫天》以大幅图片的形式报道了国家定点扶贫开发县山西省平陆县在引资开办企业时忽视对环境的保护和建设;类似报道还有如《河南获嘉县 砖窑厂毁坏农田未取缔》等。

《经济日报》在 2007 年 4 月份第 22 期报纸的头版刊登了广州的 22 个不同县市地区,其中只有 4 月 2 日《优化产业结构 实现和谐发展》、4 月 7 日《发挥区位优势 形成产业集群》、4 月 9 日《一个农业县的八张"名片"》、4 月 12 日《引进技术起点高 创新成为排头兵》、4 月 15 日《越走越宽阔的现代农业之路》和 4 月 20 日《创新引领产业升级》等 6 期是和农村地域有关的报道,而且这些报道在字数篇幅上相比报道城镇地域也少了许多。

总之,无论是从报道数量还是从报道的内容上,在农村与城市的选择上,大众传播媒介都会更多的选择后者。即使为了响应国家政策,大众传播媒介在对待农村地域的时候也是和城市地域有所区别,报道的角度、视角、选题都有很大的不同,有些内容明为报道农村发展,实则只是为城市或企业发展进行形象宣传。

第二,大众传播媒介偏爱经济发达地域

图 4 是《人民日报》2007 年上半年 1 至 6 月份头版、要闻版、经济新闻、政治新闻和文化新闻共 5 版 1711 篇新闻报道中有关各省市自治区的报道出现的次数。

其中广东省以 160 篇高居榜首,占总数的 9.35%;和福建省、山东省和上海市的有关的新闻报道数也都突破了 100 篇。在报道中出现次数较多的前十位省市总的新闻报道数为 1005 篇,占总数的 58.74%;报道最少的为

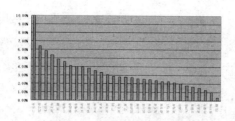

图4 《人民日报》各省市区报道数量

内蒙古自治区和贵州省,分别只有12篇,占总数的0.7%。

同比,《经济日报》在2007年上半年两个版面(头版和地区新闻)中各省市自治区出现在新闻报道中的次数如下图5:

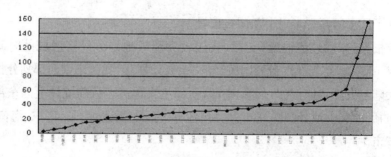

图5 《经济日报》各省市区报道数量

在总计1159篇报道中,广东省以158篇的总量遥遥领先于其他省市自治区,虽然江苏省也以过百篇的出现率位列第二位,但却与广东省相差了50篇的报道量,即使第二名的江苏和第三名的山东两省的总和也只比广东多了14篇报道。

《法制日报》在2007年上半年6个月中的头版、第二版(政法综治)、第五版(司法刑事)以及第七版(政府法治)共计2365篇有关各省市地区的报道次数如图6:

其中广东省以234篇报道占据首位,所占比例为9.99%,辽宁省以150篇6.40%的占有率位列第二,北京、湖北、安徽、新疆、山东以及福建六省市自治区以所占4%~6%的比例位列3至8位;前十名以53.12%的占有率

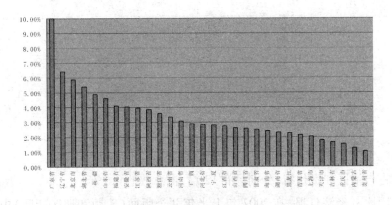

图6 《法制日报》各省市区报道数量比

占据了四个版面一半以上新闻报道量。

　　根据《中国经济地理》记录,我国较为清晰地划分经济区域的时间是1984年,标志是当年出台的国民经济"七五计划"。我国东中西部划分指我国大陆三大经济地带,即东部、中部、西部三大地区。目前统计上的东部地区包括北京、天津、河北、辽宁、上海、江苏、浙江、福建、山东、广东、海南11个省市。

　　目前,提到中国经济最发达的地域,人们首先会想到东部地区。事实上也确实如此,2007年上半年,东部地区的GDP总量72435.93亿元,占全国GDP总量的60.75%。表现在上述三份媒休报道中出现的数量上,在统计的所有版面共计5235篇新闻报道中,出现东部地区的新闻报道数为2650篇,占总数的50.62%。东部地区9省2市11个地域比中西部20省市区的报道数量总和还要多,经济的因素在其中起了很大的作用。表现在媒介地域歧视中就是对经济发达的地域的偏爱程度要多一些。

　　在分析比较上述媒体在对我国省市区的报道数量时,我们不难发现,作为全国经济最发达的广东省在三份媒体中的报道量都占据首位,出现频率都排在前十名。在三份媒体中都出现的地域有广东、山东、江苏;在两份媒体中出现的地域有福建、河南、辽宁、上海、北京。上述8个省市中,只有河南不属于东部地区,但这些省市在2007年上半年的GDP总量却都排在

了全国的前十名之内。发达的经济地域成为大众传播媒介的"宠儿",频频
在大众传播媒介中闪现,而大众传播媒介对经济欠发达地域则表现得相对
比较"冷漠"。

表4 法制日报中东部与中西部地域的报道内容

东部地区相关报道	西部地区相关报道
上海闵行区努力推进来沪人员普法工作	开封拟挖断古城墙解决交通拥堵
辽宁保安大练兵汇报演练	甘肃再次集中清理红头文件
福建省检察院与中标商签廉政协议	新疆劳教场所首建戒毒康复中心
福建厦门市多元解决纠纷受理案件下降	四川法院开展保护农民工权益专项行动3个月讨回拖欠款6000万
浙江首例审计行政案件审计机关胜诉	安徽三项制度力推反腐倡廉工作
江苏劳教系统推行全员岗位练兵	安徽侦办53起非法集资案件
天津食品加工重点整顿"五小"	山西今起专项整治民用爆炸物品
广东省农业厅对"蕉癌"辟谣	新疆打击涉电犯罪3个月打掉45个团伙
用套牌车诈骗抵押款福建7名嫌疑人落网	煤矿事故出现明显反弹趋势
"江湖"上稳坐老大交椅15年不曾被撼动绍兴一"公司化"黑组织全军覆没	国务院常务会听取"黑砖窑"事件调查处理情况汇报 山西省省长作检查
北京小区一层住户违章搭建店铺被法院强制拆除	新疆小钢厂能耗超标污染严重 一些企业能耗高出全国平均水平近两倍
盐城破获"女友坊"网络淫秽视频游戏案	广西14名民警违反五条禁令被查处
南京公开庭审首例有组织网络"招嫖案"一大学生竟称替人招嫖也是就业	哈尔滨民警无证车后果严重要辞退 赣州在建大桥坍塌造成1死5伤

我们看到《法制日报》在对到东部地区和中西部地区的报道内容上有
很大的差别。同为正面报道,涉及到东部地区的是这些地域在某些方面做
出的表率、政绩、效率等,而且数量上比较多;反之,涉及到中西部地区的则
成了有别于东部地区的相关内容了,即使也有体现中西部地域政绩、经济、
效率等相关的报道,这些报道在数量上也远远落后于对东部地区的报道。
2007年6月1日的《开封拟挖断古城墙解决交通拥堵》报道讲述了,河南省
开封市是国务院首批公布的24座历史文化名城和我国七大古都之一,为

了缓解街道狭小带来的道路拥堵之苦,如今政府准备挖断古城墙修路解决道路交通拥堵的问题。报道内容实为开封市做实事,缓解交通压力,可报道却成为对开封市的质疑。5月24日《武汉"黑村"结束20年无政府状态》标题是赞扬武汉一村庄结束了无政府的状态,实则为副标题"专家指出地方政府放弃治理有不作为之嫌"。在中性报道中,也能看出对东部地区的偏爱。2007年4月6日,《南京强拆最大个人违建村》指出,江苏省南京市雨花区公、检、法部门和市容局、保安公司等共计460多人,全副武装进入位于南京最大的个人违建村,将1万余平方米违章建筑全部拆除。标题中用到了"强拆",显示出了南京对拆除违建建筑的决心;4月25日的《深圳司机发个短信就能交罚款》则赞扬了深圳推出通过手机短信送达交通违法信息并确认罚款缴交的便民措施;4月25日《南京司法局完善农民工维权机制》的副标题直接用了"到江苏打工挣钱放心"。对于批评性报道,则能明显看出和中西部地区有关的相关报道要明显多于对东部地区的报道,并且涉及到方方面面的信息。虽然对东部地区相关的批评性报道也有,但只涉及到很少的几个方面,有时一些负面信息在东部地区成不了新闻。

第三,对某些被"妖魔化"地域的歧视仍旧存在

2008年4月9日,当北京奥运会的圣火在美国三藩市传递时,CNN主持人卡弗蒂发表了恶意攻击中国的言论,这里面充满着对中国歧视性的话语。这种在大众传播媒介中出现的非常明显的对一个地域的歧视现象在我国的大众传播媒介中是很难找到的,但这并不意味着在我国的大众传播媒介中就不存媒介地域歧视现象。尤其是对某些被"妖魔化"的地域,大众传播媒介会在"潜意识"中表现出歧视。

提到被"妖魔化"的地域,人们第一印象就想到河南。虽然经过众多人士的努力,河南的形象正在逐渐好转,可是在面对河南新郑市始祖山的"华夏第一祖龙"时,2007年4月2日《法制日报》就以《以法治的名义拷问"华夏第一祖龙"》的报道再次拷问河南,接着在4月5日和4月10日分别做了《"华夏第一祖龙"脚手架开始拆卸》《"华夏第一祖龙"事件调查结果公布》后续报道。《人民日报》则从2007年3月29日的《建,还是拆?》开始,3月

30 日追加报道《"华夏第一祖龙"面临各方审查》,4 月 2 日评论《"水泥龙"将何去何从》,以及 4 月 3 日连续报道《"华夏第一祖龙":有关部门处理意见出台》,直到 4 月 4 日"定性"《别让"人造景观"毁了景观》5 期大篇幅、图文并茂地报道了河南的人造建筑"华夏第一祖龙"。而对在 2006 年出现的四川丰都准备斥资 2.3 亿对鬼城进行全新规划包装、宜昌"三峡集锦"景区停业 4 年后拆除以及安徽和山东争建"金瓶梅"景区时,《人民日报》都没有进行大篇幅的系列报道。

在全国性的大众传播媒介中,可能由于各种原因,出现明显的地域歧视的机会比较少,可是在综合性的社会生活类和都市类媒介中却很容易发现。下面是某报 2006 年 6 月 7 日的一篇题为《街头的油炸臭豆腐为啥这么"黑"?》的相关报道。

> 河南人张明(化名)称,刚开始时,他是依靠土办法制作臭豆腐的。"我做出来的臭豆腐不怎么臭,颜色也是白色的,买的人相对较少。"张明说,后来他从一位长期经营此生意的老乡那里弄明白了,原来销路好的那种臭豆腐是用一种化工原料加工出来的。
>
> 为了将买卖干下去,张明,他花 200 元钱从别人手中买了"秘方"。"所谓'秘方',就是在浸泡豆腐的臭卤里加入一种叫绿矾的化工原料(硫酸亚铁)。"张明说,豆腐在这种臭卤里浸泡数小时后就可制成臭豆腐,其他工艺和配料都可以省去,这成本一下子就降了一大半。
>
> ……
>
> 据一位摊主透露:"制作臭豆腐干只需要 3 天时间。100 克绿矾加 100 克果绿,能染出 20 多斤豆腐干,其色泽相当好。如果你的豆腐干颜色不好看,市民是不会买的。要想达到预期的效果,还需要添加其他作料。"……

同样是卖油炸臭豆腐的,同样是干着"黑"生意的,张明被"标明"是河南人,他的老乡被强调为"长期经营此生意",其他二人则被"保护"般地隐去了籍贯,一笔带过。也许张明真的是河南人,也许不是,但不管是与否,此篇报道深深地丑化了河南人。"河南人""长期经营此生意的老乡"很容易使受众理解为街头卖这种"黑"油炸臭豆腐的大部分是河南人。提到河南人,很多人会想到造假、骗子。而像这样,一有坏事就扣向河南人这种明显带有地域歧视的现象在很多媒体中已经成为了"共识"。大众传媒对河南人的歧视,只是媒介地域歧视中的一个缩影。

二、媒介地域歧视的表现形式

1. 媒介资源分配不均衡

大众传播媒介(报纸、杂志、电台、电视台、网站)是一种公共资源,它应该为全体公民所有,并为全体公民服务。社会各阶层应该平等的享有大众传播媒介资源。然而情况却恰好相反,大众传播媒介资源越来越多被只占人口少数的"主流人群"或拥有较强政治、经济、文化等实力的地域所占有。反映在新闻内容上就是,较多的反映的是以白领、"成功人士"或拥有较强政治、经济、文化等实力的地域的受众的需求,而有关平民百姓(农民、困难企业职工,下岗工人)的相关信息需求报道的则较少。

表5 大众传播媒介资源分配的不均衡

媒体	全国总数	与农民、农业有关的数量
期刊	9000 余种	187 种
报纸	2000 余家	几十家
电视台	1000 余家	十几家

众所周知,农民在我国人口比例中占 80% 以上,是最大的社会群体。从表5 中我们可以看到,全国现有期刊 9000 余种,农业期刊仅 187 种,占 2.07%;2000 余份报纸中以农民为受众的仅几十家;全国已注册的各类电视台有上千家,开办对农栏目的只有十几家,占 1%。加上各电视台开办在各省市主要城市中,从地域上也对农村产生了偏见歧视。如此一来,广大

农民及农村所在地,在大众传播媒介资源的分享上明显处于劣势,而这种大众传播媒介资源分配的不合理实际上就是大众媒介对以农村等地域的歧视。

2.对"被歧视地域"的忽视

"地区经济发展的不平衡和个体贫富的差距,导致了人们综合素质的严重差异。我国的广大农村,尤其是西部地区和少数民族地区,由于社会基础设施的缺乏和不完善造成了严重的信息资源匮乏。"①而大众传播媒介也都自觉地避开了这些地域,不约而同地将目标锁定在了经济较发达地域。浙江西湖之声电台开播时就这样定位它的听众群:年龄在15~45岁、特别是18~35岁的,具有大中专以上学历,具有现代意识的新生代群体。尤其是近几年新创刊的经济类媒体,均将目标受众锁定在这一区域,关注经济而不关注农村或农业经济,也不关心中小型乡镇企业的经济

二八定律也叫巴莱多定律,是19世纪末20世纪初意大利经济学家巴莱多发明的。他认为,在任何一组东西中,最重要的只占其中一小部分,约20%,其余80%的尽管是多数,却是次要的,因此又称二八法则。用"二八定律"可这样概括,就是80%的大众传播媒介锁定的是20%的地域,而80%的地域需求的信息只是来自于20%的大众传播媒介。大众传播媒介的传播与广大受众的需求发生了明显的"错位"。大众传播媒介明显忽视了一些地域的存在。"在一份《江西农村三地传播状况的调查》中,作者提供了一组数据:被调查的1508名农民受众中84.67%的人认为有必要加强对农村的报道。"②看来,当代中国传播媒介已经变成城市传播媒介,处于弱势地域的信息传播与发达城市相比明显不对等。

3.对"被歧视地域"的误读

浏览大众传播媒介的相关报道,除了对强势地域的报道之外,对其他地域的报道应该说仍占有相当的比重,但它们的整体形象却被大众传播媒

---

① 刘俊.论对弱势群体的信息歧视[J].图书馆,2005(2)。
② 李双龙.欠发达地区如何应对新闻"歧视"[J].决策,2006(5)。

介有意无意的扭曲而变形,要么表达一点对被歧视地域生活中所处窘境的同情,要么就是着力渲染被歧视地域的负面新闻。"欠发达地区频频遭遇'负面新闻',在时下几乎成为一种现象,诸如湘鄂赣血吸虫病、嘉禾拆迁时间、阜阳奶粉事件、佘祥林冤案,宿州眼球时间、皖北"小偷村"事件等等,这让当地政府和民众苦不堪言。"①这些地域本就没有较发达地域那般星光闪耀,如今被大众传播媒介误读和偏见,本就没有发光点的地域形象,很容易被抹上一层不光彩的形象。

客观来讲,在一些民生新闻中,有关弱势地域以及来自弱势地域的农民、农民工和城市边缘人群等的报道还是占据相当的比重,但是他们的整体形象往往被有意无意的扭曲而变形。如有的大众传播媒介视外来民工群体为影响社会治安稳定的主要因素,有的则指责农村地域是给社会带来不文明行为、不遵守交通法律和规则的始作俑者,有的甚至把民工为讨要血汗工钱而"跳楼",定性为"跳楼秀",对弱势地域以及来自弱势地域的群体应有的同情被歧视与偏见所取代。

4. 负面新闻报道存在歧视性语言

语言是人类社会最重要的交际工具,它将社会成员的所见、所想等空灵的信息外化为实实在在的可感知事物,并在彼此之间相互传递。信息所依附的语言形式能否客观、真实、准确、生动地代表信息本身,是传播过程成功与否的重要标准,同时也是影响传播效果的直接因素。作为大众传播主要手段的新闻媒介,对语言的依赖程度自然也就不言而喻了。

新闻媒介所传播的信息是直达社会上最广大受众的,其影响是巨大的。同时,新闻媒介所担当的责任是关乎国家文化和四项基本原则的,体现着国家对内对外的整体发展战略。因此新闻报道中的语言叙述显得尤其重要。

北京某报再度以小偷在公共车上作案的目击新闻中,这样提醒读者:"要提防外地人模样的人",似乎外地人与小偷必有一定联系。某台一篇报

---

① 吴晓明. 媒介传播中的话语权倾向[J]. 烟台师范学院学报,2004(9)。

道在分析安全生产事故频发,造成多名农民工伤亡时,记者武断地"归责"于"我市农民工安全意识十分淡薄"。很多大众传播媒介的语言叙述中充满了对弱者的歧视。

5.媒介地域歧视中的"刻板成见"现象

大众媒体操作过程所引发媒介地域歧视由于其隐蔽性往往容易被人忽略,但是这却是媒介中出现歧视的重要一环。这里面"刻板成见"的影响是媒体报道过程中产生媒介地域歧视的重要因素。

刻板印象(stereotype)原意是指印刷术中的铅版,也用来指一种传统的、公式化的、过分简化的理解、观点或形象。美国社会心理学家希尔顿给出的定义是:"刻板印象是指社会上对某一个群体的特征所作的归纳、概括的总和。它并不一定有事实根据,也不考虑个体差异,仅仅是存在于人们头脑中的一些固定看法,但对人们的认知和行为却能产生重大的影响"。中国学者卜卫的定义为:刻板印象是人们对某个社会群体形成的过分的简单化的、滞后于现实变化的以及概括性的看法。[①]

"刻板成见"是美国记者沃尔特·李普曼在80多年前系统阐发的一个概念,他在《公众舆论》一书中对人认识事物的过程做了如下描述:"大多数时候,我们并不是先看东西,后下定义,而是先下定义,后看东西","对于外界的混乱嘈杂,我们总会先套用我们已有的文化框架进行解读,我们倾向于用我们已有的文化形式来感受外面的世界。"由此可见,所谓"刻板成见"就是人们对特定事物所持有的固定化、简单化的观念和印象,它通常伴随着对该事物的价值评价和好恶感情。

李普曼说,"刻板成见"可以为人们认识事物提供简便的参考标准,让我们将彼此独立的人归入为我们所定义的种类中去,因为分类对人很有好处,它可以在繁忙的生活中为我们节省时间,使我们远离那些因认识世界时令人困惑的结果。"刻板成见"的常见形式之一就是对复杂人群按非黑即白的二分法加以分类,例如将全国13亿人民分为所谓"恶"的河南人和

---

① 卜卫.媒介与性别[M].南京:江苏人民出版社,2001。

"善"的非河南人,制造出"本店招工两人,河南人不要"之类的歧视性故事或笑话。

刻板印象对大众传播媒介的影响日益加剧。随着大众传媒间竞争的加剧在媒体报道的过程中,往往会对时间要求非常严格,许多的新闻报道都必须在几个小时甚至几分钟做出,因此在信息的采集和发布的过程中对很多问题都没有办法进行深入的了解,整个操作流程也比任何时候都更需要借助刻板印象来做出判断,这也是刻板印象在大众传播媒介中产生影响的重要原因。伊尼斯认为传播本身具有一定的空间性和时间性才是一个搭配得当的传播方式,作为人们获取信息的主要方式,大众传媒对时间的过于重视,在一定程度上破坏了书籍等具有稳定性的长期思考特性,尤其是随着新媒介强劲发展,使时间受到了毁灭性的打击,要确保审慎思考的连续性日益困难。这无疑是媒介地域歧视中表现出"刻板成见"的重要因素。

三、媒介地域歧视带来的危害

我国的大众传播媒介中有没有媒介地域歧视现象?这是一个令很多大众传播人士尴尬的问题,恐怕没有人愿意承认自己有媒介地域歧视现象,实际上,媒介地域歧视很多并不是直接的排斥或贬损,更多的是在有意无意中表现出来的、潜在的东西,而且这种媒介地域歧视也带了很严重的危害。

1.媒介地域歧视现象不利和谐社会的构建

第一,剥夺了一些人获得信息和知识的平等权利。媒介地域歧视剥夺了一些人获取信息和知识的平等权利和机会,造成了他们陷入物质贫困——信息贫困——物质更加贫困的无形循环之中。如,文化知识水平低和信息不灵通是农民经济地位低下的重要原因之一,反过来,由于媒介地域歧视,农村与城市之间的信息不对称流动现象呈现进一步扩大的趋势,地处农村的农民相对更难摆脱经济地位低下的困境。如招工用工信息不灵通、缺乏职业技术培训导致农民得不到较好的劳动岗位,影响其收入水平;农产品产销信息传播少,学习农业新技术没有渠道,让农民难以掌握最新的农业科技知识,无法了解农产品市场的真实需求,从而影响农业增效、农民增收。

第二,导致了"地域歧视"偏见的蔓延。如果市场上存在着的良币和劣币两种货币同时在一定的规则下流通,由于劣币成本低,而两种货币在实际使用中所获得的收益相等,那么,人们在使用中就会选择劣币,储存良币,久而久之良币就会退出市场,这就是格雷欣法则,也就是金融学上通常所说的"劣币驱逐良币"原理。① 而当大众媒介中的对某一地域的歧视行为成为一种习惯、传统甚至居于主流时,会迫使本来不愿意歧视该地域的大众媒介也采取歧视行为,如此会带来媒介地域歧视现象的不断蔓延和恶化。

地域歧视是任何时代、任何社会都存在的一种普遍现象。而大众媒介的地域歧视是由于大众传播媒介自身所具有的特殊能力,一旦"引导"对某一地域的歧视,则有可能使原本并不被歧视的地域变成被歧视的对象,甚至能给该地域带来沉痛的打击,如经济上吸引不到外资来投资,政治上受到社会其他地域的歧视和偏见,所在地域群体被牵连地受到了不公正的歧视——无法就业、找不到合适的工作,造成失业人口的加速上升等现象。长此以往,被歧视地域在发展过程中会处处受到排斥,使其产生错误的价值观念和沉重的心理负担,阻碍了该地域的发展,从而增添社会保障的负担,并且有可能发展成为社会的不安定因素。

第三,造成无形的信息鸿沟和有形的财富鸿沟。马太效应是指好的愈好,坏的愈坏,多的愈多,少的愈少的一种现象。美国科学史研究者罗伯特·莫顿(Robert K. Merton)归纳"马太效应"为:任何个体、群体或地区,一旦在某一个方面(如金钱、名誉、地位等)获得成功和进步,就会产生一种积累优势,就会有更多的机会取得更大的成功和进步。

大众传播媒介在面对不同地域进行传播的时候,虽然会对不同地域带

---

① 黄海涛.大学生就业中社会歧视现象的表现及危害分析[J].黑龙江高教研究,2006(4).

来各种信息量的增加,但由于20%地域通过大众传播媒介获取所需信息的速度远远大于80%地域获取所需信息的速度,于是就会产生好的愈好,坏的愈坏,多的愈多,少的愈少的"马太效应",从而形成两极分化。社会两极分化日趋明显,便容易引发和滋生各种问题。如社会各阶层之间互不信任、互相抱怨增加,强者更加歧视弱者,缺乏应有的爱心,弱者愈加嫉妒强者,时常愤愤不平,或者更加自卑。社会不稳定因素增加,有悖于社会主义建设"民主法治,公平正义,诚信友爱,安定有序,人与自然和谐共处"和谐社会的总要求。长此以往,甚至会造成和谐社会进程的延宕。

2. 地域歧视现象消解了媒介的"社会公器"职能

大众传媒理应是社会公器,是全体社会成员的公共信息平台,是全民了解自我、他人和社会真相的交流工具,它应该代表全社会最大多数人的共同利益,以维护整个社会的有序运行为己任。而现实的情况是许多大众媒介把目标受众锁定在城市或者经济发达地域,忽视甚至排斥了其他地域的信息需求。于是,大量风格接近、形式相仿、内容雷同的信息产品充斥着传媒市场,同质化竞争越演越烈,造成了大众传媒市场结构性失衡,整个社会公器的倾斜,而这与大众传播媒介的根本性质和任务是相违背的,如此一来,大众传播媒介容易被某些经济优势集团部分占有或控制。社会公器变成为个体或某些群体代言,形成极为严重的"公器私用"现象。

"当代的传播媒介何以会如此迎合主流受众的价值观,并以此来考量传媒的运作效果,追逐传媒的运作目标呢? 最本质的答案是市场环境下的经济利益使然。"①为获取最大经济利益,原有的媒介地域歧视得以加强,新的媒介地域歧视得以产生,并被众多大众传播媒介所追寻。"正如一位报社老总的直言不讳:'主流人群是社会环财富的拥有者,不断优化和吸纳这个阶层,就等于拥有了取之不尽用之不竭的'注意力资源',印刷机就会往外吐钞票而不是废纸。"在贫富、强弱中取舍,当然是舍"贫"趋"富"、舍"弱"趋"强",就看谁有钱了,而这就使大众传播媒介很难坚持新闻报道的

---

① 吴晓明.媒介传播中的话语权倾向[J].烟台师范学院学报,2004(9)。

公正、客观原则,很容易被金钱、权力所收买

第三节 媒介地域歧视形成的原因分析

一方面,对于社会中早已存在的地域歧视观念,大众传播媒介不仅没有主动去抵制,反而受到这种观念影响,并进而有意或无意的体现在媒体之中,对受众也起到了一种潜移默化的影响,从而延续和加强这些歧视观念,在这里媒体起到"歧视传播器"的作用。另一方面,在政治和商业压力下,媒体往往故意向社会去传达被扭曲的信息,从而达到某种商业或者政治目的,进而滋生了许多歧视观念,在这里大众传播媒介又扮演了一个生产"歧视"的角色。同时,随着大众传播媒介商业化程度的加深,导致大众传播媒介主动或被动地淡化甚至放弃自己作为社会公器的责任,也使得大众传播媒介本身体现出了一种强烈的歧视倾向。

一、历史原因导致媒介地域歧视的产生

1.传统地域观念的影响

如今,媒介地域歧视的出现和社会上存在的地域歧视的大环境有着一定的联系。中国早在上古时代,我们的祖先就以中心自居,用歧视的语言描述四周的其他部落,东为东夷,西为西戎,北为北狄,南为南蛮。而狄字带一个反犬旁,而蛮字以虫做底,歧视之意,一目了然。甚至到了清朝末期,对于西方入侵者的称呼都共识般地带有蔑视的意味,即使向西方学习也是"师夷之技以制夷"。如今,流淌五千年的黄河水现在弯进中原的时候,会突然被称为"盗泉"。一些同胞喊出了"千万不要相信河南人"的口号,将一颗颗"鄙夷"、"冷漠"和"蔑视"的"目光散弹"深深射入了这群河南人粗壮的后背。这种社会环境下,即使出现媒介地域歧视,人们似乎也浑然不觉。媒体在整个大的社会舆论的背景下,一方面是为了顺应固有的思维而使用受众熟知的语言表达;另一方面,由于是共识性的表述,即使有媒

介地域歧视也无所察觉,因此歧视的种子就这样有意无意地播下了。

我国改革开放将近三十年,经济不断发展,人们的观念也不断改变,但是我国毕竟历史悠久,一些传统观念根深蒂固,一时间很难得到根本的改变,很有可能在新闻报道活动中体现出来。例如长期以来形成的男女观念、城乡观念、脑力劳动和体力劳动之间的地位差别观念、地域观念就有可能导致我们上面所说的媒介地域歧视。

2.历史文化长期积累的产物

大众传播媒介中体现出的地域歧视现象在社会文化体系中并非独立存在,它有着深刻的历史原因。以大众传播媒介中对东北的歧视为例,阐述一下社会文化体系对媒介地域歧视的影响。从先秦开始,由于东北地区所处自然条件和获取生活资料方式的不同,在社会经济发展和文化上都远远落后于中原地区,东北的自然环境较关内来说显然是严酷的,生存条件极为艰苦。"处山林之间,常穴居"、"土气寒",其服饰多为兽皮,"冬则以豕膏涂身,厚数分,以御风寒,夏则裸袒,以尺布隐其前后,以蔽形体。"在民国前后,东北战乱连年,社会经济依然十分落后。那时东北还常有土匪、马贼侵扰民众,他们"多则千余人,少亦数百人、数十人不等。肆出绑票,民不聊生。受害者控于有司,不为理,控于日,不得直。地方官欲按其罪,惮其为外人用,不敢动。外人亦曲庇之,俾地方官法令不能行。"①这段时期,大众传播媒介中关于东北的描述一直是一个荒芜落后、土匪横行的地方。提到东北,受众就会想到一个土地荒芜、生活困苦的蛮荒之地,提到东北人,受众的印象一般都是好吃懒做、一身匪气。

建国后,东北一改贫困落后、好吃懒做的形象,成为了"新中国工业的摇篮",被誉为是"共和国长子"。此时大众传播媒介对东北的描述,则变成如下文字:"我要将我的印象向全国和全世界报道,也就是报道正在铸造中的新中国的前途,而我们的东北正走在这个铸造过程的前头。""在乡下农业生产不断增加的基础上,东北的城市正迅速地发展为新中国的基地。因

---

① 贾泳洋、王伊林.东北人速富心理的历史分析[J].长白学刊,2003(3)。

为比较现代化的工业都集中在这些位于我国最大的富源所在地的城市里。从这个有着钢铁厂、发电厂、工作母机制造厂的重工业基地,可以看到东北的真正重要性。""东北证明了新中国确实是在朝着它光辉的未来,向前迈进。"显然,这段时期的东北形象是健康向上、充满前途的,一提到东北,人们就会想到富饶的黑土地与新兴的工业区。同时东北人也不是以前野蛮粗俗、好吃懒做的形象,取而代之的是助人为乐的"雷锋精神"与奋勇拼搏的"铁人精神"。然而,随后的十几年来,东北因为各种原因变得逐步落后了,"共和国长子"的形象也只是残存在人们的记忆中,并逐渐被各种关于东北人历史上的所谓"陋习"淹没了。大众传播媒介对东北的描述随着东北的没落回到从前。东北的地域文化对大众媒介地域歧视现象的出现起到了深刻地推动作用,所以说长期的历史文化对媒介地域歧视的形成产生了根深蒂固的影响。

二、地域自我形象构建意识和体制的滞后

1.地域自我形象建构意识的缺失

地域形象的建设是一个涉及多方面因素的巨大的系统工程。既涉及政治的、经济的因素,也涉及文化的、社会的因素;既涉及历史的因素,也涉及现实的因素;既涉及硬件的因素,也涉及软件的因素。搞地域形象建设的最终目的是使地域的整体形象得到优化。因此,地域形象建设要与该地域的功能性质相吻合,要发掘地域的文化内涵,要保持该地域的时代风貌、传统优势和地方特色,要把以人为本,提高本地域群体的素质放在指导思想的首位。从整体内部各因素间相互作用的实际出发,进行具体的分析和全面的整合,从而达到正确认识整体和优化整体的目的。

然而现在有些地域的形象建设过程中存在着诸多的问题或者根本不重视地域的形象建设,这给媒介地域歧视现象的产生提供了肥沃的土壤。

2.缺乏对突发性新闻事件的科学应对

虽然此前我国已经颁布了一系列与处理突发事件有关的法律、法规,但大多只是针对不同类型突发事件分别立法,不同立法和政策相对分散、

不够统一,有时难免出现法律规范之间的相互冲突。而且各部门都针对自己所负责事项立法,"各扫门前雪",缺乏沟通和协作。同时,受地方保护主义的影响,一些地方立法"以邻为壑",大大削弱了处理突发事件的协作能力。

同时,政府和大众传播媒介的一些主管部门观念方法落后。如担心大众传播媒介报道突发性新闻事件以及负面报道会危害社会稳定,面临突发的灾难事件时往往显得准备不足,缺乏有效的应对危机的策略,而最简单、最省事的办法就是保持沉默,采取"明哲保身、但求无过"的保守思想观念等,最后导致事态的恶化。如2002年底,广东省部分地区先后出现非典型肺炎病例,但是从一开始,新闻媒体就没有报道。后来又由于卫生部等部门的严格限制,新闻媒体对这种烈性传染病只做了极为有限的报道。直到"非典"第一例病例发生三、四个月后媒体才渐渐有了声音。此时,南方已被这种病闹得人心惶惶,并形成抢购风潮,媒体在整个危机事件中丧失了引导舆论的最佳时机。

3.政府部门监管体制的滞后

改革开放以来,我国大众传播媒介从依赖政府拨款的纯事业单位,转变为以自主经营、自负盈亏的企事业单位。但政府及大众传播媒介主管部门在确保大众传播媒介的公益性、社会公器性质等方面,没有相应地及时建立起具有法律效力的、系统规范的管理制度和长效管理机制,特别在立法和制订部门规章等规范性文件方面严重滞后,或者虽然出台了一些规定和文件,但没有细化或法律效力较低,缺乏权威性和可操作性。

三、经济因素是形成地域歧视的重要原因

1.媒介对信息成本的考量

目前,我国大众传播媒介一方面承担着"铁肩担道义,棘手做文章"的社会公器责任,一方面又是独立的利益主体,有自己的经济诉求,媒介负责人肩负着喉舌宣传和经济创收的双重任务和指标。当作为社会公器的角色与作为市场竞争主体角色之间发生冲突时,当媒介社会效益与自身经济

利益发生矛盾时,如何兼顾社会效益与经济效益,往往成为摆在大众传播媒介负责人及从业人员面前的悖论和难题。在经济硬指标的压力下,媒介很容易牺牲公平性和作为社会公器的神圣责任。

浙江大学新闻与传播研究所樊葵在《当代信息传播中的传媒歧视》一文中提出,"传媒歧视与媒体对'信息成本'的考虑有一定关系。"根据施拉姆提出的:

报偿的保证/费力的程度 = 选择的或然性

此公式可以说明报道信息的选择可能性与报偿成正比,与费力的程度成反比。这个公式同样适用于大众传播媒介对信息源的选择,即信息成本越低,媒介就越倾向于选择这一信息源。大众传播媒介在选择与报道有关信息时也倾向选择那些费力较少和报偿较高的信息。例如"在美国报纸上的每条新闻都有一个标价,当《洛杉矶时报》的总编辑和总经理在研究报道时,总经理总是要问:'我们报道这种新闻,在经济上合算吗?'"①从媒体营销学角度看,"新闻等于生意,新闻等于营销"。20 世纪 70 年代,美国学者斯麦兹提出了颇受争议的"受众商品说"。随着全球媒介市场同质化的程度越来越强,这一观点在包括中国在内的不同国家和地区、不同媒介环境和体制之下都得到了越来越多地体现。大众传播媒介的操作都要以是否赢得最大的商业利益为最高原则,正因为受制于商业利益的驱动,越来越多的大众传播媒介更关注的是发行量、收视率和点击率。"利润"变成大众传播媒介商业化的核心,因而不难理解,有大众传播媒介愿意花费巨资把记者派到外地录制一个国际时装发布会或者影片首映式,愿以重金聘请特约记者采访国际体育赛事,但很少有媒体将记者站设到市县以下,并称之为避免资源浪费。

2. 媒介的受众群过分追随广告对象

随着改革的推进,各个大众传播媒介追求发行量,追求收视率、点击率

---

① 李希光、刘康.美国媒体新闻的选择性——美国传媒近期对中国的报道评析[J].新闻记者,2000(10)。

无可厚非。但这可能让大众传播媒介走向另一个极端,也就是强烈的功利主义,在经济利益的驱使下,大众传播媒介将眼光更多地投向了社会上经济发达地域以及一些"成功人士",对"成功人士"的报道往往是以贬损另外一部分人为代价的,这种贬损往往形成歧视。

巴格迪坎在《传播媒介的垄断》中形象描述了商业对报纸出版业的重要性,报纸出版者成批的购进'煮熟的松树',然后再把他们零售出去。对于商人来说,报纸出版业的举措非常的奇怪,他们卖出的价格要比他们买进的价格低了1/3,而这真正的奥秘在于——广告,几乎所有的报业和杂志的生命根源都是广告,因此迎合这些投资商的需求几乎是所有报业集团要做的事。

广电媒体的广告收入,实质是依靠媒介产品的"二次销售"实现的。"第一次销售指把信息产品出售给受众,以吸引受众的注意力;第二次销售是指把由于第一次销售的实现而获得的受众'眼球'资源出售给广告商。"而"二次销售"的最理想状态是媒体的"受众"与广告商的"顾客"高度重合,于是购买力强的"白领"、"成功人士"、"时尚人群"等主流人群,就成为媒体趋之若鹜的目标受众,受到量身订制节目等特别厚爱;而购买力相对低下的弱势人群受到冷遇和歧视,也自然是顺理成章的事了。倘若广告成功地将某种产品同消费者饶有兴趣的美学联系起来,那么这产品便有了销路,不管它的真正质量究竟如何。你实际上得到的不是物品,而是通过物品,购买到广告所宣扬的生活方式。

四、媒介从业人员自身素质因素

1. 人文关怀的缺失

媒介地域歧视现象在很大程度上反映了新闻从业人员人文关怀的缺失。职业的"优劣"和身份的"高低贵贱"的认识虽然一定程度上是因为传统观念导致的,但是其中最根本的原因还是媒介从业者缺少对个体的人或地区的尊重。面对弱势群体、受害者、值得关怀的对象时,有的编辑和记者首先想到的是如何吸引读者的"眼球"和兴趣,而忽视了新闻报道是否会对相关当事人造成伤害。市场经济条件下,报纸应该考虑经济效益,但是无论如何社会效益应排在首位。以歧视来换取的眼球效应始终是暂时的,没人会愿意购买一份高高在上、充满自大情绪的报纸。

"新闻媒体作为最有力的文化载体,在新的社会价值体系的建立过程中,毫无疑问富有艰巨的责任,需要新闻工作者具有强力的人文关怀精神。"①缺乏人文关怀的报道难以体现正常的人性和人的正常心态,得不到受众的认可,新闻报道的社会职能也无从体现,甚至引起媒介地域歧视现象。

2.职业素质的匮乏

美国著名的新闻理论家梅尔文·门彻在《新闻报道与写作》一书中说:记者的素质包括:"坚持不懈;公正;知识面广;进取心;勇敢;富有同情心。"随后,他又解释道:"记者生活于一个混乱无序、纷繁复杂的世界里。然而,他们努力地通过进取心、机智、精力和智慧接近事实的真相,把他们的认识用所有人都能理解的语言和形式表达出来。"

中国老报人王芸生在《报魂》一书中说道:"一个能恪尽职守的新闻记者,他须有坚贞的人格,强劲的毅力,丰富的学识;对于人类,对于国家,对于自己的职业,要有热情,要有热爱;然后以明敏的头脑,热烈的心肠,冰霜的操守,发挥'威武不能屈,富贵不能淫'的勇士精神,兢兢业业地为人类,为国家尽职服务。"

以上对大众传播媒介从业人员的要求都提到了全面的知识。如果当有的大众传播媒介的从业人员缺乏对语言使用标准的正确认识,一味地强调可读性、煽情性和生动性,而忽略了其中的贬义色彩;有的缺乏对相关法律知识的了解,随意地在犯罪者身上宣泄愤恨之情;有的对新闻学知识掌握不够,对客观公正没有深刻的理解的时候,片面的知识层就会容易导致产生媒介地域歧视现象。

---

① 李世举. 人文关怀的凸现[J]. 新闻知识,2003(3).

五、有意识文化误读与集体无意识引发媒介地域歧视

1.有意识文化误读引发媒介地域歧视

误读是指一种文化在解析另一种文化时出现的错误理解和评估。文化误读,就是按照自身的文化传统、思维方式及自己所熟悉的一切去解读另一种文化。误读可能是有意也可能是无意的。有意识文化误读是政治、经济、文化和意识形态等因素引发的误读。是指出于对自己地域意识形态以及利益需要,对对方异己的行为进行有目的的,故意地曲解。这种误读体现了大众传播媒介和地域之间的互动关系。大众传播媒介为了维护某一地域的利益而有意识的误读,而该地域则利用大众传播媒介的有意识误读达到其自身的目的。有意识的文化误读在大众传播媒介中的消极性是显而易见的——误报、妄加评估、在新闻报道中的不客观以及对事实的歪曲会加深不同地域之间的鸿沟,如果长期存在下去可能影响受众形成刻板印象,在心理上产生对对方文化差异了解的抵触情绪。

2.“集体无意识”致使媒介地域歧视的存在

集体无意识心理是导致媒介地域歧视现象产生的原因之一。集体无意识思想由新弗洛伊德主义的代表人物之一荣格提出。集体无意识是人格结构最底层的无意识,包括祖先在内的世世代代的活动方式和经验库存在人脑中的遗传痕迹,是在漫长的历史演变中,独特的地理和社会环境与某一民族种系的特点相互作用的结果,并积淀于该民族群体的集体无意识之中,再经外化则表现出该民族的个性。

古代社会人们坚信天圆地方,认为自己居住的土地才是世界的中心,因此对外族的称呼或“蛮”或“夷”。中原地区变成国家的中心,在这里居住的民族具有强烈的优越感,这种优越感是中原地域不愿意承认自己在某一方面不如别的地域,这种排外、自负的心理是导致我国大众传播媒介中出现媒介地域歧视的原因之一。

大众传播媒介所传播的以城市或经济发达地域为中心的价值观,内化成了其它地域的“集体无意识”。生活在被经济发达地域强话语权笼罩的

现代传媒中的其他地域,是很难抗拒这种无处不在的力量的。地处被歧视的地域的受众很小的时候就要接受这种被歧视的命运,被灌输"家乡落后、长大后要到那个地方发展等观念的思想。这种牢牢植根于社会文化体系中的地域文化差异,已经被歧视的地域内化为自身的一部分。在这种话语环境中发展起来的被歧视地域,会在内心深处的认知结构中自觉认同经济发达地域话语为他设定的角色。他唯一的主体性就在于把角色扮演的更好,而不是发现他与角色之间的距离。这种几千年形成的"集体无意识"麻痹了被歧视地域的社会地域意识,并代代相传。大众传播媒介在既有的歧视与被歧视之间毫无批判力,而且客观上起了维护和保护作用。

当我们把这种理论扩展到不同群体之间,社会心理学家进一步的研究还发现:我们总是倾向于从环境的角度解释另一个团体所做的我们希望的事情,而从本性的角度解释他们所作的我们不希望的事情。简单来说,在战争、政治领域中,如果敌人做了一件出乎我们意料的好事,那么我们会认为他们或者是受某种客观环境所迫,不得不这么做,或者就是有别的企图;当他们做了什么坏事的时候,我们认为这是理所当然的,不然也不叫敌人了。于是无论对方做什么,在另一个团体看来都是不怀好意的。于是,反映在地域形象的认识上,对于其他地域的负面新闻便想当然地接受,对于其他地域的正面新闻便理解为对方别有用心。

第四节 我国大众传播媒介地域歧视问题的解决策略

一、完善地域传播形象机制

1.树立地域形象,缩小地域间差距

政府是各地域最好的宣传形象代表,因为政府要员比普通公民有更多的机会通过大众传播媒介与外地受众接触。政府行为也更多的得到其他地域受众的关注,可以说政府形象的好坏直接或间接影响到地方形象对外

传播的成败。

长时间以来,在我国地域形象对外传播一直存在隶属于哪方职责的问题。大众传播媒介容易将其认为是政府职责,而政府容易认为是媒介的工作,受众更容易将其视为媒体和政府的职责范围而与己无关。这种传播观念上的缺失形成了我国一些地域在重大新闻事件发生时产生的"失音"状态,严重影响了地域的形象。

一些地域的政府有时候缺少与其他地域大众传播媒介的配合,有时也人为设置了不必要的障碍。有的时候,在一些问题上,有些部门因为各种所谓的"担心",拒绝接受采访,对相关问题不明确表态,反而加深了其他媒介对本地域的误解和偏见。

搜狐网曾做过一个关于"如何解决地域歧视"的调查。在 17859 张选票中有 78.36% 的选民认为提高自身素质是解决地域歧视的主要措施。而认为政府出面干涉会解决地域歧视的只有 6.60%。提高自身素质,不正是完善被歧视地域形象的一个最直接的表现形式,当然这个形式需要被歧视地域的政府与所居住的群体来共同完成。

搜狐网站做的调查"你觉得地域歧视的根源是什么?"中,在 18432 张投票中 43.01% 的人认为地区经济发展不平衡是造成地域歧视的主要原因。因此,在解决媒介地域歧视过程中要努力缩小各地域间差距,尤其是经济上的差距。

我们从无论是在《人民日报》还是《经济日报》以及《法制日报》在新闻报道中出现频率最多的前十个省市中不难发现,排在前十位的省市与 2007 年上半年全国各省市自治区 GDP 总量排在前十位的省市有诸多的相同。

2. 建立新闻发布会制度

最近几年,随着经济总量的快速增长和社会分层带来的复杂趋势的加剧,我国突发的公共危机事件频繁发生。学者与专家预测,我国已经进入危机频发时期。危机对于一个组织来说,可能是灾难,也可能是转机。地方政府作为公共事务的管理者,必然要承担起危机管理的责任。当政府处于舆论漩涡之中时,建立积极主动的新闻发布会制度是政府危机公关的良方。

在科技和信息高速发展的当代,信息传播已经进入大众传媒时代。大众传播媒介介于政府和公众之间,形成了一种三角互动关系。在危机潜伏期,如果大众传播媒介能够及时发现危机存在的前兆向政府传递潜在危机的信息,引起政府有关部门的注意,把潜在的危机处理在萌芽状态之中,就会防范危机的爆发。另一方面,媒体有可能成为危机的助燃器,对危机起到推波助澜的作用。

稳定民心,保持社会秩序的良好运转,是地方政府建立新闻发布会制度在危机事件中应该发挥的作用,也是危机管理所追求的最佳效果。突发事件的发生常常导致社会危机的产生,甚至引发媒介地域歧视现象。如果政府在危机发生后没有第一时间出来"说话",舆论很快就会被谣言和小道消息填塞,人心惶惶,不利于社会稳定。

二、出台相关法律政策

就目前情况看,我国大众传播媒介采访报道权利的基础主要来源于宪法,传媒监督的正当性源于传媒服务于宪法规定的公民的言论、出版自由的权利。但是,我国目前还没有一部专门的《新闻法》和与之配套的新闻法制约束体系,从而也导致对大众传播媒介中出现媒介地域歧视现象的制约力不够。

1. 健全新闻传播法律法规

完善健全司法体系,通过法律手段杜绝大众传播媒介中存在的媒介地域歧视现象是行之有效的手段。但就目前看,在短时间内制定出一部专门的《新闻法》不太可能,而且,简单地认为一部法律的出台就能一劳永逸地解决目前大众传播媒介中存在的媒介地域歧视现象也是不现实的。比较现实的做法应是完善和修补现存的司法体系,通过司法解释或对现有法律的补充与修正,加强已有的行政法规的可操作性来解决当前困扰新闻界的难题。

2. 量化反媒介地域歧视条款

谈论立"反歧视法"很多年了,但直到今天对于地域歧视的法律责任还是空白,而专门针对大众媒介地域歧视的法律法规就更加无从谈起,这让很多媒介钻了空子。虽然,我国宪法第三十三条明确规定:"中华人民共和国公民在法律面前一律平等",但其可操作性较差,这只是为反对大众媒介地域歧视、实现平等权利提供了最基本的法律依据。

现代社会是法制社会,反对大众媒介地域歧视也必须依靠法制。政府应该完善相应的法律、法规,设立专门的反歧视的机构,对社会中可能出现的各种歧视行为进行监督,受理因歧视而产生的申诉,授权法院等司法机构有权对涉及到大众媒介地域歧视等各种歧视的案件行使管辖权并依法作出判决。

现有的法规、条例如1999年7月8日国家新闻出版署发布的《报刊刊载虚假、失实报道处理办法》和2001年国务院新闻办公室、信息产业部、公安部联合发布《互联网站从事等在新闻业务管理暂行规定》等,为约束大众传播媒介中的地域歧视现象起到宏观管理作用。但对惩处负面效果新闻制造者方法不多,行之有效的相关案例也很少,因而,细化处罚措施,加强此类新闻制造者的处罚力度是重中之重。管理部门和监督部门应该制定一套系统、完善的处罚细则,对上述新闻的制造者的严厉处罚,也是对其他工作者的无形的威慑和警示。

3. 成立预防媒介地域歧视专门机构

政府应设立专门机构,对大众传播媒介中可能出现的地域歧视现象主动进行监督。这里,美国的 FAIR(Fairness &Accuracy In Reporting)是国外媒体监督组织中值得我们研究借鉴的一个组织。它成立于1986年,是一个全国性的媒介监督组织,它的主要工作是针对媒介的偏差及内部的审查(bias and censorship)提供具有具体资料作为根据的批判。FAIR 自称,它要秉持美国宪法第一修正案的精神,维护媒介言论的多元性,因此它要详细观察媒介的运作,以监督媒介是否边缘化了公共利益、少数族群的声音及异议的观点。其基本立场是,它相信独立、批判的媒介是发展民主的必要条件,但现实的状况时,主流媒介多臣服于经济与政治力量之下,新闻产业之间的并购越来越剧烈,因而限制了言论的丰富性。美国的媒介被以利益之上的集团与广告商所控制,独立的新闻机构也因此被收编和妥协。因此,FAIR希望能撼动主流媒介,它要将主流媒介所忽略的新闻展现出来,并保护媒介从业人员不受干扰。

4.加大社会监督力度

美国政治学家、传播学先驱哈罗德? 拉斯韦尔教授在"传播的社会功能与结构"一文中归纳总结了传播的3种社会功能,即监视社会环境、协调社会关系和传衍社会遗产。大众传播媒介在传播过程中对社会的各个方面和各个环节起到了一定媒介监督作用。反之,社会也同样可以对大众传播媒介起到相应的监督作用,使其为受众提供更丰富、有效的新闻信息。但是,目前我国还没有形成全社会参与的新闻监督机制,政府监督体制、社会监督体制不健全。大众传播媒介从业人员掌握的发稿权和话语权在一定程度上缺乏制约和监督,大多数受众无意识履行相应的监督职能,对大众传播媒介中存在的媒介地域歧视现象无法及时发挥监督职能进行制约,政府监督机制也没有发挥有效作用。因此在加大社会监督力度方面也需要全社会一起行动起来。

三、加强教育工作,呼吁社会共同关心

1.加大教育力度、提高受众媒介素养

媒介素养是指人们对各种媒介信息的解读和批判能力以及使用媒介信息为个人生活、社会发展所用的能力。提高"被歧视地域"人们的整体素质和知识水平,增加他们与主流文化接触的机会,提高被主流文化接纳的技能,培养起受众的媒介素养,提高他们利用媒体的能力。提高受众的媒介素养的关键是要加强对受众媒介信息辨别能力的训练,建立公共信息交流平台,提高他们对大众传播媒介信息的鉴别和批判能力,充分利用大众传播媒介中的有用信息为个人生活和自身发展所用。

同时,加强"被歧视地域"媒介专业素养的培养,积极发挥媒介的教化

作用,即向"被歧视地域"传授普及媒介知识,增加他们接触和利用媒体的便利条件和使用媒介的意识。同时,各级地方政府的宣传部门和文化教育部门要充分发挥自己的职能,利用各种群众喜闻乐见的形式普及这方面的知识教育。

2. 媒介及从业人员的自律

所谓媒介及从业人员自律指的是大众传播媒介及传播媒体新闻工作者对所从事的传播工作进行自我限制和自我约束的行为。此观念来自于西方新闻界,也为西方传播业所普遍接受,是大众传播模式的确立和社会责任理论推动的结果。国家的法制约束是他律,媒体的自身约束则是自律,将他律和自律相结合才是很好的新闻管理体制。[1]

大众传播媒介的各种协会、学会等行业组织,也要通过制订职业道德准则、行业公约等形式,倡导良好的职业精神和职业道德,规范大众传播媒介从业人员的职业行为,支持和鼓励大众传播媒介正确处理社会效益和经济效益关系,以社会效益为最高准则,谴责和批评"传媒歧视"行为。"政府部门和行业组织,还要认真受理人民群众对广电媒体的投诉、批评和建议,及时制止"传媒歧视"现象的出现和蔓延。

首先我们来谈谈媒介自律,它具体应包括以下几点:

第一,大众传播媒介的自省

大众传播媒介要健全自我约束机制,加强自律。在当前的市场经济条件下,大众传播媒介离不开经济的支撑,完全应该理直气壮地抓经济收入。但是当公共利益和自身经济利益发生冲突时,不能忘记大众传播媒介是社会公器。保证社会传媒资源合理的分配,满足多层次受众对信息的不同需求,平等地对待各阶层受众,营造和谐之声,构建和谐社会,大众传播媒介责无旁贷。

2006年3月安徽《新安晚报》头版头条向全国新闻界发出《反对地域歧视告别舆论陋习》的倡议。

---

① 韩国强. 论市场经济背景下的媒体自律[J]. 电视研究,2000(1)。

新闻界同仁：

一段时间以来，国内少数媒体在新闻报道中不能秉承"客观、公正"这一基本报道原则，对某些特定区域尤其是欠发达地区进行报道时，在没有进行深入调查的情况下，主观武断、以偏概全，有意无意地流露出"地域歧视"的倾向和行为。对此，我们表示坚决反对。

这种"地域歧视"倾向，不仅有悖新闻从业者的职业操守，有伤新闻媒体自身的公信力，也极大地损害了发展中地区的地域形象，伤害了这些地区老百姓的共同情感。

为了自觉维护新闻报道的真实原则，为了坚守新闻人应有的职业品德，为了在新闻报道中给予欠发达地区应有的平等待遇，为了使新闻舆论能正确反映和引导民间舆情，我们特向全国新闻界发出倡议：反对"地域歧视"，倡导舆论公平！

欢迎大家响应我们的倡议！

新安晚报社

该倡议发出后，全国很多主流媒体都对此都做出了响应。《大河报》：别让歧视遮蔽眼睛；《钱江晚报》：地域平等是自觉行为；《扬子晚报》：议体现媒体责任心；《兰州晨报》：歧视偏离了舆论导向；《新疆都市报》：欠发达不是歧视理由；《新消息报》：歧视源于经济优越感等。

《新安晚报》此次发出的反对"地域歧视"的倡议，可谓大众传播媒介的一次集体反省。作为引导舆论方向的新闻人，他们有义务、有责任自觉抵御大众媒介地域歧视，客观真实地传播信息。

第二，发挥媒介的舆论导向功能

改变大众传播媒介中存在的地域歧视现象的过程，实际上也是塑造这些"被歧视地域"新形象的过程。大众传播媒介要通过政策解读、信息诠释、措施阐述、民意表达、意见互动等，将社会意见整合为适应战略目标、顺乎战略趋势、符合主流民意的舆论，从而营造被歧视地域良好的舆论环境。

特别是要通过意见的引导,持续不断地更新本地老百姓的观念,引导他们自觉提高生产技能、改变不良习俗,从而塑造和培养自己具备现代文明素质的新形象。

一项针对上海进城民工的调查显示,当前大众传媒对民工观念方面的影响力总体上微弱。① 造成这种状况的原因一是其边缘化的生存状态,始终处于传播重点之外;二是大众传播媒介对他们的固有观念掌握不充分,导致舆论引导缺乏针对性。因此,大众传媒对被歧视地域的舆论引导,既是一项刻不容缓的紧迫任务,也是一项充满困难和挑战的工作。当前媒介在这项工作中,应该从培养媒介忠诚、找准切入点、提高引导技巧三个方面下工夫。

媒介忠诚是媒介消费者在传播消费中获得理想的效用,逐渐对媒介形成信任甚至依赖的情绪体验。大众因受惠于媒介而更加倾向于接受这一媒介提供的意见,这是利用了意见估价中的"马太效应",而这种效应恰恰对舆论引导和劝服性传播具有特殊意义。所以媒介要努力为欠发达城市或农村居民提供良好的服务,特别是要持续提供他们喜爱的高质量的传播产品,通过培养欠发达城市或农村越来越多的忠诚受众,而使媒介影响力增值,这是成功实施舆论引导的先决条件。

要在欠发达城市或农村居民关心、关注的领域寻找引导切入点。张国良等认为:"低收入群体的信息关注特点是:对自身周围环境关注度较低,同时关注与自身利益相关的社会问题。"农村居民目前在政治、经济、文化、社会各个层面上,都有很多实际的需求,紧紧把握住这些让他们感兴趣的话题加以引导,就可能收到更理想的引导效果。

同时,充分发挥大众传媒尤其是党报的权威效应。大众传播具有"社会地位赋予"功能,即任何一种问题、意见、商品乃至人物、组织或社会活动只要得到大众传媒的广泛报道,都会成为社会瞩目的焦点,获得很高的知名度和社会地位。作为河南最具权威性的媒体之一,《河南日报》具有更强

---

① 陶建杰.大众传媒对民工观念的影响力研究[J].新闻与传播研究,2004(2)。

的"社会地位赋予"功能。《河南日报》等本地媒体已经通过对河南先进模范的大规模集中报道让世人把目光都集中在河南人的优秀品质上。在社会舆论初步形成之时,《河南日报》应聚焦于那些能展现河南人创新、智慧和气魄的模范人物,通过大密度新闻报道赋予他们显著的社会地位,从而制造持续的、全面宣传河南人正面形象的传播流,这种传播流的持续与扩散在不断冲抵受众对河南人刻板印象的同时,也能重塑河南人的正面形象和优秀品质。

第三,做好"被歧视地域"的"议程设置"

这些年,在不少打击阴暗面的"新闻策划"里,往往不由分说地奔向弱势阶层,尤其是新近兴起的对城乡小型工业的卧底报道,陆续作出"黑腊肠"、"黑纸巾"等报道,每次报道一出来,记者就会同有关部门对"黑加工厂"进行打击。当然,这样做是维护社会的正义,但也简单粗暴地对待了复杂的社会现象,因为这种现象的出现,是很多原因造成的,不只是草根企业家单方面的问题。面对"被歧视地域"我们不应该忽视它们,更不应该在不忽视"被歧视地域"的时候只看到其恶劣的一面,而是要真正做好对"被歧视地域"的"议程设置"。

大众传播媒介要根据市场经济条件下,出现的新情况、新特点,采取多方面手段,加大自身发展的同时,从忽视到关心被歧视地域,保证大众传播媒介的公益性和社会公器性质,促进传媒资源向弱势地域和群体倾斜,实行"信息扶贫"。如浙江省委宣传部和省广电局 2006 年 4 月联合下发了《关于进一步加强和改进广播电视对农宣传工作的意见》,对省、市、县广电媒体开播对农频率频道和节目的时间长度、播出频次等都作了明确的要求,从而有效促进了广电传媒资源向"三农"倾斜。目前浙江省 81 家广播电视媒体共开办对农栏目 150 个,其中广播 78 个,电视 72 个,都比以往有明显增加,特别是电视对农栏目比前三年增加了三分之一以上。浙江电台的《海楠说农村》、嘉兴电台的《阿秀嫂的家常话》等 7 家电台的对农栏目实现了日播,还有 38 家电台的对农栏目每周播出 3 档以上(不含重播)。

传播学认为,大众传播具有一种为公众设置"议事日程"的功能,传媒的新闻报道和信息传达活动具有一种形成社会"议事日程"的功能,传播媒介以赋予各种议题不同程度"显著性"的方式,影响着公众瞩目的焦点和对社会环境的认知。从公共关系学角度来看:当组织形象受到损害时,最好的方法是制造一系列持续的好事,形成新闻冲击波,用来冲抵坏印象的形成,改变人们的刻板印象,做到对"被歧视地域"的真正关心。

如河南在改变自身形象时大打文化牌,借助媒体积极宣传中原文化,全面展示河南及河南人勤劳、坚韧、智慧、追求进步的新形象;《河南日报》与政府政策保持高度一致,将有关展示中原文化,提升河南形象的新闻作为报道重点。从2005年7月25日《中国河南(旧金山)经贸文化周取得重大成果》到2005年9月6日《中原风情"飘香"浦江两岸》;从2007年1月7日《愿中原借凤凰之翅早日腾飞》到2007年1月13日《厚重中原文化即将亮相港澳》……《河南日报》及时向受众传递着振奋人心的消息,向世人展现开放发展的河南形象,为河南及河南人民的形象提升创造积极的舆论环境。同时,《河南日报》采取主动,用持续不断的好新闻塑造河南正面形象。在报道方式上以开放式的"疏"取代了以前封闭式的"堵",积极展开调查,用事实和自身行动塑造了新时期的河南及河南人形象。从2005年10月23日的《省外媒体报道不实产品遭"封杀"豫鄂权威机构为"豫花"面粉正名》、《河南面粉湖北蒙冤——"豫花"牌"有毒面粉"事件真相调查》,直到11月1日的《国家权威机构还"豫花"面粉清白"豫花"近期将择日重新绽放》,《河南日报》一直对所谓的"豫花事件"进行跟踪报道和评述。当"豫花"终于沉冤昭雪重新绽放时,其所代表的豫牌产品终于有理由揭去被强加在身上多年的"假冒伪劣"标签,"豫花"也一跃成为全国知名的面粉品牌。如果说积极报道、主动掌握话语权只是《河南日报》策略转变的第一步,那么2005年对河南人形象的"井喷"式宣传就足以证明其对宣传策略、信息传播及公共关系的娴熟应用。

第四,媒介从业人员要具有高尚的职业操守

要重视大众传播媒介从业人员和社会大众人文素养的提高,在全社会提倡人文关怀。人文关怀主要强调对人的生存现状的关注,对人的尊严与符合人性的生活条件的肯定和对人类的解放与自由的追求。因此,在基本价值取向上要强调以人为本的思想,对于褒贬好坏的界定要立足在对他人的尊重之上。对媒体来说,其词句的运用既要考虑对报道对象的情感影响,也要考虑其中是否包含了有失偏颇的言外之意,应避免受众顺着传播者的主观歧视来看待事实。

从新闻舆论引导的主体来看还存在一些问题,一些新闻记者的社会责任感淡化,专业素养有待提高。如 2005 年 11 月下旬,哈尔滨"停水"事件中,吉林石化爆炸后不久,哈尔滨电视台的记者亲赴吉林采访,发回的报道中重点指出了松花江水没有被污染,而事实是松花江水已经被污染。记者的这种不负责的态度,使得新闻媒体产生了消极作用,谣言扩散的速度更快,事态进一步恶化。更有甚者,一些记者竟然帮助责任人掩盖灾难事实。如对 2002 年 6 月山西繁峙矿难的调查中,新华社山西分社、山西法制报社、山西经济日报社、山西生活晨报社 4 家媒体的 11 名记者见钱眼开,收受大笔贿赂后蓄意掩盖矿工死亡的事实。虽然他们最终受到了严惩,但却造成了极大的负面影响。"广电媒体的从业人员,也要摆正心理位置,平等地对待社会各个阶层。要多与农民、农民工和城市边缘人群等阶层人员交真心朋友,透彻了解他们的喜怒哀乐和对广电媒体服务的真实需求,真心实意为他们提供所需要的广播电视内容服务,恰如其分地反映他们的心声。

同时,大众传播媒介从业人员要在多方面充实自己。也就是说要从知识层面、思想层面提高自身水平。熟悉新闻写作的基本要求和原则,了解遣词造句的规范和标准,学习新闻工作的指导思想。同时还要扩充知识面,学习与新闻行业相关的领域的知识。思想上要以谦逊的态度对待工作,以平等的视角观察,而非居高临下的审视。

大众传播媒介从业人员在进行新闻报道过程中必须严格按照新闻规律办事,这主要包含几层意思:一是报道事实要做到真实、客观、全面、公正,不得出于宣传的需要而人为地改变既成事实;二是要以具有新闻价值的事实说话,在报道事实的过程之中蕴含正确的舆论导向;三是要考虑到受众的新闻需要;四是要确保传播渠道的畅通,且受众乐于接受。同时努力提高新闻记者的职业素养,如培养遵守法律法规的意识、正确的报道观念、高度的社会责任感等,努力提高记者报道的水平。

大众传播媒介要扣准社会脉搏,关注最广大地域、受众最迫切的切身利益问题,广义上讲,所有的新闻都应当是"公众新闻",亮出"公众新闻"的旗帜无非是一种强调、一种刻意,最终要端正的还是大众传播媒介真正的新闻态度。一些红红火火的报纸、频道、栏目等都是植根于最广大受众的沃土之中的,生命力也蕴孕在其中。相反,不少字里行间透出地域歧视的大众传播媒介,却总是悬在半空中虚张声势,无法落地生根。

在构建和谐社会过程中,首先要营造和谐之声。在新闻传播中,贯彻"以人为本"的社会公共价值观和科学发展观,秉持"公众性",对公众保持深切关注,乃使命所在,也必定为大众传播媒介带来广阔的新闻视野和传播空间。

期待大众传播媒介基于追求利润的本能而对"被歧视地域"给予充分重视,这必定能够带来双赢的局面。在当今更"科学而有效"的传播体制当中,受众商品说似乎越来越不只是在经济学意义上的一个特征和规律;而日渐成为了整个传播体制运行的发动机。这个结果或许让某些经济学家鼓舞,但绝不值得传播学者们欢欣。在我看来——正相反——那是一个最终能颠覆大众传播媒介本身的危险倾向。对农村、经济欠发达地域及农民贫困化和边缘化的漠视,最终会遭致来自于这一问题的报复。那么,媒介地域歧视现象没有任何可以存在的理由。

第七章 大众传播媒介弱势群体歧视问题

第一节 镜与像

从新闻传播最基本的真实性原则出发,媒介和其所要报道的对象之间可谓是镜与像的关系。媒介应对社会群体进行真实而全面的报道。但是,基于媒介的发展规模和社会的发展规模并不同步,加上媒介本身的利益诉求,因此,媒介和所报道对象之间往往形成了非常复杂的关系。

一、关于弱势群体的界定及分类

1.关于弱势群体的界定

弱势群体,英文称为 social vulnerable groups,也叫社会脆弱群体、社会弱者群体。弱势群体可以说是在任何时代任何社会都可能存在乃至继续存在。但在中国,对此群体的社会性关注只是近年来的事情。有研究表明,2002 年"弱势群体"一词首次见诸中国官方文件,随后,有关"弱势群体"的问题受到了前所未有的关注。按照国际社会学界和社会政策界达成的基本共识,所谓社会弱势群体是指那些由于某些障碍及缺乏经济、政治和社会机会而在社会上处于不利地位的人群。因此,弱势群体是一个相对的概念,主要是应对那些在社会上具有掌控能力和自由享有权利的强势群体而言。例如,相对于大人,小孩是弱势群体,因为他们没有独立的行为能力和经济能力来分享大人们的权利世界。对于男性而言,女性在这个社会无疑是弱势群体,因为这个社会的大部分游戏规则自古以来都是男性来制定的。对于身心健全的人而言,残疾人无疑是弱势群体,因为后者由于肌体残缺在具体的行动上无法和前者享有同样的能力,而且前者在社会中居于大多数。对于城市有较悠久居住历史的人而言,外来务工人员尤其是农民工则是弱势群体,他们是城市的外乡人,没有足够的制度和权益的保障,因此他们虽然对现代城市建设和发展做出了很大的贡献,但是,他们无法拥有一个合法的身份。同样,相对于迁徙到国外的海外华人而言,在一定程度上,和农民工一样,也是迁徙地的外乡人,无法融入那个社会群体当中去的。从这个角度而言,弱势群体,不一定是少数群体,因为在中国农民工的数量可谓庞大;不一定是教育程度不够的群体,因为现在的海外华人大多数都具有较高的职业学历。因此,在本章中,弱势群体主要是指无法融入主流社会或群体以及在主流社会或群体当中无法拥有自己话语权和合法身份的人群。

关于社会弱势群体形成的原因,国内外学术界都有不少现成的解释。总的来看,是自然的、历史的、经济的、政治的、文化的、个人等诸多因素中的某一因素或某些因素的综合结果。但是,在当今信息社会,"信息沟"的存在,将会进一步催化这种局势。尤其是现代传媒的市场化利益诉求使得弱势群体的社会困境令人堪忧。学者郑功成在《社会保障与弱势群体保护》子报告中指出,弱势群体规模将进一步扩大,它的弱势程度将进一步加深。如果将城乡贫困人口、经济结构调整进程中出现的失业和下岗职工、残疾人、灾难中的求助者、农民工等各类处于弱势地位的人口总加,然后再扣除重叠部分(如贫困人口中有失业、下岗职工和农民工等)和非弱势人口(如下岗职工、残疾人、农民工等中间的自强自立者),我们可以大致计算出目前中国弱势群体规模在1.4~1.8亿人左右,约占全国总人口的11%~14%。① 当然,这只是从社会经济角度而言的统计数字,假如加上历史、文化等综合因素的考虑,弱视群体的数量远远大于此。因此,对于他们的关注和研究也就非常的紧迫和重要。

---

① 刘继忠. 被妖魔化的农民工形象[EB/OL]. http://news. tom. com. 2004. 9. 20。

2. 弱势群体的分类

基于不同的研究目标及目的,弱势群体在学界有几种不同的分类方法。

一种是将社会弱势群体的组成部分加以简单地列举。例如,何平解释朱镕基总理在 2002 年度《政府工作报告》中提到的弱势群体主要是指四类人,他们分别是:下岗职工、"体制外"的人、进城农民工、较早退休的"体制内"人员①。对这四类人的划分,是从我国目前的社会现实出发的,他们基本上是不能从我国现行体制中得到实惠和利益的群体,反而可能因为体制和政策的变迁被逐渐边缘化的群体。

郑杭生等曾把社会脆弱群体分为初级脆弱群体和次级脆弱群体两个层次。初级脆弱群体是指由于成员基本生活需要未能得到满足而形成的社会生活有困难者。它包括:(1)无依无靠的鳏、寡、孤、独者、残疾人和其他因丧失、缺乏劳动能力而无生活来源者;(2)遭受自然灾害难以维持基本生活需要的个人和家庭;(3)无固定职业或失业造成的生活低于基本标准的个人和家庭;(4)由于其他原因造成的生活水平低于基本标准的个人和家庭。和贫困线一样,初级脆弱群体也可以设立一个量化标准。当然这一标准需随着社会的发展不断修正。次级脆弱群体则是指在其基本物质需要得到满足的前提下,由于自身生理和心理上的病障或社会失调的影响造成其心理上的受挫感和剥夺感,从而难以适应社会甚至形成越轨行为的社会成员的集合②。

一般学界把社会弱势群体分为两类:生理性弱势群体和社会性弱势群体。前者沦为弱势群体,有着明显的生理原因,如儿童、老年、残疾;后者则基本上是社会原因,如下岗、失业者。也有学者在"生理性社会弱者"、"社会性社会弱者"之外,补充了"自然性社会弱者",主要包括生态脆弱地区的人口、自然灾害的灾民,如汶川地震中的灾民。

---

① 2002 年人代会政府工作报告. http://gov.people.com.cn.
② 郑杭生.转型中的中国社会和中国社会的转型[J].北京:首都师范大学出版社,1996.

在有些国家,弱势群体还包括单身母亲,吸毒者、酗酒者、少数民族等。现有的有关弱势群体的分类大多是从形成的原因上而做出的,但明显是有疏漏的。因为弱势群体的产生往往不是单因而是多因的结果,而且这些原因之间往往具有联动性。具体说来,社会弱势群体的出现,既有生理方面的原因,又有社会方面,即经济、政治和文化方面的原因。生理原因是与个体的生物性发展相关的,如年幼、年老、残疾、体弱多病都会影响一个人的竞争能力。另一方面,社会因素的影响也是十分重要的,有时甚至是关键的。如果社会给生理能力较弱者以充分支持,他们也可以不会沦为社会弱者,或者说,把他们的弱势处境减少到最低限度。

站在不同的角度和立场,他们的分类似乎都无可厚非,都有值得后人借鉴的地方。但是,本章认为,弱势群体是一个相对的概念,是一个可以逆转或互化的实体。它往往带有很强的时代或形势或境遇的特点。因此,假如只从成因对其所做出分类往往互有交叉和重叠。但如果按照不同的分类标准对其进行分类,如社会学,经济学,政治学等等,将会是不小的工程,而且对于本研究而言也没有必要。因此,在本章中所提到的弱势群体的类别只是经常被当前的媒介所关注和报道的那几类,如农民工,留守儿童,城市低保者,残疾人以及海外华人。他们在经济、知识等方面也许相差悬殊,但是,有一共同点:就是他们都处在一个非常尴尬的境遇中,在其所处的社会或社区中不能和主流人群一样获有平等的话语权,反而受到冷遇和漠视甚至被歧视和边缘化。

二、媒介歧视弱势群体具体分析

1. 弱势群体的镜像离析

在谈论这个问题之前,我们首先搞清楚媒介和弱势群体的关系。媒介和弱势群体应是报道和被报道的关系,即形式和内容,载体和承载物的关系。基于媒介报道的真实性和客观性等原则,报道手段和报道对象本应是一一对应的平等互映的关系。但是,由于媒介自身的缺陷和生态环境的作用影响,使到其在报道时产生有意识或无意识的报道偏向和误区,甚至歪曲、扭曲或歧视报道对象,从而产生不同的镜中之像。通过这镜中之像,我们可以离析出弱势群体三个层面的话语体系,即弱势群体的原本形象、媒介报道形象和公众认知形象,如下图:

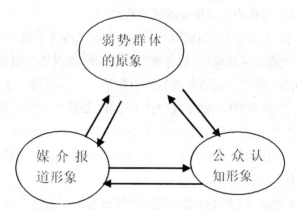

弱势群体的原本形象是指弱势群体在客观世界的实际面貌,是没有被社会评价和认知的自然存在和本真状态。换而言之,弱势群体的原本形象就是这一群体的实际社会状况和生存境遇。它是先于媒介报道而存在的一个实体。

弱势群体的媒介报道形象,是指大众传媒通过新闻报道和言论所塑造的这一个群体的形象。是对弱势群体的一种反映,但是它不是一种一一对应的反映,是主客观博弈中所形成的叙事形象和观念形象。

而公众认知形象是指公众通过间接和直接的经验所形成的关于弱势群体的精神面貌、性格特点和社会处境等的想象。

这三者之间的关系是,弱势群体的原本形象是一种客观实在,决定着后两种形象的构成。而媒介报道形象在一定程度上可以凸现弱势群体的客观存在,从而影响公众关于这一群体的认知。而经过媒介的报道和公众关于弱势群体的习见的获得,反过来又会影响到弱势群体这一客观存在在现实社会中的境遇变化。可以说这三者之间在环环相扣和互相影响中形成变化。但是,基于当前大众传媒所享有的巨大话语权的威力之下,媒介报道所形成的弱势群体形象将直接影响这一群体的客观存在状况。因此本章的重点将利用内容分析方法对此作深入的剖析和解读,在一定程度上修复公众的认知习见,复原这一群体的实际形象,达成社会各群体的沟通和了解,从而促进社会的健康发展和和谐。

2. 当前媒介报道中弱视群体的镜像特点

根据我们的粗略查阅,当前媒介报道中,弱视群体的镜像特点呈两极分化的趋势:大部分主流媒体,如各级党报关于弱视群体的报道数量不多,但是都比较正面,基本上报道弱视群体中在某一方面超越了这个群体水平线的人,塑造了这一群体的楷模或榜样的形象,如残疾人当中身残志坚者、农民工参政议政,当选为区县人大代表等;或者是体现当前政府、党委和各级领导对这一群体的特殊关爱和关注。有哪些具体的措施和政策出台帮助这一群体走出弱势的境遇。

而新媒体如网络、大部分地方媒体如都市报等关于这一群体报道却比较负面,反映这个群体在现实生活中诸多不公、不平或不幸的遭遇和境况。如农民工要薪难,留守儿童无人关照流浪甚至违法,残疾人在现实生活的诸多不便,城市低保人员生活窘迫受歧视,海外华人遭受当地势力抵制或歧视甚至诬陷等等。

这种情况的出现和我们国家现在的媒介体制和政策有着必然的联系。前一种情况自然和我们的新闻导向和政策有直接关系。如 2008 年 2 月 18 日人民网题为《坚持马克思主义新闻观以正确舆论引导人》一文就认为,改革开放以来,我国新闻事业迅速发展,新闻队伍不断壮大。目前,新闻编辑记者已达 100 多万人。在新闻队伍中深入进行马克思主义新闻观学习教育,打牢新闻工作者的思想理论基础,增强新闻队伍特别是年轻同志识别和抵制错误思想侵蚀的能力,是加强新闻队伍思想政治建设的一项重要内容,是坚持和巩固马克思主义在意识形态领域指导地位的一项战略任务。马克思主义新闻观包含着十分丰富的内涵。结合新时期党的新闻工作实践,当前牢固树立马克思主义新闻观,应该着重把握以下几条:一要坚持新闻的党性原则。这是马克思主义新闻观的根本原则。必须坚持党对新闻工作的领导,坚持新闻媒体是党和人民喉舌的性质,自觉宣传党的主张,积极推动党的思想理论和方针政策的贯彻落实。二要坚持把正确舆论导向放在首位。这是新闻宣传最重要的责任。应该坚持团结稳定鼓劲,正面宣传为主的方针,正确处理经济效益和社会效益的关系,始终坚持社会效益第一。三要坚持为人民服务、为社会主义服务。这是社会主义新闻事业的基本方针。

而新媒体如网络、手机和地方媒介在报道弱势群体的价值取向和他们的自身媒介特点和媒介生态环境有着很大的关系。首先如网络媒介的特点,如互动、能够及时反馈,以及新闻来源的渠道多样化,因其进入门槛低,只要你具备进入网上的基本软硬件就能发布新闻。如"华南虎事件",可以说是网民在推动着这一事件的不断深入调查和新闻报道不断的拓展,形成了去年下半年最引人注目的媒介事件。2008年新年伊始,呼和浩特市某领导遇害被追认烈士一事,许多网民都发表了自己的看法,从而形成新的报道,关于网民对此事的态度报道,网民认为在事件没有得到具体的澄清之前就追认烈士似乎为时过早。可以说,弱势群体想在新媒体上获取话语表达权机会比起传统新闻媒介来说更有机会和可能。

地方媒介如都市报等因为自负盈亏,它们的竞争压力可以说都比较大,如在大连这个市区人口还不到两百万的中级城市,就有三份都市报纸《半岛晨报》、《新商报》和《大连晚报》同台竞争。经济效益导向比较明显,具体到报道内容上就是倾向于比较新奇和刺激眼球的新闻事件,如对反常、负面新闻的追逐。在现在学术界关于弱视群体的报道过于负面的讨论,其实都大多数过于宽泛,对于媒介本身没有很好的界定。其实,从我们的览阅和调查来看,新媒介和地方媒介是培育媒介歧视的主要场域,因此,本章的重点也就是主要指这些媒介关于弱势群体的歧视镜像的剖析和阐释。

3.媒介歧视弱势群体的具体表现

第一,言语措辞方面

许多媒体在报道弱势群体的时候,往往在言语措辞上有意或无意的使用一些有强烈情感色彩来表述这一个群体,尤其比较偏向于贬义或反讽或灰色之类的词汇。如对享受城市低保人群的报道,往往和虚开、冒领、混吃联系在一起,享受低保就是不思进取的,好逸恶劳甚至和犯罪直接挂钩。其实大部分低保人员,还是想要改变自身的处境,但是由于生理和现实的困境让他们没有足够的能力自我承担生存的负担。近期的农民工报道往往和"讨薪"相联系,一个"讨"字道出了这个群体的寒酸和卑微以及他们的苦楚。他们的社会地位雷同于沿街乞讨者,而且在这个过程中他们往往实现不了他们所企求的劳动所得。但是,许多农民工的初衷没有这个"讨"的心理,而是理直气壮地认为这是他们的辛苦所得,理应获有。而对海外华人报道往往是和间谍、偷窃等词语相联系。

2007年8月26日,德国杂志《明镜》封面刊载了一张照片,一个黄色面孔的人从幕后向外窥探,标题为《黄色间谍》。这篇长达14页的封面报道臆测在德发生的越来越多的工业间谍活动都与中国有关,矛头直指中国。报道中鲜明的辱华色彩,捕风捉影的文字,引起德国华侨华人的强烈愤慨。在德华人行动起来,通过法律和抗议等手段开展反击,维护自己的权益。

又如2008年1月15号凤凰网的一则报道:

37岁华裔女星白灵因偷窃美国机场被捕 面容憔悴

据法新社报道,著名华裔女演员白灵,周四在洛杉矶国际机场因为在商店偷窃被逮捕。这位37岁的影星,曾在《星球前传3》和《红色角落》等电影中扮演过角色。警方称,当日她因为企图偷窃价值16美元的杂志和电池而被逮捕。

报道中,有相关标签一栏的关键词,直接就是偷窃、白灵。其实我们从报道的导语中可以看到,事实是企图偷窃,而非偷窃的行为已经产生或完成。但是,媒体为了吸引眼球直接在标题中就给定性,而且特地加限定词"华裔女星",其用意可想而知,明显的传达对华裔群体的歧视。其策略是把个案放置在一个更大的群体语境下,从而使整个群体蒙羞,使个体的偶然性行为演化为对群体的必然性印象。

第二,叙事策略方面

媒介在叙事策略上,主要体现为对于这个群体的传奇化、悬念化和另类的叙事话语的使用,从而或架空或淡化或妖魔化了这个群体的实际形象,成为了受众或猎奇或嘲讽或娱乐的对象。媒介报道几乎完全模糊了真实叙事和虚构叙事之间的界限。

如《南都周刊》的一则关于农民工的报道,标题为"爬回家去!"副标题为农民工讨薪么难? 我们截取其中的一段来进行分析:

> 刘洪江决定去千里之外的大连打工。
>
> 这是他一生中做出的最重大的决定。
>
> 之前,他在人口不足百户的山东莱州市驿道镇神水院村生活了29年,最远也只是到过距村十几公里远的小镇。那时的他生龙活虎,浑身有使不完的劲,和其他村民一样日复一日地在田地里劳作,也日复一日贫穷着。
>
> 虽没上过一天学,但刘洪江明白,自己最起码不能像大哥刘洪良那样,辛苦了40多年,连女人的手都没拉过。
>
> 那时,台湾的青春偶像组合小虎队的歌响遍了街头巷尾:"我的字典从来没有做不到的事,阳光之下创造自己的传奇……"这被许多年轻人奉为人生箴言,刘洪江也不例外。
>
> 1990年2月10日。那天一早,家人与乡亲们一道将他送到了村口。他头也不回地跳上了进城的汽车。前程未卜,但目光如炬,因为他怀揣梦想:挣钱,盖房,娶媳妇。
>
> 高大、板正、实在、神态坚定的小伙子。
>
> 这是刘洪江上车前留给村里人的背影。
>
> 但很快,背影逐渐幻化成绝版的影像,定格、凝固成一张泛黄的历史照片。自此,刘洪江成了一只断了线的风筝,飘向天际,杳无音讯。握在家人手中的风筝线却拧成了一根粗大的绞索,无情地绞杀着亲人们的思念和眼泪。
>
> 寻访,无果,寻访,无果;寻访,无果……周而复始的寻找循环

着无边无际的痛苦。但生活还得继续,时间给了家人卸下重负的可能:这娃估计是没了。1994年,刘洪江的户口被注销:法律意义上的刘洪江,死了。

村里的泥路被踏得越来越平整,年轻人一个个先后从这条路上走出家门。他们在城里挥洒着汗水,之后将村子里的泥房变成一座座新房……贫穷虽然依旧魔障一样顽固地笼罩着神水院,但变化也在平静中缓缓前行。

2007年12月18日,一个日照市区来的电话,将神水院这个小村庄掀了个底朝天:刘洪江还活着!

当晚,大哥刘洪良、二哥刘洪强包了一辆车,直奔250公里开外的日照市,时速140公里。

兄弟仨重逢在日照市海曲中路一条商业街广场边上的人行道旁。衣衫褴褛、蓬头垢面的刘洪江左半身彻底瘫痪,侧着右半边身子,支撑在水泥地面的胳膊成了全身重量的唯一支柱。已完全失去知觉全面萎缩的左半边像干柴一样挂在身上。看到两个大哥,刘洪江赶忙侧身半躺在身后的破被子上,抽出右手兴奋地舞动,呜呜呀呀地嘟哝着:"老了,俺们都老了……"

大哥二话没说背起弟弟连夜赶回了神水院,小村庄哭声一片。

1990年到2007年底,18年近6500天。

时间连成一条抛物线,家人只掌握了刘洪江的起点和终点:离家时高大刚毅的小伙子和回家后风烛残年的残疾人。18年,中间到底发生了什么,刘洪江是怎样从理想向残酷的现状一步步滑落,又是一股什么样的力量将他推进了深渊?

这篇报道首先犯了一个常识性的错误,大哥和二哥包了一辆车,时速是140公路。而中国大陆高速公路根据《中华人民共和国道路交通安全法》设限速时速120公里。

其次，通篇充满了对于报道人物十几年情景的臆测和想象。如，

那时，台湾的青春偶像组合小虎队的歌响遍了街头巷尾："我的字典从来没有做不到的事，阳光之下创造自己的传奇……"这被许多年轻人奉为人生箴言，刘洪江也不例外。

许多年轻人奉为人生箴言，而那时，刘洪江其实并不年轻，已经 29 岁了。在农村人的眼中，25 岁就不年轻了。因为在那个时候大多数人在这个年纪就已经结婚生子，为人父了。而且小虎队最流行大陆的歌曲并不是这一首。而是《星星的约会》和《红蜻蜓》。

第三，标题和正文事实不符，过于夸大其辞。爬回家去！而正文中明明写到大哥二话没说背起弟弟连夜回了神水院。其实他最大的心愿，还不是爬回家，而是要回那三万元的工钱。

第四，就是利用对比和悬念的修辞手段，极煽情之能事，构筑了前后截然相反的两种叙事场景，从而使这个人物传奇化和另类，架空了这个人物的实际形象。

当然，最后还值得提出的就是，毫无隐讳的报道他们的隐私，可以说侵犯了报道对象的人格权，如辛苦了 40 多年了，连女人的手都没拉过。这无疑是对大哥人生的完全否定和嘲笑。无意中也助长了这样的价值观，付出了就要回报，赤裸裸的功利观。也构成了对那些男性单身群体的歧视。男性的辛苦就是有女人的回报，不然就是一种失败。而刘洪江的梦想就是挣钱、盖房和娶媳妇。

第三，形式设置方面

主要指一些报纸、电视和网络媒体利用一些特殊的形式手段，如版面的安排、字体的大写、颜色和图片的运用、镜头的选择和使用等方式，有意或无意的扭曲、歪曲或丑化弱势群体。

如上文提到关于刘洪江要薪被挑断脚筋的报道标题——"爬回家去！"。"爬"字使用了初号字，构成视觉上的一种强烈刺激。其实，这不是刘洪江的迫切的需要，他最渴望的是想拿回那三万元的工钱。因为报道他

回家后还想离开家,不想给年迈的父母添麻烦。

第四,媒介定位歧视,形成传媒资源分配不均

包括报纸、杂志、电台、电视台、网站在内的传媒资源本是一种公共资源,它为全体公民所有并为全体公民服务,在传媒资源的分配和利用上,社会各阶层应享有完全平等的待遇。然而近几年来,传媒资源却越来越向只占人口少数的"主流人群"倾斜,反映在报刊的版面上和广播电视的频道中,那些以白领、金领、"成功人士"、"新新人类"为主要服务对象的专刊和栏目越来越多,而为平民百姓特别是农民、困难企业职工,下岗工人服务的专刊和栏目却越来越少。

如农民在我国人口比例中仍占 80% 以上,是最大的社会群体,而目前全国现有期刊 9000 余种,农业期刊仅 187 种;有报纸 2000 余家,以农民为主要读者对象的报纸仅几十家;全国已注册的各类电视台有上千家,开办对农(农村、农业、农民、农民工)栏目的只有 1%,省级电视台中,只有大约十五、六家开办了农村专栏,与 368 家注册的各种电视媒介相比,开办率只占有 4%。包括农民在内的弱势群体在传媒资源的分配和利用上显然处于明显的"弱势"。

这种传媒资源分配的不合理实际上是对弱势群体的媒介接近权、知情权、表达权的公开侵害和剥夺。

第二节 透视弱势群体被歧视之镜

一、弱势群体歧视镜像的理论透视

弱视群体之所以形成歧视镜像,首先我们可以通过许多媒介理论和批评找到其成因的背景话语。举其中最有代表性和说服力的理论,如知沟理论或信息沟理论,就揭示了这一群体之所以会被歧视的结构原因。该假说的基本观点是:在现代信息社会里,由于社会经济地位高者通常能比社会

经济低者更快更有效地获得和利用信息,因而,大众传播媒介传送的信息越多,这两者之间的信息格差和知识格差也就越有扩大的趋势。也就是说,现存的贫富分化的经济结构决定了信息社会中必然存在两种人,一种是信息富有阶层,一种是信息贫困阶层。由于经济贫困者在已有知识的存储量上,在获得最新传播技术等方面处于明显劣势,随着时间推移他们与富有者之间的信息格差必然越来越大,而信息格差必然会变成知识格差。知识格差最初表现为学龄前教育程度的差异,进而表现在校学习成绩的差异和高等教育升学率上的差异,最终会表现为职业、收入和社会地位上的差异。信息格差和经济格差理论认为,现代资本主义社会大众传播的内容和形式更有利于经济富有阶层,而不利于贫困阶层.因而大众传播越普及,传达的信息越多,两者之间的信息,知识和社会地位上的差距也就越大,而不是缩小这些差距。

具体到弱势群体,如本章主要关注的农民工群体,主要就属于经济贫困层,从而导致知识的贫困,然后是信息的贫困,如此相互影响,如果没有外力的作用,自然就会恶性循环。而受教育程度高的人具有较强的理解能力和较大的阅读机会,这有助于他们对公共事务或科学知识的获取。从先前的大众传媒和正规教育渠道得来的知识越多,这些见多识广的人,对新事物、新知识的理解与掌握也就越快。

但是,对于那些海外华人在理论上又如何认识呢?他们往往受过很高的教育,有很好的学习和接受能力。为什么也是弱势群体?其实有学者认为,在社会信息化过程中,知沟、信息沟的存在是一个事实,它不仅表现在贫富阶层之间,而且会广泛地表现在性别、年龄、职业、行业、群体、地区、民族、国家以及文化之间。因此,在这里,民族差异和文化鸿沟也是形成群体沟壑、产生弱势群体的重要原因。

二、形成歧视镜像的现实要素分析

1.媒介的逐利需要

弱势群体之所以被媒介扭曲和歧视,首先主要原因还在于媒介自身生存发展的需要。当前媒介的基本特征就是逐利取向。尤其是地方媒体走的就是企业化的经营道路。因此在自负盈亏的生存压力下,他自然而然的选择趋利避害。因此,在报道对象的选择上,他当然会选取那些能使他快速获得回报或有可能直接给它回报的群体。弱视群体和强势群体在社会资源占有量方面对比非常悬殊。因此,在给予和获得的机率上,当然是强势群体给予媒介的回馈会更多。而弱视群体没有社会地位以及经济地位,在一定程度上,他是需要仰仗媒介为其伸张社会公平、正义等。避害趋利是人的本能,也是其他组织群体的一种惯常心理。因此,媒介缺乏弱视群体的话语表达权就可想而知了。

现代管理经济学中,有所谓的优势富集效应。它是指起点的微小优势经过关键过程的级数放大会产生更大级别的优势积累。该理论包含了三个主要内容:先者生存,群集现象,微量演变。举个例子:就像国内的几所名牌大学,它们有很好的管理和团队,但是更重要的原因不在这里。由于历史等原因,它们已经形成了巨大的优势富集效应,全中国的顶尖人才都被它们拿去了,还有政策、资金等多方面的支持,每年高考,全中国各地的文、理科状元几乎都集中少数几所高校,剩下的很小部分再由全国上千所大学来分。谁又能和这些大学比呢?! 所以说,在一个起点上超出去一步,后面就会有更大的优势和机会显现出来,并形成联动效应,这就是优势富集效应。媒介歧视在一定程度上也是优势富集效应的结果,我们可以从那些高端定位的媒介报刊为什么在很短的时间内能够盈利得到验证。国外的如《财富》,国内的如《瑞丽》等许多时尚杂志,媒介可以通过先者生存,群集现象,微量演变而达成质的飞跃。

当然,即使报道这一群体,大众媒介也是出于自身利益考虑的结果。大众媒介的发展史就有许多鲜活的例子说明各媒介在竞争格局中如何以负面内容取胜。如19世纪30年代美国报业巨头赫斯特和普利策之间的竞争,导致了黄色新闻的泛滥。同时弱势群体的悲惨命运、不公遭遇、无力自救等要素,刚刚契合了当前媒介所需要的报道策略,以弱视群体的弱小或悲惨的境遇构成悲剧性的煽情话语景观,激起大部分人都有的好奇心和同情心,从而实现注意力资源的凝聚。因此,关于弱势群体的报道往往只是媒介用来实现最大化的读者惊耸的策划和炒作或作秀的一种手段或途径。如媒介关于肖志军拒绝签字导致孕妻死亡事件,在新浪网上,题为丈夫拒不签字手术致妻子难产死亡。http://www.sina.com.cn2007 年 11 月 21 日 21:01 的报道中,共有 87,680 条共 244 页的最新留言,可以想象网民对此的关注度。其实,媒体在报道这件事的时候,也不是站在一个中立立场上的客观报道,是将主要矛头指向当事人肖志军本人。如其导语的设置:

今天下午4点左右,北京某医院,一名孕妇因难产生命垂危被其丈夫送进医院,面对身无分文的孕妇,医院决定免费入院治疗,而其同来的丈夫竟然却拒绝在医院的剖腹产手术上面签字,焦急的医院几十名医生、护士束手无策,在抢救了 3 个小时后(19点 20 分),医生宣布孕妇抢救无效死亡。

很明显,导语给人的第一印象,鲜明的形象对比,就是医院实施有效的说服,积极救治,而同来的丈夫竟然拒绝签字导致了产妇的死亡。而且调来来神经科医生确认其没有精神病。完全是在医方的立场来进行文本的结构和报道的。面对着这样一个个体生命垂危的紧急关头,医院这个救死扶伤为天职的群体所先考虑的是如何实行这机械的术前签字制度,以免日后担负有可能产生的天价赔偿。而肖志军呢? 他是怎样的一个有行为能力的个体? 通过后续的向观众媒体的报道,得知他俩连初中都没有毕业,而且搞不清楚自己到底有没有你结婚? 去了民政局,就说登记了。但是没有结婚证。可以说在北京这个喧哗的大都市里,他不是精神病,但是也至少游离这个大都市运转的游戏规则之外。可在事件的漩涡中心,没有人真正的去了解他的内心,这丧妻失子男人内心的痛苦、遗憾和绝望。事件之后,他成了众媒体的追逐对象,以致有媒体报道他在北京吃的记者买的,穿的和住的也是。媒介还做了大量的所谓深度报道,对其父亲和家庭成员毫无隐私的进行报道,寻找产生此行为的动因。由此,转移了社会关于这次事件中医院以及相关医疗制度缺陷的反思。作为弱视群体的肖志军,媒介为他树立了愚昧、无知、冷酷的形象,以致有网民直接建议他去自杀,因为他留在世上毫无作用,只能给人伤害。可以说,媒介关于意外导致死亡的报道,没能激起人们对于生命的重视和珍惜,反而激起许多人因两条生命的离去而对这个同样受到伤害生命的轻视。媒介在塑造肖志军的报道形象时,有意或无意的在家庭出身、教育程度、行为、动机和价值观等方面的偏见和歧视。极力渲染他的负面行为,如好吃懒做、欺骗、不务正业、偷领父亲的退休金,特别在价值观上,如生日八字迷信等。可以说是打着追寻其行为动机的深度报道的旗号,而无视他个人的隐私和人格权利。因此难怪新浪网设置的关于谁应对此事负责的调查版显示,共有 111,432 人参加了投票,大多数人选择了肖志军应对此事负有责任。如下表①:

选项	比例	票数
死者丈夫	69.34%	77270
医院	23.68%	26386
不好说	6.98%	7776

2. 媒介无意识的结果

媒介无意识,在这里主要是指媒介组织人员在报道的时候,常常受自身客观条件等局限不能很好认识的报道客体,一定程度上,是受主流意识形态或当代消费文化理念的鼓噪,失去了判断力,去迎合所谓的大众口味和品位,从而在报道的时候产生偏差、扭曲,最终形成媒介歧视。囿于陈见,失去了分辨能力,人云亦云。

媒介无意识很多时候受到媒介运作特点的影响。媒介大量复制、快速传播的运作使得媒介从业人员的主体性丧失在这种机械的流水线生产的威压下,而失去了反刍的机会和功能。

其次,传统文化习见等造成集体无意识的结果。例如对于弱势群体的

---

① 新浪网调查. http://news. sina. com. cn/c/2007 - 11 - 26.

评价,在现实社会中一般来说大多是比较负面的,因此,媒介组织人员也难逃羁绊。例如,对于弱势群体的残疾人,社会对此的看法,残疾往往就是残废、无用和累赘等。而对于海外华人,在所谓的第一世界的资本主义社会国家里,本身就是"抢食者"、"外来文化入侵者"等。

三、弱视群体镜像歧视的后果

1. 微观层面看,误导公众对弱势群体的形象认知,背离大众媒介作为社会公器的使命和职责

报道对象、媒体、公众这三者之间的关系是相互联动和相互影响的。在一定程度上,媒介左右着公众的视线,是"人们联系、认识外界现实的窗口。既然如此,媒介在为人们开启外视之窗的同时,也就规范人的认识了"[①]。其实不仅仅是规范,而且是限制了公众的视线和视野。因此,假如作为窗口的媒介染上了歧视的眼疾。那么公众通过这窗口所能看到的弱势群体的影像就是变形的、非正态的。而著名的托马斯公理和社会学者默顿的"自我达成的预言"都告知我们,这是非常危险的。因为公众会根据这种不全面或者错误的媒介拟态做出不恰当的判断甚至行动。人类社会的历史上不乏有这样的反面例子,如传播史上著名的"火星人入侵地球事件","美西战争",包括二战希特勒的新闻媒介的鼓动性宣传。在弱势群体的报道中也不例外。例如,2008 年,轰动香港大陆、台湾甚至国外媒体的"不雅照事件。"这一事件完全暴露了当前许多媒介对于女性这一弱势群体的歧视和利用。如邱瑞贤在《广州日报·隐藏在"艳照门"幕后的网络角力》谈到[②]:

> "你今天看了吗?"据说这是目前最新的流行语。今年春节前后,在讨论得最火的天涯论坛上,网民们戏称除了被雪灾困在路上的人们以外,其余都守在"搜网"的阵地上。在论坛上,一个从 1

①　黄旦. 新闻传播学[M]. 浙江:杭州大学出版社,1997。
②　邱瑞贤. 隐藏在"艳照门"幕后的网络角力[N/OL]. 广州日报,2008,2,21,10:8。

月 28 日就从香港网站转来的帖子引来了如潮的留言和回复,至今高居建站以来的"第一高楼"。

截至昨日为止,半个月间一个帖子已有逾 3000 万的浏览量和 17 万多的回帖量。

而这些网民是如何表现的呢? 此文描述节选如下:

> 成千上万的网民成了终日蹲守在电脑前的忠实受众。一周前,有香港媒体报道当地掀起疯狂"搜网"热潮,一名中年网民在抱病的状态下不惜花费逾十小时搜寻,终因体力透支过度,大叫一声后晕倒,惊醒家人报警送院急救。

除了两个猛然崛起的论坛外,因事件而成为"重灾区"的不少网站同样引人注目。如百度网站的"钟欣桐"贴吧在 2 月初就一度遭到网民围攻,起因由于该贴吧"吧主"为维护钟欣桐的名誉而贸然发言,并以粗俗语言攻击在另一网站聚集的中国留学生及海外华人,造成不满网民进入贴吧进行大规模"爆吧"行动,并威胁要求当时在职"吧主""下台"。

整个贴吧瞬间被垃圾帖子淹没,原"吧主"在 2008 年 1 月 31 日当晚主动辞职。后一任"吧主"丝毫不理会抗议而导致"爆吧"激化,网民进入贴吧发表不满,并在投诉区要求罢免吧主。此位"吧主"最后因其账号被盗而结束"吧主"身份。

有人为了猎奇不顾老命;有人因此失去了工作;更有报道有网民夫妻为此事而离婚。因此,可见媒体在放大某一事件的恶剧和惨剧。著名作家刘墉谈到此事时,认为:

> 人们的心里都有一把尺子。
>
> 希望当陈冠希的床照风暴过去,那些"女子"再一次出现的时候,我们这千千万万因为好奇而上网看过、笑过、谈论过甚至传送过的人,也能给她们宽容。
>
> 当幸灾乐祸的卑劣过去,同情悲悯的崇高总会浮现。
>
> 但是,别忘了,貌似是公允的呼吁,其实也显露了作为男性公

众人的一种偏见,被卷入的伤害者却被其称为"那些女子"。潜台词里意义同样波涛汹涌。

幸亏有众多的媒体和当局者,意识到媒介伦理和道德沦丧所带来的消极影响而采取了果断的措施,动用法律来修复创伤,进行正确的舆论导引,最终才关上部分媒介和公众的猎奇欲望和窥私之门。

当然,媒介歧视只是当前某些媒体的短视行为,短时间的轰动效应并不能带来媒介持续的好声誉和品牌效应,相反会产生反作用力,从而导致媒介公信力的降低,最终自食其果的还是媒介本身。

2. 宏观层面看,加剧社会阶层的隔膜和断裂,不利社会的和谐和稳定

根据"信息沟"的假说,大众传媒虽然对信息富有者和贫困者都会带来知识量的增加,但由于前者获得信息和知识的速度大大快于后者,就会产生强者恒强、弱者恒弱,老沟未平、新沟又起的"马太效应",使两者之间在拥有信息和知识的差距不是缩小而是增大。从而加快了两者之间在拥有财富上的两极分化,不利于和谐社会的建设。

具体的来说,媒介在歧视性新闻报道中,催化反面力量的扩散,部分弱视群体效尤,突破规范,造成不良的社会影响后果。如农民工要薪事件中"作秀"行为的兴起。这一点将会在个案中作深入的分析。

当然,弱势群体也不是一个完全被动的群体,他们也是一个具有自我行动的能力的群体。他们和媒介的关系,既是客体,同时也是主体。也许某一情景下缺少话语权,但是在媒体的放大器的作用下,他们有可能在某一时间或事件中也成为社会的热点或焦点群体。由此,有人就提出,弱势群体真的弱势吗?这样的反思。也许同样值得我们门去警惕。因为,媒介歧视是一种有违媒介专业精神和职业道德的行为,对于我国的新闻传播事业是不利的。媒介"超视"的确值得我们冷静反思,即过于关注和轰炸式的聚焦弱势群体也同样违背媒介报道的专业精神和职业道德。同样是戴着有色眼镜去看待这一群体,不值得推崇。

第三节 关于农民工要薪事件的个案分析

改革开放以来,在弱势群体的话语体系中,农民工无疑是新生事物而且是数目庞大的群体。据《经济日报》(2007 年 5 月 8 日)报道,2007 年全国农民工人数接近 2 亿。在中国重要报纸全文数据库中,以农民工为关键词进行搜索,共有 5895 条之多。因此,本节主要是以农民工报道中比较典型的要薪事件为个案,反思当前媒体关于农民工的报道,指出媒体在报道此群体时存有明显的歧视或误导。媒体往往有意或无意使这个群体变形,达成吸引眼球注意力的效果。

每年的年关了,农民工要薪问题总成为各大新闻传媒的报道热点。本来是堂堂正正的血汗钱,但是却因为老板的各种借口拒不付酬而导致了花样迭出的要薪手段。媒体报道,有"跳楼讨薪"、"爬广告牌讨薪"、"太太讨薪团"、"寄贺卡讨薪"等等。要薪手段比较新奇,这也符合新闻媒体想要吸引眼球的目的。但是,农民工的辛苦血汗钱并不一定能够最终获得,而且还可能遭受恐吓甚至皮肉之苦。如南京有一农民工朋友就因要薪而被砍断了手臂,非常的恶劣。媒体的关注,当然有助于全社会对这一群体的生存境遇和遭遇的关注和同情,同样也会引起各级政府的重视,推出相应的制度和法规进行协调和治理。所以在这中间,我们的确应该感谢媒体对此类事件的关注和报道。但是,看了众多相关的要薪事件的报道之后,对媒体在其中的报道成规和集体无意识成见却产生了疑问。农民工到底是"讨薪"还是"要薪"?媒体在其间是否真正的充当了社会公器、意见交换的平台?还是只为了应应时令或者处于新闻猎奇、炒作的需要而报道和纪录他们?如何去改变这种境遇?

一、透视"赤脚讨薪"的修辞策略

在中央电视台新闻频道的《社会纪事》栏目中,曾播出过一个纪录片,片名为《赤脚讨薪》。片中讲述的主要人物是来自四川的农民工李正洪,一开始他是非常的理直气壮和他的朋友去要薪的。他认为他们干的活就是很好的证明。但是没有想到包工头却不认账,也不露面。致使要薪成为了一件和登天差不多的难事。可以说在这里,李正洪仍然是拿基于农村社会的道德诚信和习惯去衡量基于现代契约关系而产生和发展的都市社会,因此注定他的坎坷和艰难的要薪之路。

"赤脚讨薪"是比较典型的农民工要薪难的典型案例。说它典型:

一则因为它发生于"天子脚下"的北京城。

二则是欠债的老板态度非常强硬。他拒收传票,而且不出庭。更有意思的是,就在这样的情况下,农民工兄弟在一审中还是败诉了,由于保管不善,重要的证据——劳动合同协议的原件丢了。

第三,是农民工没有像上述的兄弟那样,想出别出心裁的"讨薪"方法,而是遵纪守法,走合法的渠道,求助有知识的朋友,求助政府相关部门以及走法律程序去维护权益。因此有很好的正面导向的效应。这部纪录片在新闻频道《社会纪录》栏目中播出,在权威主持人的节目引语的穿插和导引下,可以说水到渠成,非常的有震撼力。但是细琢磨,从新闻传播的角度对其进行考量却发现了媒体报道的不严谨。

首先是片名,"赤脚讨薪",极具煽情意味。赤脚,无疑是无权无势又没有物质保障的最底层人的写照。就这样的人要想获得自己的血汗钱,奔走在没有话语权的城市。但是,这是和事实不相符的。因为,其中的主要人物李正洪,他去要薪的时候是西装革履的,并没有像片名所指示的那样寒酸或落魄。其次,他去要薪的时候,也不是赤脚一人,独自战斗,而是一直有他的好友巴特伴随其左右,除了巴特,他还有一起干活的工友,法律援助中心的人士,在法律援助中认识的老乡王国君以及法院同志对他们的提醒乃至最后所请的律师。因此,"赤脚"的形容并不妥当。有利用过分修辞赢得眼球注意力经济、过分渲染"讨"之嫌。

其次,叙事的一元化模式是不符合新闻报道或纪录精神。因为三十来分钟的节目内容主要是靠农民工一方的单面陈述而建立的。而其间,画外音和节目主持人的叙述只是佐证着农民工的意见表述。因为,对立的一方,拖欠农民工薪水的老板一直没有正面露面。记者曾经试图以电话联系,向追寻他为什么不给钱的直接解释。但是,他以打错电话而挂了电话。

而后,媒体也就偃旗息鼓了,以后的讲述话语都是建立在三个农民工身上。当然,这种一方不在场的叙事手段,无疑会激起受众一厢情愿的情绪表现,对农民工的深切同情,对欠薪老板的鄙夷和愤怒。从而做出有利于农民工的态度或行为反应。但是,从媒介专业主义理论出发,这是片面的报道和纪录,他没有形成多元的意见交换平台,因此,农民工的陈述显得有些单薄和无据。以至最后的一审败诉也是情理之中。其实,要想获得更多对立双方的素材或证据并不时非常困难的事情。因为欠薪老板也不是一个孤立的人,他有他的肥牛火锅城,有他的实体以及相关的社会关系。直接的信息非常难以获得,因为那欠薪老板有可能真的不合作。但是,间接的信息应是随处可得,包括那片中出现的肥牛火锅城的职员和食客。

以上这种悬疑化、传奇化的小说或戏剧的叙事方式,恰恰伤害了新闻报道或纪录的全面而真实的原则,这也是当前农民工要薪事件报道中需要警惕和反省的一课。报道要薪事件,不是为了引起一时的群情激愤,而是提供事实的平台,让大家理性的获知信息,交换意见,从而探寻问题解决的途径和方法。

因此,在这一点上,关于“讨薪”,我更希望能恢复“讨”的本意。查阅了关于“讨”的字源,是会意字。从言,从寸。言,言论。寸,法度。用言论和法度进行处治。本义为声讨。但是随着社会的发展,本意在不断的弱化,而延伸的词义在不断的演化和扩展。在现实社会中,“讨”更是一种不得已的主体匮乏而希望有所得的行为,如乞讨,讨好,讨饭,讨米,讨吃,讨厌,讨嫌,讨饶,讨账,讨债。因此,“讨薪”一词看起来似乎是个中性词汇,归入讨账、讨债这一词类当中。可是,在现实受众的第一反应中,“讨”注定和乞讨更能生成词义的紧密关系和联想。俗话说得好,“欠债的是大爷!”何况这些“讨薪”的农民工在这繁华都市里本来就是没有话语权和合法身份的弱势群体。因此,其间的索要过程之艰辛和复杂就可想而知。放低了身段和脸面,要求得到本应属于自己的那份血汗钱。在此意义上,“讨薪”和乞讨者没有区别,人格的贬低和蔑视,似乎比乞讨者还多了一份危险,人身的不安全。

　　作为大众媒体,社会的公器,舆论的引导者,面对弱势群体,更需要严谨的措辞和考虑。讨薪和要薪、"讨薪"还是讨薪,虽然只是一字之差,或者一个简单的双引号之别,但是形式的简单区别,却隐含着意义和读解的天壤之别。因为这份薪水或工资,本是农民工一个月或一年的实实在在的辛勤劳作的报偿,而不是所给打工老板的恩惠和赐予,乃至慈善。本属于自己的,就应该是大大方方的去拿回来或索要。所以,对媒体这种集体无意识的修辞表达,也就有必要进行商榷和质疑。

二、如何形成真实的农民工报道之像?

　　在回答这个问题之前,联系上面的案例我们有必要对当前媒体关于农民工报道歧视的原因进行必要的分析,然后才能对症下药。从上面的分析我们可以看出,农民工的报道误区有两种,一是传媒无意识的行为结果。如上面的措辞,"讨薪"就是媒体在无意识的情况下使用的。二是有意为之的,如传奇式的报道策略的选择。

　　第一,针对传媒的无意识心理,新闻专业主义的教育非常重要。对于无意识行为,只能借助专业知识对其进行修正。

　　第二,对有意识的行为,应该加强行业的监督和管理以及职业道德、修养的提高。尤其重要的是新闻记者在具体报道农民工这个群体之前,应有一种平等的心态和人文关怀的立场,深入到这个群体生活,了解他们的喜怒哀乐,洞察他们的心声和急需得到社会关注的问题。而不能拿要薪事件为噱头,提高发行量或点击率的砝码。报道了,也就结束了。至于要薪的结果,农民工兄弟是否真正得到了血汗钱却成为了画外之音,无法确认。

　　当然,在要薪事件的无限放大和传奇化的报道中,也诱使了一部分媒体和相关的人动不动就模拟以往的要薪事件程序,如群体站在某城市高楼的房顶,或广告牌上,扬言不给工钱,就跳楼。从而吸引了媒体、众多的路人、警察、甚至消防。重庆晚报(2008 年 11 月 26 日)报道郑州一房产公司售楼小姐集体跳楼讨薪。报道说,郑州"公园一号"楼盘工地的 25 楼上站着6位售楼小姐,她们决定要以集体跳楼的方式讨薪。受金融危机影响,楼盘滞销,工资拿的很低,而且公司承诺的销售返点又无法兑现。下午6时许,在民警的协调下,房产公司的财务人员将钱取出,为对方结算工资和提成。随后,6名女孩下楼。

很明显,这应是一次媒体和要薪相互合谋的结果。不然,也不会有相关这么多的网上图片。要薪的女孩也不会仍旧打电话,或者用脚试探着建筑体外。在这报道中,要薪的人仍然是独立于我们司法社会之外的人,因为他们所能依循的仍是传统农业社会的自然法则,以自身的力量和异己的力量抗衡,而不是借助于当前较完善的法律体系以及相关制度进行维权。而许多地方媒体所看重的也就是这种权利或权势差距的喜剧化而产生的社会反响。既丑化了这个群体,也是对当前我国的司法体系等相关制度的一种漠视。因此,妥当的办法,是媒体应该多报道和宣传相关的要薪程序和途径,树立相关的合理化要薪的报道典型,引导农民工群体维权的正当性和合法性。

最后,当然,要想形成农民工这个群体真实而客观的媒介形象,减少镜像之间的误差,除了媒介哈哈镜应负有相当的职责以外,首先农民工自身这个群体本身也需要不断的学习和成长,与时俱进。其次,也许更重要的是,媒体、政府和社会应该逐渐意识到农民工这个弱势群体的产生,一方面是源于我们古来有之的城乡二元对立的社会发展模式。另一方面也是改革开放大潮中,社会阶层和力量重组的一种表现。因此,制度性的调整和改善,经济发展的深入和推动,势必会改变和影响着这个群体的现实境遇和镜像之体。

第八章 大众传播媒介中的女性歧视问题

"性别"歧视由来已久。尽管前卫的女权主义者不喜欢把历史叫做"history",但事实上,人类历史自有了文字记载、人与人之间有了初具规模的传播活动开始,占社会主体地位的就是男性群体。他们撰写历史文本以及制定几乎与文化有关的所有文本;他们制定了两性在家庭和社会中的"对话"方式和规范,并通过强大的舆论力量和道德意识束缚,把女性群体限制在不能危及男性群体统治地位的范围内。

女性歧视现象在提倡男女平等、妇女运动风起云涌的 20 世纪虽然较过去有所改进,但歧视现象依然存在。如不少国家与地区依然存在女性找工作比男性困难,男女同工不同酬,视女性为男性玩物的现象和观念等等。

那么,作为以传达信息、提示外部环境变化为基本职能的大众传播媒介,是否也同样存在着女性歧视现象呢? 通过实证分析及研究发现:虽然新时期在大众媒介中我国女性的诸多显性权利被大张旗鼓地报道和宣扬,但一些隐性歧视并没有减弱。

第一节 大众传播媒介中女性歧视的具体表现

在我国,两性群体之间不对等的传播方式古已有之,且非常残酷,例如:规定一女不事二夫、行不露足、笑不露齿;强令她们裹脚、当节妇等等。这种现象在新中国得到缓解,新中国政府提倡男女平等,客观上助长了女性话语权的发展和强大。但调查发现,新时期虽然女性诸多的显性权利得到了伸张,但隐性歧视并没有减弱。

我们来看一个简单的例子,大家都知道现如今美女广告越来越流行。年轻貌美的女子看起来是广告对话中的主角,而事实上女性群体在这样的对话里只被当作"表演"者来满足众多"观看"者的身心需求,而大多数男性则充当了"观看者"。

这是一些我们日日可见,却又熟视无睹的镜头和画面。

镜头一,一位美女身着某品牌低胸塑身内衣,露出丰满白皙的胸脯,风情万种地朝观众笑着,一会又变换各种身体姿势,努力展示身体曲线,特写镜头一次次从女主角的胸部、腰部、臀部滑过,强烈地刺激观众的感官。

镜头二,一位穿着超短裙的年轻女郎手拎购物袋,优雅自信地从几位男士身边走过,引起他们回头凝望,放大的瞳仁中反射出女郎苗条的背影。女郎似乎颇为自得,在跨入跑车时露出盈盈笑意。最后一个男音响起:不只是吸引———××袜业。

镜头三,两个男孩在树下思考如何追求同一女孩,当其中一个男孩先后送出两件礼物时,女孩马上变得兴高采烈,颇有动心之意,当另一男孩拿到一张某快餐品牌最新推出的菜品的优惠券时,女孩马上把另一位晾在一边,和这个男孩飞奔而去。

在不计其数的奶粉、食品、药品、洗衣粉、厨具的广告中,总有一位朴素大方的妻子忙碌在厨房或洗衣机旁边,乐观开朗地做家务,不仅无微不至地照顾子女,还对老公无限体贴。

长沙报纸媒体还曾刊登出一则性暗示极为露骨的广告。一个身着内衣的性感女郎配发"我只卖2390~2890元/平方米"的广告词,一旁还有"位置不同,价格不同,享受不同"等措辞暧昧的表述,以占有女性为卖点不言自明。

在当今的传播媒介中,性别歧视的总体表现为缺乏对两性贡献的均衡报道,具体体现为以下几点:

一、弱化型

所谓弱化型就是把女性作为弱势群体来报道和对待。美国学者塔什曼(G. Tuchman)在《大众传媒对妇女的象征性歼灭》中通过对美国传媒中女性形象的分析,认为女性在媒介内容中或者缺席,或者利益被忽略和排斥,或者仅被当作单纯的装饰物以符号化方式呈现出来。男人在媒介中的象征性符号通常被表现为占优势的、活跃的、积极进取的和有权威的,女性则通常被表现为次要的、被动的、唯命是从的和边缘性的。① 戴尔在《作为传播的广告》中通过对广告中的性别角色进行分析表明,广告中妇女常常被表现得极其女性化,成为"性对象"、家庭主妇、母亲、操持家务者;而男人则处在凌驾于妇女之上的权威的和主导的地位上。② 电视广告、电视剧中的女性角色大多是年轻、漂亮、苗条、被动、软弱、没主见、依赖别人,把大部分时间花在梳妆打扮上,媒介有意突出她们的"女性特质"(femininity),这样的女性被刻化在情、爱、家庭上必然属于弱者。电视剧的女性大多纠缠在一些"女人间的战争"中,在潜意识下标签了女人彼此间对身体、欲望、情爱的三角关系的争夺,这种行为甚至会被解释为是为"取悦男人"而争执。

新闻报道大多也将女性视为弱势群体来处理,以2006年9月1日到9月11日《羊城晚报》的第一版报道内容为例,在报纸中可以看到,平均出现的女性图片和以女性为内容的报道不到整版的十分之一强。如9月3日第一版刊登两张女性图片,一张是"轮椅女",一张是"被从桥上扔下的女童",而后一个报道给出的图片,是女童的母亲在痛哭。我们来试分析一下,女童在一般情况下应该还有父亲,当其父亲面对自己女儿的灾难时应该同样非常难过,但为何媒体只报道了女童母亲痛哭的样子,而没有报道女童父亲的状态? 是因为在普通人心里,男人更坚强,还是因为"母亲"更"脆弱",更能引起人们的共鸣呢? 不论哪一种理由,这都是将女性弱化的一种表现。

---

① [英]多米尼克·斯特林纳提. 女权主义与大众文化[M]. 陆扬、王毅选编. 视点:大众文化研究. 上海:上海三联书店,2001:285。

② [英]多米尼克·斯特林纳提. 女权主义与大众文化[M]. 陆扬、王毅选编. 视点:大众文化研究. 上海:上海三联书店,2001:202。

9月4日第一版是关于"被从桥上扔下的女童"的后续报道,9月11日两则有关女性的报道,一个是报道"遗孀",另一个是报道"女官"。普通女性是很难被作为报道对象甚至图片主题的,除非她们是女人中的典范,或者是社会中的弱势群体。在当今的传播媒介中,女性更多是以弱势群体的姿态出现,这是传播媒介对性别的一种变相歧视态度。女性在媒介报道中的正面形象急需得到改善。

二、忽视型

所谓忽视型就是媒体虽然没有任何歧视女性的言辞和行动,但是对以女性为主体的事件不予理睬和重视。在电视屏幕上,出现四个男人后才可能有一个女人露出她们姣好的面容。而在有关政治性的话题中,男人更是占据了绝对统治地位,只有14%的主题是女人的。而当女人成为主要话题时,主要是在各种晚会或庆典活动中占42%;在操作家务(75%)或者作为学生出现(51%)。男人占据话语权还有很多数据为证:作为专家的,83%是男人;作为发言人的,86%是男人;与之形成鲜明对比的是,女性更多出现在私人场合:作为目击者(30%);表述个人看法(31%),代表公众观点(34%)。

仅以《人民日报》2006年9月1日到9月26日第一版为例,其中出现的女性图片所占分量不到四分之一,而有关女性报道所占分量不到六分之一强。若是考虑到《人民日报》是党报的特殊性,那么我们再来看看《南方周末》和《羊城晚报》。在《南方周末》整个8月刊的第一版,女性图片和有关女性报道的占有率均为0%;《羊城晚报》的女性图片占有率为十分之一左右,女性报道的占有率为十分之一左右。为什么在党报和都市报中的第一版面竟然会出现这么严重的两性在报道数量上的偏差? 如果说党报要以国家大事为主、以党的最新动向为主,而不过多考虑男女性别之分的话,那么都市报出现这么严重的性别倾斜性报道,就讲不过去了。这样的数字和情况很明显地向我们说明了一个问题,那就是:它体现了以男性为中心的社会倾向,女性在传播媒介中处于被忽视的地位,而这样的忽视本身其实也是一种歧视的表现。

同样在新闻媒体中,女新闻工作者所占比例也较小。据调查,电子媒体37%的员工是女性,而从事报纸工作的女性所占比例更小,只有29%。这些女新闻工作者主要活跃在两个报道领域,一是电视台和电台的天气预报节目中;二是有关贫困、家居、社会福利和庆典等新闻中;与之相比,只有32%的政治新闻是由女性报道的。

三、复制型

所谓复制型就是媒介不假思索地遵从传统文化和习惯中对女性的刻板印象,盲目地予以复制并进行传播。在当下的传播媒介中,女性通常是年轻貌美的,贤淑温柔的,感性被动的,善良软弱的……媒介不断重复地强调这种对女性的定位,复制了一个又一个符合传统评判标准的女性形象。以此有意迎合"大众口味"以满足媒介的经营性需要。

清华大学人文学院刘兵教授也阐释出,"广告中的男女分工预示了社会地位的不平等,比如一个品牌就是'爱妻号',名义上是爱护,关爱,便利,实际上将家务工作完全定位在女性身上。"广告对女性角色的不当定位阻碍了女性性别意识的觉醒。广告中又常常对女性角色如此宣传,"如果我不漂亮我就难以成功,所以我会追求漂亮",所以女性要寻找使自己变漂亮的参照物。各种媒体让她们处在一种追求美貌和漂亮的虚假镜像之中,从而外设女性的形象和价值标准,并按照这种标准生产出好女性的形象供现实社会参照和模仿。

我们以一个台湾娱乐节目——《国光帮帮忙》为例,其中有一集的名字为《男人都爱长发美女》,节目但从命名上就可以体现出媒介对女性非正面形象的无意识复制。这一集的中心内容是讨论男人喜欢什么发型的女人,即男人是喜欢长发女人还是短发女人。这样一个出发点,首先肯定了男性的评判主体地位,同时也把女性定位在被观看的从属地位。另外,以"男人都爱长发美女"为主题的娱乐节目,其实也表现了媒介只考虑到受众的喜好,而不顾及传播内容的价值,在女性形象塑造方面盲目地追随传统的评判标准。就这样,受众在媒介的"培养"下,一直延续着对女性的固有态度和观点,任何有悖于这种传统价值的评判观念一旦被提出来,就会被视为异类,并受到"常理"的舆论压力,这样,两性平等的观念便得不到伸张,旧的腐朽的观点得以继续蔓延。由此看来,受众对待性别的不同态度也是传播媒介"复制"的结果。

四、偏差型

所谓偏差型就是媒介有意无意地不全面报道有关女性的消息,即在报道女性的角度和方法上都存在偏颇,进而影响了受众对女性的全面正确认识。在我们的生活中,经常可以看到形容男性用"理智""沉稳""智慧""坚强"等词汇,而形容女性常见的词汇是"美丽""温柔""体贴""贤淑"等,这种定性词汇的使用本身就是对女性的一种歧视。在大众传媒提供的媒介内容中,女性真正想通过媒介讨论的就业、受教育、情感与心理、身心健康、女性文学以及对家庭暴力的批判等方面则是基本上是缺失的,对女性的真正需求完全忽视。在娱乐业和广告中,虽是女性为主导,而幕后潜在的心理因素却是男性中心视觉。某一手机的广告词是:"她聪慧动人,她清新如水。芳名:智能星;三围:109 mm,45 mm,21 mm;身材:小巧玲珑;身价:1980元。"女性在这里完全被看作美丽动人的有价之物。将女性和手机等同起来,即女人 = 物,这显然是对女性人格的轻视。娱乐取悦谁?是男性,女性成为诱惑视觉的工具。媒介的偏差误导性报道致使受众对两性的认识产生偏差,这种偏差型歧视普遍存在于传播媒介中。

很多针对女性的杂志,无论是纪实性的妇女杂志如《家庭》、《知音》,还是时尚类的妇女杂志如《时尚》、《瑞丽》,它们都无不复制了既定性别意识、性别关系和性别认同。这类杂志中女性美被传统地界定为男性眼光中的性感尤物,"女性被切割成'零件',活在男性文化所主宰的审美活动中;而作为审美的主体,男性对女性容貌、身材的期待实质上形成了对女性的一种控制。"①70 年代出生的女作家卫慧、棉棉的"身体写作"显然是对男权制的一种积极迎合,她们作为新时代女性并非自主地去颠覆传统,而是身体力行地取悦于男性,她们"并不拒绝男性的趣味,而是竭力体现出配合的趋势——她们不仅不反对男性的'窥视',而且主动地'展示'。"②女性除了被媒体按照刻板印象去塑造外,女性也主动用身体吸引男性欲望并自觉"暴露女性情欲",这使得媒介中女性的刻板印象不是有所改观而是逐渐被稳固和加强。

第二节 性别歧视在传媒中形成的原因分析

一、社会原因

从社会学角度讲,当人与人之间结成群体,即一个与其他群体相区别的群体时,他们便会感到歧视的存在,而从属于或者异于某个群体则是"歧视"的基本特征之一。"歧视"作为不同群体之间的"无形壁垒"几乎贯穿了整个历史。简单地说,当"性别"把整个人群分成"男性"和"女性"的时候,就形成了男性群体和女性群体这两个相互区别的群体,而一个群体区别于另一个群体的原因,便是这两个群体之间存在着差异即"不同"。这种"不同"催生了一个群体对另一个群体的僵化性认识,这种僵化性认识在两性群体不断的对话和力量对比中发展成"歧视"。

"歧视"是一种集体的态度和观点,并通过各种人际传播和组织传播形成一种强大的不可逆转的舆论,对其他群体抱有"非我族人"意向的群体会不由自主地控制那种具有强大力量的"舆论",并在相互的信息交流中拥有了"歧视性传播"的特点。这种深植在人们意识中的舆论仅靠短期的一种

---

① 蔡骐、黄金.女性主义媒介研究初探[J].湖南师范大学社会科学学报,2004(3)。
② 荒林、王红旗.中国女性文化[M].北京:中国文联出版社.2001:281。

政治力量或对抗性言论很难打破和改变,人们有意无意地关注和寻找两个群体之间的差异,正是由于两性之间的被关注度存在差异,故两性之间也产生话语权的强弱,这种话语权的强弱是两个性别群体在力量的不断较量和妥协中确立的,"歧视"也就伴随着话语权的强弱而产生在两性群体之间。

2008 年春季出现的"艳照门"事件就是社会舆论不能在两性之间平等分配的典型事例。两性之间的差异催生了男性群体和女性群体在"艳照门"事件中的不同态度和立场,即僵化认识。大多数男性以传统道德为准绳对"艳照门"中相关女受害者进行谴责和戏谑;而大多数女性又从保护女性的角度出发对男性的纵欲、缺少责任感等问题进行了抨击。事实上,男女两性群体在面对"艳照门"事件的时候,都不能从全面的,完整的和公平的立场出发去直面"艳照门"事件对社会公众道德、法律建设的影响,于是一种女性歧视问题在"艳照门"事件中体现无疑。当女性贞守的传统观念成为一种集体态度和观点的时候,这种打着"社会道德"旗号的偏颇观念通过大众传播、组织传播和人际传播形成一种强大的不可逆转的态度,于是"艳照门"事件中的相关女性就成了集体观点的牺牲品。这种深植在两性之间的态度差异是任何抗争性异议或者辩驳都无法改变的。在"艳照门"事件中,一种群体会注意区别自身与其他抱有不同意见的群体的差别,并试图通过控制具有强大力量的"舆论"来对另一种争议性言论进行压制。不同群体之间的区别会潜移默化使男性和女性在"艳照门"事件中关注和寻找两性的差异。也正是因为人们关注两性之间的差异,所以才会产生关于"艳照门"事件的不同的声音。可惜的是,女性群体在争夺话语权的战斗中常常败下阵来,这是因为千百年来在传统观念的辅佐下,女性在群体力量的较量中,在话语权的争夺中,常常会败给男性群体。

二、文化原因

虽然"男女平等"已经受到了《宪法》和《妇女权益保障法》的认可和保障,但是几千年遗留下来的男尊女卑,重男轻女的传统思想依然根深蒂固地成为一种文化心理,人们的这种性别意识不可能在一夜之间而被改变,我们需要的是一场更深刻的文化革命。传播媒介所传播的以"男权"为中心的价值观,以及周遭强大的"男性话语权"使女性的声音越来越少地被听到。这种几千年来形成的"男权中心"价值观麻痹了女性的社会性别意识,使其对既有的两性不平等秩序失去了批判力。

试以"艳照门"为例。事发伊始,男主角陈冠希的女友就站出来,对其表示支持,而相关女主角的丈夫或者男朋友却见了记者就躲,时至今日,受害者张柏芝的婚姻幸福依旧是各大报纸的卖点。这样的现象使我们不得不承认,这是个男权社会。男性的权利和意见得到了极大的维护和尊重,女性的声音越来越少被听到,千百年来所形成的"男权"价值观甚至蒙蔽了女性的社会意识,使很多女性在听闻"艳照门"事件之后立刻以传统女性道德为准则,通过个体言论对事件中的女性受害者加以讽刺和指责,这种状况的反复发生使女性对既有的两性不平等现象失去了判断力。

不仅是传统的观念助长了"性别歧视",目前大众文化的娱乐化倾向也对性别歧视起到了推波助澜的作用。消费主义意识形态的传播使人类放纵欲望、贪图享受。"艳照门"中的艳照在网络上和社会上的快速流传,不仅对受害女性造成了严重的伤害,还对社会造成了严重的不良影响。当消费已经成为一种文化,传媒中的女性形象也被物化为一种享乐主义的符号,当女性的被娱乐符号体系已经偏离了大众传统价值观的时候,媒介也更容易传播含有女性性别歧视的语言和信息,对女性进行无情的打击,

三、媒介素养的问题

媒介素养是指人们特别是青少年正确理解、建设性地享用大众传媒资源的能力,能辨别媒介传播内容并具有健康的媒介批判能力。媒介素养使大众能充分利用媒介资源完善自我,参与社会发展,同时监察和改善传媒,做个既有责任心又有批判能力的公民。

由于现代传媒及时迅速、无所不传、图文并茂的信息展现方式,使得依赖传媒往往可以满足我们了解更多信息的需求。人们也心甘情愿地将传

媒所营造的信息环境作为自己了解两性世界的重要"窗口"和自身行为的重要参照体系。单纯依赖媒介信息并完全信任媒介内容,使受众并不能对媒介进行信息传播的各种内外因素进行综合分析和评判,更不会自觉抵御媒介在"性别歧视"这一问题上的不良影响。也就是说,大多受众在大多时候,并不知道何种信息会对人们的"性别"观和行动产生何种相应的效果,也不能判断谁的观点、谁的行为会被影响,当然也不能判断影响程度如何。受众这种对媒介全盘接受的态度是对受众自身的思考能力、鉴别能力、欣赏能力和自我控制能力的一种遮蔽。

相反,若是受众有了一定的媒介素养,受众便有了控制媒介对我们产生影响的能力,受众就更容易产生经过其自身思考以后对"两性"的正确的态度和观点以及相应的行动。在"艳照门"事件中,若是受众懂得尊重他人隐私,便不会引发艳照大量流传的现象;受众若是懂得尊重他人生活,便不会出现如狼似虎般的指责声和唾骂声;受众若是懂得法律,便会了解观看和散布艳照是违法的。但是,有的受众并不懂得尊重他人的隐私和生活,甚至不懂法,于是一时之间,关于"艳照门"的蜚短流长充斥着媒体和社会的每个角落。媒介素养教育的作用正是在于它能赋予受众完善的知识结构,为提供受众解读媒介信息的正确视角,培养受众不被媒介信息所牵制的能力,以及受众控制自身信念和行为的能力,使受众成为积极的信息使用者。

四、媒介自身运作的原因

1. 广告利诱下的媒体定位

传媒是一个具有公众性的经营组织,它必须把自己的信息产品或服务以商品交换的形式在市场上销售出去,它的特性使它不得不关注受众,即大众的需求,并给予其满足。另外,由于传媒活动在一定程度上是一种市场活动,那么各传媒机构之间就会存在以受众为争夺对象的激烈竞争,这样一来,媒介为了满足受众的需求进而实现媒介机构的赢利,哪怕宣传内容中包含带有性别歧视意向的传播内容,媒介也会予以采用。大众传媒机制的运营管理方式,使其越来越具有将受众市场化的特征,也使传媒业出现了前所未有的对利润的疯狂追求,这样的追求使其有时容易被眼前的利益蒙蔽,不顾其推动文明进程的使命,也不顾其基本的社会责任,错误地将女性商品化。

广告收入是绝大多数媒体的主要利润来源。媒体向公众以低于成本的价格出售报纸和杂志,使他们免费获得信息资讯,但最终还能赚取十几亿的利润,靠的就是广告商的投资。那么广告商的媒体选择标准也就决定了媒体定位的标准。

商业化程度的加深,导致媒体主动或被动地淡化甚至放弃自己作为社会公器的责任。外部资本的大量投入,使得都市消费主体成了资本最愿意面对的"目标读者群"。传媒的策略之一本是以舆论导向的身份引导,或者以设置引起公众关注热点的方式,错误地将女性商品化。而现代媒体就是通过为公众设置"议事日程"的功能,把社会的注意力和关注度引导到特定的方向,不为引导舆论,只为完成经济利益目标。

2. 竞争的加剧,导致时效性进一步强化

随着媒体间竞争的加剧,在媒体报道的过程中,往往会对时间要求非常严格。许多的新闻报道都必须在几个小时甚至几分钟之内做出。因此,在信息的采集和发布过程中,对很多问题都没有办法进行深入的了解,在整个操作流程中也比任何时候都更需要借助刻板印象来做出判断。由于媒介的构成主体——主编、编辑、记者——在长期历史文化的熏陶下,在他们的潜意识中,性别歧视的思想可以说根深蒂固。所以在时效性号角的催促声下,缺乏审慎思考的对女性构成歧视的报道不断见诸报端。

3. 媒介给大众提供了一个有偏差的"拟态环境"

面对这样一个信息高速传递的社会,受众的认知能力有限,他们不能完整准确地接受到所有的信息,在当代,随着传播技术的不断进步,作为听觉和视觉器官延伸的大众传媒逐渐成为人们获取信息和构建认知最为重要的方式,受众接受到的信息大部分都依赖于大众传媒机构。在性别歧视这一问题上,传播媒介总是把受众的注意力集中到"家国大事";把男人的注意力集中到经济问题,把女人的注意力集中到消费领域……对性别歧视问题的只字不提,也是存在于传播媒介中的一种性别歧视。

与此同时,正确的性别意识尚未全面进入主流意识群,同时,女性群体在对绝大多数受众产生巨大影响的主流媒体中所发出的声音和能量是较弱小的。大众传媒在性别歧视问题上所提示的"象征性现实"对人们认识和理解现实世界产生了巨大影响,而这种影响不是短期的,而是一个长期的、潜移默化的、"培养"过程,它在不知不觉中制约着人们对不同性别的不同观点。这也是性别歧视在媒介和社会中可以流传的原因。也就是说,长久以来对性别的歧视,有一部分原因是由于媒介的"培养"。

第三节 如何改善女性媒介歧视的现状

一、加强社会对媒体的监督力度

传播媒介所具有的经营性,使媒介更容易倾向于盲目满足受众的需求和盲目商业化以追求最大的经济利益,因此完全依靠媒介自身的监管是不够的,只有加强行政、法律、社会等方面的监督力度才能更好地督促传播媒介更好地履行起社会职责。

在行政上,行政部门应积极履行其监督媒介行为的职能,在大方向上规导媒介,使媒介能用正确的方法传播两性信息。行政部门也应制定相应政策以规范媒介在两性宣传中的行为活动。同时,行政部门不仅要制定规章制度以维护"两性平等",更应该致力于长久落实这些规章制度。在法律上,《宪法》和《妇女权益保障法》应该受到重视和加强,传播者和受众都应用法律来规范自己的言行。从社会角度上来看,社会中的有识之士应该肩负起舆论领袖的责任,一方面宣传自己的正确认识,评判"女性"歧视的错误观点;另一方面,他们应该充分发挥受众监督媒介的作用,使正确的认识得以伸张。

与此同时,政府要制定有利于正确引导"性别平等"意识的文化和传播策略,抵制腐朽思想。消除传播媒介中对两性的歧视,不应该只停留在呼吁的阶段,而应付诸实践。社会相关机构如"妇联"要发挥自身的职责,多多参与到媒介行为的监督活动中去,为切实保护妇女的平等地位而监督媒介。

二、媒介的自律

虽然大众传媒只是近代的产物,但它的主体构成——人——则受到的是历史文化的长期影响,媒介对女性的歧视有时是无意的、不自觉的,对于记者、编辑来讲也不易觉察到。更何况如今还有一些媒体工作者由于对金钱物质的追捧和膜拜,全然不顾职业要求和道德标准,甚至不假思索地有意贬低原本社会地位和角色上就属于弱势的人群,歧视现象发生的频率加快,程度加重,令人担忧。虽然我们不能一味谴责媒体,但媒体自身必须清醒地意识到,他们的大部分错误做法已经影响了受众,受众在潜移默化中已经认同了这些不正确的价值观,并开始按照媒体的视野角度来看待和思考。

提高从业人员对"歧视"的认识。只有媒介从业人员对性别歧视的认识提高了,才能在传播工作中避免向受众传播不恰当的性别认识,并为正确的性别认识的增长提供良好的舆论环境。

媒介的从业人员要提高"把关人"的作用。媒介只有实施更多的自我监督,才能更好地构建良好和谐平等的两性媒介环境。编辑要注意在报道、图片和内容中对"两性平等"的追求;同时媒体也应该将"把关人"的社会角色进行重新定位,从过去的让人们"看什么"改为教人们"怎么看"。编辑也要注意"媒介素养"的培养,肩负起提高大众媒介素质的社会职责。而记者在采访和报道中要注意新闻稿件或节目中关于两性报道的平等和平衡,多采访和报道有关女性的信息,尤其是有关女性的正面报道,提高优秀女性形象在媒介的占有率。

三、从文化根源入手

大众传媒通过对社会性别的文化表现，在很大程度上引导了现实社会中男性女性的生活选择。比如在强调消费的同时，媒体还在不断强化、教导女性怎么样为女孩、女人，男性怎么样为男孩、男人，并为之附上一件"现代性的时髦外衣，而实质还是"传统"对于社会性别角色的假定：作为一个女人，尤其是一个"现代性"的女人，一定要懂得世界名牌服装和化妆品，懂得保持迷人身材，说到底，要懂得消费、时尚、性感、温柔，还要是贤妻良母、有"女人味"等等；而男人则一定要懂得欣赏女人，能够在事业上有成就、能够养家，才"像个真正的男人"，这些现象背后蕴涵着这样的判断：做女人美丽即可，做男人则要成功。

社会学家认为，社会性别角色关系到个人和他人的社会关系，无论男性还是女性都是在和他人相处中认识自我、了解自我，也认识他人。两性生存空间和他们各自的性别角色也是密不可分的，也影响到他们社会贡献。在歧视性的角色暗示下，在对"女人要美丽，男人要成功"无止境的追求中，女性会不知不觉迷失个人本身的发展，继续重复延续了很长一段历史时期的性别刻板印象的文化框架；而男人也会面对非成就事业不可的压力和焦虑感，同时也会不断丧失一定的情感能力，因为社会共识中要求男性不能轻易哭泣、不能示弱、不能低头等等，这对男性的发展是很不利的。

想要彻底改变性别歧视的现状，女性自己也应努力提高自我意识。当今对女性歧视的种种行为和语言并未引起女性及广大受众的注意，更有甚者觉得"很自然"。女性的自我意识急需提高。有关专家曾呼吁，应该在高等院校开展女性教育，这对促进女性发展，消除性别歧视，有着至关重要的作用。

专家们还呼吁，教育部应制定进入高等教师队伍的同等条件下女性优先的政策，这样将有助于提高女性的自我意识和大众对两性的正确认识。只有广大女性的自我意识得到提高，以及在文化传播中对"两性平等"理念的维护和加强，才能使女性切实认识到在这样一个"男权中心"的社会中，任何维护女性自身利益的思想和事件都值得被关注。女性应清楚地判断生活中哪些言论和事件是带有歧视性的,哪些媒介宣传活动是带有"女性歧视"色彩的。只有这样才能从文化上匡正我国几千年来封建文化中"男尊女卑"的错误观念。

同时,为了避免"培养理论"在传播中的消极作用,我们对"两性平等"的宣传要从儿童教育入手,发挥好大众传播的教化作用。我们应该认识到,想要消除受众对两性的不正确不全面认识,要从早期教育入手,从儿童的启蒙教育入手,从儿童思想意识刚开始形成阶段就把关于两性的正确的全面认识告诉给儿童,培养儿童正确使用媒介的能力,以增强其理智清醒地评判媒介所提供的女性信息的能力,进而从文化根源上肃清传播的虚拟环境,使儿童形成两性平等的价值观。

第九章 大众传媒对"三农"偏视问题

第一节 导论

　　大众传播既有社会属性和文化属性,又有商业属性。从不同的视角切入,就会产生不同的受众观,我国大众众媒对"三农"问题的报道存在着各种各样的偏视现象,这不仅有悖新闻从业者的职业操守,有伤新闻媒体自身的公信力,也极大地损害了行业形象及经济社会的协调发展。

　　本章通过收集各省级电视台涉农栏目、邮政官方网站的邮发报刊目录数据库等分析其在"三农"报道的数量、内容结构以及所构造的形象来研究大众传媒对"三农"的偏视问题,以期对当前的相关报道有所帮助。

　　具体研究资料的收集:一是收集各省级电视台涉农栏目名称、播出时段、播出时长等(主要根据频道或者栏目的播出内容确定,并参考其名称,2007年11月18日至19日根据各电视台官方网站内容整理)。二是根据邮政官方网站的邮发报刊目录数据库,分别搜索出2007年所有名称中含有"农"字的报纸和期刊,分析涉农报刊在整个报刊发行中的份额。三是在东、中、西部各选择一个省的新闻门户网站(由该省党报相关网站确定),在一个年度(2006年12月~2007年11月)中每个月各随机抽取一天,利用搜索工具,找出该日包含"农民、民工、农村、农业"关键词中任意一个的所有新闻,而不管其新闻来源、时效性等属性。这里没有选取专门的报纸做文本分析,基于两个理由。一是限于研究条件的限制,二是相关的新闻在与该报纸或者报业集团相关的网站都有登载。

关于数据处理。一是直接统计,二是对从网站收集到的新闻以篇为单位做文本分析。

第二节 忽视:常见大众传媒涉农信息份额分析

首先、涉农报刊种类偏少。根据 2007 年邮发报刊目录,如表 1 所示,涉农报刊在整个报刊出版中只占据了很少的比例,如果考虑到发行量、期刊中有大部分是专业期刊,面向普通农民的报刊将比表 3 中统计更低。另一个方面是"三农"图书市场萎缩,2005 年,全国仅出版农业图书 2185 万册,仅为当年全国总册数的 0.338%[1],自 2000 年以来基本呈下降态势,2003 年后下降趋势明显,还存在着农村图书发行网点骤减,出版发行物农村市场份额下降的情况[2]。

表 1 2007 年邮发报刊数量

	报纸	期刊
总数	1938	9468
涉农报刊	34	200
%	1.7544	2.1124

其次,电视台涉农节目点缀的多。表 2 为内地省级电视台涉农频道或栏目设置和播出情况,该表制作时间为 2007 年 11 月 18 日,通过对该日前一周或者后一周的节目单的详细统计,结合频道或者栏目介绍而得。

---

① 2006 年中国统计年鉴,表 22—12。
② 范华,于风程,卢丽娜.我国农业信息化水平测度(2000－2004).中国信息界,2007.5.15,34。

表2 内地省级电视台涉农频道及栏目设置和播出情况

电视台	频道 栏目	时长(分钟)	首播时间	重播时间
北京	BTV-9:京郊大地	35	周日 21:17	周三 19:00 周六 19:00
黑龙江	公共新闻网栏目之专栏:黑土地			
	背景视野(包含农业)			
吉林	乡村频道(3个节目,其余为综合内容)	160	每天	
	卫视:农村俱乐部	52	周日 17:38	
	卫视:乡村四季	34	周1-6 6:10	
辽宁	黑土地	40	每日 12:25	次日 05:30
内蒙古	新闻综合频道:绿野	25	周1-5 18:25	周1-5 23:05
	经济生活频道:绿野	25	周1-5 19:11	周1-5 7:25
河北	经济频道 世纪乡风	20	周六 21:35	周一 11:30
	农民频道(三农最前线、致富情报站、农科大讲堂、非常帮助)	270(含重播),全频道每天21小时播出		一般每档节目重播两次
浙江 (公共新农村频道)	新7点	60	每日 19:00	每日 7:00
	新山海经	20	周1~5 12:00	周1~5 6:27
	新农村纪实	10	周1~5 18:10	周1~5 6:47
	农事气象	5+7	每天 18:55、22:20	
	政策面对面	20	周六 12:00	周日 06:27
	民生休闲频道 民工热线	20	周四 20:20	周日 23:25
山东	山东卫视 乡村季风	35	每天 6:25	
	农科频道:乡村季风	40	每天 7:00	每天 11:30、18:00
	农科频道:前沿讲座	不定	每天零点后	
	农科频道:专题讲座	17:40	每周六、周日	
福建	农村新事	15	每晚20:00 周日22:05	每天早上 8:10
广东	珠江频道:摇钱树	30	周二 12:25	
广西	卫视频道:走进农家	15	周1~5 13:00	公共频道 23:40
	卫视频道:广西新农村	20	周三 22:30	
湖南	乡村发现	55	周日 16:50	

河南	新农村频道	600		
	新农村频道:致富招招鲜	20	每天 20:50	
	新农村频道:新闻村村通	42	每天 20:08	
天津	公共频道:四季风	30	周五 17:30 周六 7:03	卫视:周六 18:30, 周日 11:40、18:50
山西	卫视:黄土地	50	22:30	周三 12:55
云南	红土地			
贵州	农民工	36	每周日 21:40	
重庆	公共频道:巴渝新农村	70	每天 21:00 四川	无
陕西	一套:村里村外	30	周 2~7 12:30	
甘肃	文化影视频道:农情·气象·生态	40	每天 22:53	
	新闻综合频道:田野之光	30	每周六 13:20	
	经济频道:田野之光	25	每周六 21:30	
宁夏	公共频道:塞上乡村	20	每周六 18:30 每周日 18:30	周日 12:53 周一 12:53
新疆	1 频道:农牧新天地	20	周 1~5:08:25	14:30
	3 频道:农牧天地(哈萨克语)	25	周一:9:12, 周五 22:05	周日 00:49 周六 11:56 (无法确定首播时间)
	3 频道:致富经	30(周六 40)	周二 1:02;10:00 周五 1:01;10:00 周六 17:08	
	5 频道:致富经	25(40)	周日 17:55　周三 9:24 周四 16:28　周六 09:39 周日 15:46	

表2显示,只有4家电视台开设了专门的对农频道,在黄金时段播出的涉农节目不多,栏目形式也较为单一,还有8家电视台无法从其网站上确定是否有涉农频道或栏目,涉农节目的播出总时间与各电视台每周的播出总时间相比,只占了很少的份额,黄金时段播出的节目更是微不足道,而江苏、安徽、上海、江西、湖北、青海、西藏则无相关节目。

第三,关于"三农"的网站数量偏少,整体质量不高。利用中国农业科技信息网(http://www.cast.net.cn)的专业搜索引擎,截止到2007年10月底国内共有农业网站17822个,较2003年13957个①,增长了27.7%,各类型网站数量如表3:

表3 农业网站分类及数量(个)

网站类型	2003年	2007年10月底	增长率%
科学技术	1335	1433	7.34
教育	484	480	-0.83
政策法规与管理	1891	1918	1.43
农村与农业经济	2911	3353	15.18
资源与环境	238	321	34.87
种植业	1742	2445	40.36
养殖业	683	1045	53.00
水产渔业	332	417	25.60
林业	1441	1767	22.62
农业生产资料	941	2036	216.37
农业工程与设备	584	719	23.12
农产品加工	1346	1836	36.40
其他	29	52	179.31
合计	13957	17822	27.69

但中国的网站数量从2003年6月的724551个②,增长到2007年6月的1311600个③,增长了81%,涉农网站不仅在绝对数量方面只占中国网站数量的1.36%,增速也远远低于中国网站数量总体的增长。"总体来看网站内容缺乏行业特色或本地特色,有些内容也是互相抄袭,缺乏权威性及

① 杨晓蓉、贾善刚、赵英杰.我国农业信息网站建设的现状与评价[J].计算机与农业,2003(9):18。
② 第12次中国互联网络发展状况调查,2003年7月。
③ 第20次中国互联网络发展状况统计报告,2007年7月。

准确性",信息资源规模小,服务功能弱,缺乏信息的深层次挖掘与开发,时效性差①。

第三节 审视:涉农新闻的基本姿态分析

此处的文本分别从南方报业网、大河网(河南)、陕西日报网站抽取,如表4所示,其日期的按旬分布、星期分布较为平均,涉农文本分别占样本日期新闻总数的 3.59%、2.68% 和 6.63%,报道对象结构如图1所示。南方报业网和大河网的涉农新闻文本,除了来源于所在的报业集团的所有报刊外,还有转载自其他媒体的新闻,陕西日报网站的涉农新闻则全部来自陕西日报,提供了一个党报关于涉农报道的样本。通过文本分析,结论是媒体涉农报道的基本姿态是审视。

表4　新闻文本来源结构

网站代码	日期			星期分布			涉农文本(条)			新闻总数(条)		
	1	2	3	1	2	3	1	2	3	1	2	3
2006.12	21	02	19	6	6	2	6	0	8	97	0	42
2007.1	11	27	07	6	6	7	10	2	2	194	11	34
2007.2	20	22	17	4	4	6	0	0	3	10	8	39
2007.3	18	17	23	6	6	5	0	2	10	10	59	141
2007.4	13	11	05	3	3	4	0	11	3	40	220	184
2007.5	16	01	09	2	2	3	4	0	9	83	13	134
2007.6	04	19	11	2	2	1	3	7	12	126	174	133
2007.7	06	09	25	1	1	3	6	6	6	83	164	190
2007.8	27	08	21	3	3	2	7	3	10	189	284	129

① 杨晓蓉、贾善刚、赵英杰. 我国农业信息网站建设的现状与评价[J]. 计算机与农业,2003(9):18。

2007.9	28	16	24	7	7	1	3	0	13	203	2	155
2007.10	09	23	09	2	2	2	4	1	4	126	261	47
2007.11	25	29	22	4	4	4	0	3	9	64	184	141
合计							44	37	91	1226	1382	1372

注:网站代号1=南方报业网,2=大河网(河南),3=陕西日报网站。

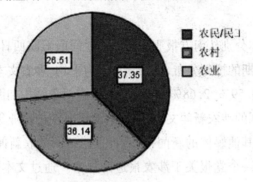

图 1　报道对象的基本结构

首先,媒体中的农民形象城乡分化。媒体中的进城务工的农民形象,基本是负面的。所有新闻事实发生地点在城市、报道对象为农民或者民工的报道共17篇,报道内容领域、文章的倾向性和报道视角做交叉分析,结果如表5所示。17篇报道中,负性的报道共11篇,去掉农民视角的3篇,还有8篇是对农民或者农民工的负面报道,占相关报道的47.1%,这8篇负面报道又集中在社会领域,基本是社会新闻。"农民(主要是农民工)被大众传媒妖魔化"的说法不无道理。

表5　进城务工农民报道统计

报道内容领域	文章的倾向性	报道视角			合计
		官方	农民	市场	
政治	正向	0	1		1
	负性	1	0		1

经济	正向		1		1
	负性		1		1
文化	负性		1		1
社会	正向	1	1	1	3
	中性	0	1	0	1
	负性	1	1	6	8

新闻事实发生在农村、报道对象为农民的负面报道只有 7 篇,只占相关报道的 22.6%有 5 篇是从农民视角出发的,这类新闻基本上是媒体行使监督职能,为弱势的农民说话的新闻,与被妖魔化的进城农民工形成了鲜明的对比。媒体中的农民形象,出现了明显的城乡分化:城市中的农民多为负面形象,但对农村的农民的报道多正面形象。

其次,农村很大程度上成了城市生活的背景。对所有以农村为报道对象的文章加以统计,结果如表 6 和表 7 所示。在以农村为报道对象的 60 篇新闻中,达 35%的报道并没把农村作为主要的报道对象。而新闻事实发生在农村的,也只占一半出头。

表 6 是否报道主要对象(农村)

是否主要报道对象	报道条数	%
是	38	63.3
否	21	35.0
兼顾	1	1.7
合计	60	100.0

表 7 新闻事实发生地点

地点	报道条数	%
城市	10	16.7
农村	31	51.7

兼顾城乡	19	31.7
合计	60	100.0

在44篇以农业为报道对象的稿件中,内容领域均为经济领域,新闻事实纯粹发生在农村的,更只有13条,占29.5%,兼顾城乡的19条,占43.2%,如图2。在农村与城市的联系中,最紧密的就是经济方面的联系,但在这种联系中,媒体的天平似乎更加倾向了城市,从关心城市的角度来关心农业,而不是作为农村主要经济的农业。

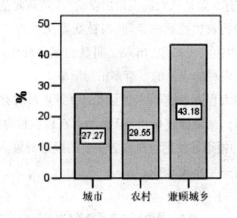

图2　农业报道的新闻发生地域统计

通过对农民形象的城乡二元显现和整体报道中农村的背景化,媒体展现了它对农民、农村和农业的审视姿态:媒体中的农民形象成了媒体根据权力和利益需要任意打扮的小姑娘。

这种姿态的来源之一,是媒介市场的影响,大众传媒的主要受众是城市居民。此处偏视研究预设了4个报道视角:官方、农民客观、市场。市场视角的报道有两种,一是有明显的软广告痕迹的,二是能够吸引最多受众的眼球的社会新闻之类,如民工跳楼、治安事件类等。在全部22篇市场视角的报道中,如表8,负性的报道有10篇,占45.5%,而全部样本中,负性报道只占20.5%。

表8 市场视角报道的倾向性

	数量(篇)	%
正向	7	31.8
中性	5	22.7
负性	10	45.5
合计	22	100.0

审视姿态的来源之二,是媒体对"三农"的认识缺少切身体会产生的文化陌生感。媒体长在城市的土壤里,记者、编辑生活在城市,对农村有天然的隔膜。因此,关于"三农"的报道,就像城乡两个世界、两种不同生活方式之间的对话,但媒体掌握了话语权,一种城市对农村的潜意识优越感,对话变成了媒体的自言自语,离真实的"三农"形象越来越远。

第四节 大众传媒的偏视对农村信息化的影响

大众传媒对"三农"的偏视,既体现在新闻报道的数量上,也体现在内容、结构上,以及自相矛盾的农民形象上。这种以忽视和审视为主的偏视影响了城市社会、居民对农村农民以及农业正确、完整的认知,表明了农民话语权的旁落,拉开了两者间的社会距离,对农村信息化具有以下影响。

首先是发展传播理念在大众传媒实践中的缺位。虽然发展传播学源于西方,初期"发展"的含义是第三世界的国家由传统社会转型为西方意义上的现代社会的过程,但其核心的观点:大众传媒在促进国家和社会的现代化过程中有着重要的作用,要求媒介的社会责任优先于媒介的权利和自由。在个人层面通过塑造现代人格来促进人的现代化,在社会层面,努力传播国家各项发展政策,发挥媒介的守望、传承等功能,加快社会发展的步伐,扩大新事物的传播,减少发展过程中阻力。

　　而在我国传媒的实践中,对国家发展有重要影响的"三农"问题,传媒并未能很好地履行其社会责任,在其信息传播构成的整体环境中,"三农"被边缘化了,不仅传播的信息数量不足,而且传媒从自身的利益和权力出发,构建了一个被歪曲的农民和农村形象,使民众无法看到一个真实的"三农"。尽管媒体在这方面也做了许多有益的尝试,通过舆论监督来促进"三农"领域一些具体问题的解决,但总体上,发展传播理念在我国大众传媒实践中的缺位。

　　其次是不利于作为农村信息化重要一环的农村大众传媒普及的实现。大众传媒的普及,一般用每千人拥有的报纸分数、每百户拥有的电视机、广播电视人口覆盖率、每百人拥有的电话数量、上网民众的比例等来加以考量。报纸追求有效发行、利润最大化,加上农村基础设施建设落后,发行成本高等原因,乡村往往难见报纸踪影,报纸关注的重点由其注意力资源市场引导,不利于农村报纸的普及。普及率相对较高的电视,由于有线电视主要集中在城市,在可供收视的内容上,不仅合乎农村发展需要的寥寥无几,而且选择余地比较小,广播电视信号的覆盖率高的电视频道不多。二是在内容生产上忽视"三农",现有的少量传播内容的结构方式,离农民的日常生活有相当的距离,于农业、农村和农民发展助益不大。

第十章 西方主流媒体对我国形象的媒介歧视问题

第一节 导论

进入21世纪后,软实力竞争让世界各国针对国家形象的塑造掀起了新一轮的竞争热潮。无论是在亚洲的印度还是在非洲的尼日利亚,政府为建设国家形象而制订系统、持续管理计划所投入的人力和财力足以说明国家形象塑造的竞争正在软实力战场上悄然拉开了帷幕。

我国在改革开放以后,由于生产力的发展,整个社会在物质文明和精神文明方面有很大的进步与发展。但仍有少数西方国家的主流媒体出于种种原因,对我国形象的相关信息进行歧视性选择和报道。具体表现在对其他国家客观报道的同时只选取我国的负面信息报道,甚至对所谓反映我国阴暗面的信息大肆宣扬。这种正反面信息的极度失衡不仅扰乱了其本国受众的视听,也形成了西方主流媒体对我国形象的媒介歧视问题。

在一个国家所有的媒体中,说服力最强、影响最大、最具权威性的往往是主流媒体。主流媒体经常会在很大程度上影响国际社会对一个国家的态度和整体评价,进而影响一个国家在国际传播中国家形象的塑造。塑造国家形象说到底是一个国家作为行为主体的形象构建过程,其中也包含本国出境信息与国外媒体所传播该国形象信息的博弈。主观上,一个国家为了在国际上塑造良好的国家形象,应当注重对本国出境信息在文本、制度、受众三个层面上的研究,以期在国际社会中树立正面、健康的国家形象。

一、媒介歧视与国家形象研究现状

西方主流媒体对我国形象的媒介歧视问题由来已久,只是近几年随着我国的社会发展与综合国力的提高有愈演愈烈之势。媒介歧视和国家形象研究也因此被越来越紧密的结合在一起。首先,结合其他学者对媒介歧视内涵的研究,进一步探讨传播学中媒介歧视的定义。

结合政治学中歧视的概念,本章中所研究的国际传播媒介歧视是指相同国家或相同新闻事件被他国媒介不平等对待或者不同国家或不同新闻事件受到了他国媒介的同等对待。所以媒介歧视不是以新闻事实和正确的新闻价值观等为依据,而是以诸如被报道的人或事物的身份、国别、种族、世界观、政治意识形态或社会经济资源拥有状况等为依据,对所报道的人或事物通过新闻传播范式进行有所区别的对待,以实现主观意志和目的。媒介歧视是一种公开的歧视,不仅影响媒介自身的发展,并且随着时间的推移会在受众的观念里根深蒂固,从而带来诸多社会问题。"多数人有时会甚至时常会认为新闻报道是有所偏倚的,可能这种观点是很正确的。但是对某件有争议的事情有强烈观点要表达或者深入介入的人,往往在新闻中被称作游击队,他们自身倾向于在对新闻报道的评价中形成刻板的偏见"①,这也是媒介歧视的表现之一。尤其在国际新闻传播中,媒介歧视会使受众形成对被报道国家的误解,影响到两国关系和两国人民的友谊,更破坏了国际社会的平等公正原则,形成不良的政治影响。

国家形象建设目前在世界各国广泛兴起,但国家形象的概念目前尚无定论,有关学者对此也提出自己的看法。电子科技大学的管文虎教授认为:"国家形象是国家外部公众和内部公众对国家本身、国家行为、国家各项活动及其构成给予的总的评价和认定,是国家力量和民族精神的表现和象征,是一个国家重要的无形资产"②。学者杨伟芬提出国家形象

---

① Albert C G, Janice L L. Broad reach or biased source. Decomposing the hostile media effect, 2006,(9):449.

② 管文虎. 国家形象论[M]. 成都:电子科技大学出版社,2000。

是"国际社会公众对一国相对稳定的总体评价"①。李寿源教授认为"国家形象是一个主权国家和民族在世界舞台上所展示的形状相貌及国际环境中的舆论反映"②。

国际传播具有顺流性和逆流性的特点。顺流性指发达国家由于具有强大的资源优势,其信息向发展中国家和落后国家流动的性质。发展中国家和落后国家在这一过程中也不是完全被动的,发展中国家的信息传播力量虽然与发达国家比起来相对微弱,其本国信息也会主动向发达国家产生逆向的流动,这种逆向的流动构成了国际传播的逆流性。本章所述及的国家形象是指在国际传播信息流动中,国际受众所产生的对一个国家政治、经济、文化等方面相对稳定的总体态度和综合评价。下面的表格反映了有关国家形象构成要素,本章对国家形象歧视问题的研究参照该表所列出的基本维度。

表 1 国家形象的构成要素③

基本维度	次级维度	深层内涵
政治	国内政治	政府行政效率、政府信誉、政治风气、民主状况、吏治、法律秩序等
	国际政治	国家领导人的对外形象、国际关系等
经济	经济制度	政府的经济政策、各行业状况等
	人民生活水平	收入、住房、社会保障、消费状况等
	产品	产品特点、质量、著名品牌等
	金融	银行、保险、信托等
	国家财政	收支状况、财力状况等
	国际经济交流	贸易政策、贸易状况、国际借贷与投资状况等
	基础设施	交通、通讯、能源供应等

---

① 杨伟芬.渗透与互动——广播电视与国际关系[M].北京广播学院出版社,2000。

② 李寿源.国际关系与中国外交——大众传播的独特风景线[M].北京广播学院出版社,1999。

③ 刘继南、何辉等.中国形象——中国国家形象的国际传播现状与对策[M].中国传媒大学出版社,2006。

军事	军事力量	军事装备、军队规模、军事现代化程度等
	国防	兵役制度、国防部署、国防储备、国防实力等
外交	外交	外交关系、外交政策、外交活动等
文化	文学	古今名著、著名作家、文学式样、民间文学作品等
	艺术	绘画电影、音乐、戏剧、民间艺术等
	历史、文化遗产	主要历史事件、历史人物等;古迹、遗址、古董等
	文化交流	民间、政府、文化使者
	民俗	民族语言文字、传统节日、中华饮食、传统仪式、民族特殊禁忌
自然环境	地理环境	独特的地理地貌、著名的旅游胜地
	自然环境	自然资源种类、储备状况等
	生态环境	污染状况、动植物保护情况等
社会	社会风气、秩序	社会潮流;法制制度、治安状况
	公共设施	服务性的、教育性的、娱乐性的
教育	教育水平	社会教育、学校教育、素质教育、教育措施政策
	教育资源	学校建设、教育经费来源、国家教育投入等
科技	科技活动	总体科研水平、科技前沿的探索、科研项目的运作、科技人员素质等
	科技交流	国际科研项目的合作
体育	国际赛事	奥运会等世界级比赛的举办状况、国际赛事参加状况、优势项目等
	运动员	有国际声誉的运动员、运动员在重大比赛中的表现等
国民	人口	数量、分布、构成状况(年龄、种族)、增长状况等
	国民形象	国民精神面貌、国民素质(文化、道德、教育状况)、国民价值观念
	国民性	整体性格特征、共同的习俗风貌等

在国内,清华大学学者李希光与美国宾夕法尼亚大学中国学者刘康对美国妖魔化中国现象及成因进行了深入的分析;清华大学课题组于2000年完成一项研究课题,内容是关于中美媒体对中国驻南使馆被袭和学生示威报道的比较样本分析。浙江大学学生黄嘉丽对印尼传媒对华人华文的歧视问题进行了专题性研究,此外也有很多学者在媒介歧视问题的研究中涉及到媒介对国家形象的歧视问题。国务院新闻办沈绿在其论文《美国舆论

战在现代局部战争中的特点及策略》中阐述了美国在多次局部战争中如何利用舆论战对外树立于己有利的国家形象。国内传播学著名学者明安香在《从"叭儿狗"到"牧羊狗"：美国传媒与政府关系的角色转变》一文中深入分析了美国媒体新闻报道与政府之间微妙的关系变化,并分析出美国新闻报道与主流意识形态之间的关系。董小英学者通过对有关国外媒体对四个奥运举办城市的报道主题的分析认为,在对含中国在内的四个举办奥运会城市的报道中,英美媒体利用政治问题置疑和诋毁中国形象,形成潜在的歧视和对中国的影响。

　　值得一提的是在非典、禽流感、松花江水污染事件发生后,很多学者的研究开始倾向于研究危机舆论环境下的国家形象对外传播问题。其中英国布鲁内尔大学硕士研究生冷淞在《媒体在危机中的角色》一文中引用了英国危机公关专家里杰斯曾提出的著名的危机沟通"三 T"原则:第一,以我为本提供情况(Take your own take);第二,提供全部情况(Take it all);第三,尽快提供情况(Take it fast),还提出?"信息不对称是社会各个领域都存在的一个问题"①,并为媒体缓释危机提出了若干建设性意见。另有学者对歧视国家形象的对策进行了专门研究。武汉大学新闻与传播学院单波对紧急状态下跨文化传播的焦虑及其消解策略进行了系统阐述。北京大学著名学者程曼丽在学术论文《国家形象危机中的传播策略分析》中提出"应当改变旧有的传播观念,树立危机传播意识"②。中国人民大学胡百精在其论文《危机状态下的议题管理》中认为,"危机议题管理的核心是设置媒体议程影响意见领袖"③,并在实践的基础上提出三种危机议题管理的基本模式。

　　如何在媒介歧视环境下进行有效的国家形象对外传播,专家也纷纷提出了他们的对策。清华大学国际传播研究中心"中国政府执政能力与新闻发言人制度建设"课题组通过研究认为在新闻发布会上,通过发言人的情

---

① 冷淞. 媒体在危机中的角色[J]. 中国电视,2005(9):31。
② 程曼丽. 国家形象危机中的传播策略分析[J]. 国际新闻界,2006(3):5。
③ 胡百精. 危机状态下的议题管理[J]. 国际新闻界.2006(3):33。

况介绍和与记者之间的问答,政府的方针政策通过媒体传达给公众,公众的意见要求通过媒介反馈给政府,这种双向交流体现了政府与公民间的互动,最终使得政府塑造出高效、亲民、开放的形象。学者麻争旗提出"应当重视国际新闻编译的文化策略"①,另有学者提出在对外传播中应提倡全球本土化策略。

在国外,媒介歧视现象由来已久,最早可以追溯到 19 世纪商业报纸出现以前的党派倾向新闻。W. 兰斯·班尼特在其专著《新闻:政治的幻想》一书中认为"价值冲突和矛盾信息是贯穿政治的两大主题,并提醒学术界在对媒体的政治倾向关注的同时,也要意识到更为令人困扰的信息问题"②,如片断化(缺乏与突发事件相关的其他内容)、对个人情绪化的过分关注(不如强调更为广泛的社会条件和社会问题)、对于细枝末节的戏剧化描写(还有不断追求最耸人听闻而不是最有代表性的事件和角度),以及过分关注对权威和社会秩序的疑问而忽略了对潜在问题的分析。他的论述也为论文的写作提供了几个可供借鉴的切入点。国外相关的学术观点还散见于政治传播学有关的其他专著以及国外学者近年来对几处局部战争新闻传播现象的研究中。美国 Thomas R. Dye 在《美国政治》一书里的"大众媒介:政治议程设置"一节中提出,"无论编辑、记者、节目制作者或者大人物如何肯定自己的力量,但是很明显他们所做的已经远远超出反映事实"③。政治议题并不是简单的发生,媒体对其发展有关键的作用。有组织的利益团体、专业公共关系公司、政府机关、政治候选人和已被选举的官员都恳求媒体的协助形成政治议题。另外,学者 David L. Altheide 的研究表明,美国媒体的新闻报道已经成为了传送的工具,它不仅仅展示人质画面、发表声明、最后通牒和相关信息而且提供假情报;在"9.11"事件和对伊等局部战争中,美国媒体通过议程设置巧妙地向国内外传播了"相对正义"的

---

① 麻争旗. 论国际新闻编译的文化策略[J]. 现代传播,2005(5):59。

② W. 兰斯·班尼特,杨晓红,王家全译. 新闻:政治的幻像[M]. 北京:当代中国出版社,2005。

③ Thomas R D. Politics in America. Upper Saddle River, N. J.; Prentice Hall, c2003;179.

国家形象。其中很多的报道技巧和现象值得研究。但是这些学者的研究由于受其本国国家利益等原因的局限多数没有对国际间的媒介歧视进行较深入和透彻的研究,相比而言国内学者对相关现象和问题的研究更加有的放矢。综上,本章将在充分吸收国内外学者研究成果的基础上,通过西方主流媒体近期对有关我国形象的报道分析,总结我国形象塑造的有效途径。

二、西方主流媒体对我国形象报道的历史与发展

有关主流媒体的定义,目前学术界尚无定论。复旦大学学者周胜林认为,按照传媒吸聚受众方式的不同,可以分为大众化传媒和主流传媒,主流传媒就是"以吸聚最具社会影响力的受众(主要指那些具有较高的决策话语权、知识话语权和消费话语权的社会成员)作为自己的市场诉求的传媒"[1]。学者邵志择认为,主流媒体就是"依靠主流资本,面对主流受众,运用主流的表现方式,体现主流观念和主流生活方式,在社会中享有较高声誉的媒体"[2]。此类主流媒体已经在西方新闻界以其一贯的严肃、深入、信誉卓著等特点在西方社会中享有很高的权威地位和很强的影响力。本章所述及的主流媒体主要指主流媒体中的印刷媒体,如通讯社文稿、报纸、期刊。并以其中美英主流媒体对我国形象的相关报道为例,对其报道倾向等要素利用内容分析方法进行深入分析。

1. 西方受众的中国形象观

目前,"公共关系领域几乎成为研究最多的领域之一"[3]。国际关系也是其中重要的研究领域,国家形象日益成为影响国际关系的重要因素。世界上已有科学机构在较大的范围,对我国形象做了较全面的调查分析。2005 年 3 月 6 日,BBC World Service 公布了委托全球舆论调查公司(Global

① 周胜林. 论主流媒体[J]. 新闻知识,2001(12):4.
② 邵志择. 关于党报成为主流媒介的探讨[J]. 新闻记者,2002(3):5.
③ Botan,C. H. ,Taylor,Public relations:State of the field. Journal of Communication, 52(4): 645.

scan)和美国马里兰州立大学国际政策态度项目(PIPA)联合对"世界对中国的态度"的一个大规模调查统计结果。被调查的22个国家覆盖五大洲，其中西方国家(北美和欧洲)包括：美国、加拿大、墨西哥、英国、法国、德国、意大利、西班牙、土耳其，调查时间始于2004年11月15日到2005年1月5日为止，主要通过面访、电话访问的形式，样本(年龄普遍在18岁以上)数量达到22953，各国调查抽样误差在2.5%到4%不等。这次调查问卷有三个问题：你对中国在世界上的影响是持积极态度还是持消极态度？你对中国经济实力的增强是持积极态度还是消极态度？你对中国军事实力的增强是持积极态度还是消极态度？

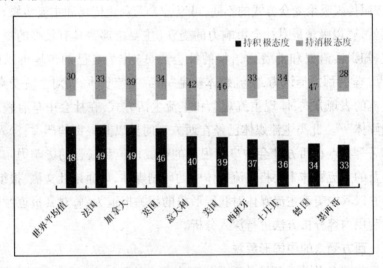

图1　中国在世界的影响

从图1中我们可以看出，西方受众对中国在世界的影响评价状况不容乐观。除了法国、加拿大对中国看法比较积极以外，大多数国家如美国、德国等国否定看法居多。意大利、西班牙、土耳其等国积极与消极看法基本持平。

从图2我们可以看出，近五成的被访者希望中国在经济上进一步强大，西方国家中，法国、英国、加拿大支持中国经济发展。美国则有46%的

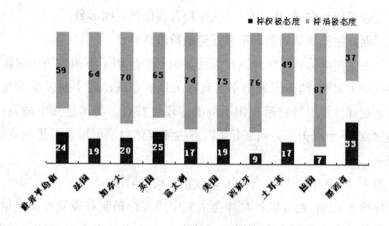

图 2　中国增强的经济影响力

受访者希望中国经济继续发展,另有45%不希望。

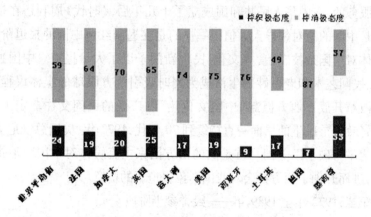

图 3　中国增强的军事影响力

图 3 显示平均有 59% 的被访者不希望中国在军力上进一步强大,只有 24% 的受访者认为中国军力增长对世界将产生积极影响。从这一分析结果可以得出一个结论,美国和意大利对中国存在敌对情绪和偏见,我国形象不够真实且正面形象不足,其他西方国家如法国、加拿大对中国的态度都比较友好。因此我们还有必要与西方歧视我国形象、对中国存在偏见的

国家加强了解和沟通,推动合作,从而提升我国的正面形象。

2.西方主流媒体对我国形象报道的阶段性特点

西方主流媒体对我国建国以来的形象报道经历了不同的历史阶段,在不同的历史时期,西方国家由于与我国关系的亲疏冷暖不断发生变化,所以其主流媒体报道倾向呈现出不同的阶段性特点。美国是其中最具代表性的国家,下面以美国为例来分析西方主流媒体对我国形象报道的阶段性特点。

第一,1949 年至 1972 年——轻政治重民生阶段

1949 年以后,西方世界对社会主义中国实行遏制和孤立冷战政策,中西的坚强壁垒使得西方国家对中国这个社会主义新生力量充满了敌意和猜测,"红色妖魔"在美国"麦卡锡主义"盛行时期成为了中国形象的代名词。这一时期,西方主流媒体的报道主要是为否定我中国政府合法性这一论调服务的,在中华人民共和国成立了十几年后,《时代》周刊还在报道蒋介石是中国的绝对领导人。值得一提的是在遏制红色中国的报道阶段,西方媒体对中国杂技、饮食等文化、民生新闻予以了大量报道。中国独特的文化、民间艺术和老百姓的生活成为当时吸引西方眼球的媒体议程,也为中国改革开放后西方掀起"中国文化热"和广泛的民间交往奠定了基础。这种轻政治重民生的局面一直持续到 70 年代,1972 年,美国总统尼克松的访华之举打破了以美国马首是瞻的西方国家主流媒体对中国政治报道的坚冰,进而开创了西方社会对我国形象报道新的篇章。

第二,1972 年至 1989 年——毁誉参半阶段

尼克松访华尤其是中国 70 年代末的改革开放让西方人相信,中国人即将加入西方意识形态的行列,西方国家和平演变中国的大梦正酣。主流媒介中的中国形象在这段时期经历了重要的变化,1972 至 1975 年期间,美国记者由于对中国国情不了解,对中国的报道呈现出不确定并带有不现实的观点。在 1976 年文化大革命结束、粉碎"四人帮"之后,西方主流媒体对中国人的心情和期望做了比较准确、客观的报道。中国改革开放后到 1985 年,西方主流媒体关于中国的新闻报道由于缺乏足够的社会背景加上过分

强调了改革的积极面,中国的整体形象被扭曲,没有得到客观的反映。

1989 年北京政治风波平息后,西方国家明白在中国颠覆社会主义只是他们一厢情愿的黄粱美梦。《新闻周刊》的一篇文章说,1989 年之后,"许多美国人想起的中国的典型情景仍然是一个孤单的示威者阻止一个武装纵队穿越北京的街道。电视画面反映中国是一个独裁之地,被那些准备无情镇压所有想寻求自由生活人们的人所领导"①。

第三,1989 年至今——妖魔化阶段

1989 年北京政治风波发生期间,西方主流媒体舆论中的中国形象发生了最为显著的变化。"媒介为规范人的情绪提供有效的激励,这种情绪规范的内容在现代文明中随处可见"②。西方主流媒体对这场政治风波的报道,使得一些本来对中国友好的西方人士也改变了对中国的态度,原本开放、友好、和平的中国形象,在西方舆论里变得封闭、专制、好战。政治风波前的一项民意调查显示,72% 的美国人对中国有好感,而此后的民意调查结果表明,美国人对中国的态度发生了急剧的变化,有 78% 的美国人对中国没有好感。

进入 21 世纪后,西方主流媒体上呈现的中国形象没有改观,仍然以负面歧视性报道为主。"媒体改革和行为主义可以在加强社会分层或者反对的意义上选择政治上的保守或反动"③。美国宾州州立大学东亚研究所对 2000 年美国主流媒体的中国报道进行了一项追踪研究结果表明,美国媒体对中国是以负面意见为主导。在收录的 1635 条报道中,负面倾向报道共 1214 条,占 74%。2001 年 4 月中美撞机事件前后,美国媒体对中国的负面报道达到新的高潮。《纽约时报》2002 年 4 月份有关我国的报道(包括评论)共计 27 篇,言辞明显带有抨击意味的有 3 篇,内容涉及人权、西藏政治

---

① 邓天颖. 新闻框架与国家形象——《时代周刊》涉华报道研究(1998—2002)[D].河北大学硕士学位论文,2003。

② Silvia K. Mood Adjustment via Mass Communication. Journal of Communication, 2003, (6): 233.

③ William K C, Robert A H. Democratic media activism through the lens of social movement theory. Media, Culture & Society 28, (1): 83.

犯及香港行政当局与中央政府的关系问题；其中20篇主要反映中国现存问题,如猎杀动物、噪声污染、矿井爆炸、土地沙化、失业待岗、艾滋病数量增加、腐败问题等①。

虽然我国形象在西方主流媒体的报道中,并非全部都是负面的歧视性报道,但是正面报道没有形成主流优势,无法对我国形象的塑造形成实质性的有力影响。再加上不准确、不连贯、不及时或内容失实的歧视性新闻和言论报道,中国在西方受众心目中的形象与中国的"源象"不相符。

第二节 西方主流媒体对我国形象报道的调查与分析

一、样本分析:西方主流媒体有关我国形象报道的统计

1.调查基本情况说明

为了对西方主流媒体对我国形象相关报道进行数量分析,本调查主要选取了2009年全年美联社、路透社、法新社三大西方通讯社,美国《华盛顿邮报》、《纽约时报》、《华尔街日报》、《时代》周刊、《新闻周刊》,英国《金融时报》、《泰晤士报》、《卫报》、《经济学家》,加拿大《环球邮报》10种著名英文报刊,作为对西方主流媒体对我国形象相关报道分析的依据。

2. 样本统计结果

纵观整个2009年,在西方主流媒体对我国形象的相关报道中,许多国家的主流媒体能够较公正客观的报道我国在政治、经济等方面取得的成就,有关学者在研究中提出中国由于开放程度日益提高,国际舆论环境正在改善,中国的正面国家形象正在上升。中国综合国力的提高,经济的飞速发展,虽然还存在很多问题,但在国际舞台上发挥着越来越大作用。这些让世界不可能,也不能再跳过中国、忽略中国了。但不容忽视的是也有

① 任彦.试论中国国家形象传播[D].中国社会科学院硕士学位论文,2003。

一些报道通过新闻传播技巧对我国形象进行了歧视性报道。表2可以体现在几个国家形象基本维度上此类报道的观点和倾向。

表 2　国家形象报道概况

基本维度	正面评价	负面评价	具体表现
政治	表现更加成熟、务实、坦诚和自信。	决策不够透明,开放性不够。工作效率低下,民主进程缓慢,官员腐败问题严重。	对于中国政治体制改革问题报以了极大的关注热情。肯定中国在民主政治方面的进步。希望中国政治改革进程加快,但是朝着西方尤其是美国民主的方向推进,认为中国在政治发展尤其是民主进程的速度缓慢,因而在民主、人权、私人财产等问题始终对中国产生质疑。
经济	对中国经济报道相当多,多是肯定中国对世界经济做出的贡献报道基调更加正面、积极。	一些西方媒体对中国尚存误解,甚至偏见。所以负面评价也很突出。	七大报纸三大周刊都不同程度的肯定了中国经济对世界经济走出金融危机所做出的贡献,但既有对中国经济不切实际的过高评价,也有对中国经济面临问题并不客观的渲染。
社会	正面报道较以前没有太大明显增加。报道基调较客观。	中国应对经济危机政策下发生的社会问题严重,负面消息居多。	负面消息具体表现为官员腐败,房价太高,大学生就业难,如美国《新闻周刊》2009年8月发表文章,《大学生就业难 中国开始重视职业教育》。养老保险,医疗保险问题突出,食品安全等。
外交	整体认为中国外交政策日趋强硬,在国际社会中发出有力声音。	总是把中国的外交和金融经济联系起来,指责中国国家形象和在国际社会中的作用。	关注金融危机背景下的中国外交,以应对金融危机为主线,多边峰会外交成为中国外交的重要平台,发挥着越来越重要的政治引领作用。全方位的外交策略充分展示了中国负责任大国的形象。
教育	正面评价较少。	较多报道中国教育的缺陷。	很多报道都突出了中国应试教育的弊端
军事	关注度和消极度有所下降。	但负面看法居多。	对中国发展现代化国防事业高度警惕并持负面评价,认为我国积极发展进攻性力量,国防建设不透明,军事威胁论仍然盛行。

上表还体现出,西方主流媒体对中国关注的不同方面,以及不同方面正、负面评价角度。其中的负面看法也是西方主流媒体对我国形象媒介歧视问题的具体体现。其总体表现可以通过统计调查的数据一一说明,本调查数据主要可以反映西方主流媒体总报道量,增幅以及报道比重。通过对数据的具体分析可以得出如下结论。

第一,有关我国形象的报道数量与往年相比有较大提高

图4的数量统计展示了近年来《纽约时报》、《卫报》、《金融时报》、美国《时代》所有涉及到中国的报道量,不仅包括以中国为主要报道对象的新闻,还包括提到中国的新闻。

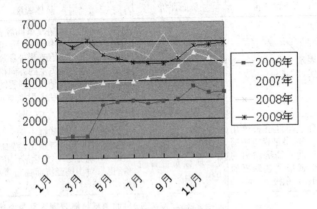

图4 《纽约时报》2006~2009年对中国的报道量

此图表明,自从2005年开始《纽约时报》对中国的报道量呈逐年增加的趋势,这种趋势在2008年奥运会时最为显著。

图5可以看出,《金融时报》对中国的报道呈逐年增加趋势,而《卫报》在2009年对中国的报道量明显减少,其余年份呈上升趋势,在2008年达到顶峰。

以上英文报纸,都体现出对中国高度的关注,对中国发生的热点事件一般都能在较重要版面的较重要位置重点报道。从图4、图5及图6的数量统计分析表明,上述媒体2006年至2009年以来的有关我国的报道总量呈明显增多趋势,说明西方媒体在此段时间对我国形象报道的关注度不断提高。

第二,中国成为西方主流媒体关注的热点

2009年,有关中国的国内、国际事件不断发生,中国也不断成为西方媒体报道的热点,正如德国《法兰克福评论报》形象的评论,不论人们打开哪

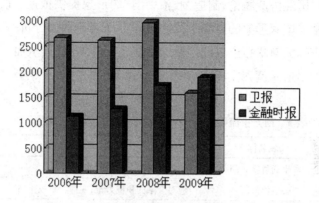

图5 《卫报》、《金融时报》2006~2009年对中国的报道量

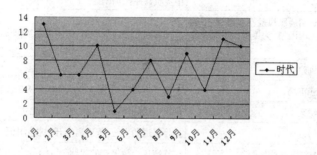

图6 2009年美国国《时代》周刊对中国的报道量

份美国报纸,几乎每天都能读到对中国的详细报道、分析和评论。中国不断被西方媒体关注的现象应该得到理性地看待和分析。应该用一分为二的方法看待这种"中国报道热",因为种种"热"的背后,可能存在潜在的问题。

通过调查分析,不难发现西方主流媒体的主要关注点集中在中国经济、政治、外交、军事、社会、教育等方面的发展。这些报道在突出报道中国发展进程中取得的成绩的同时,也侧重了进程中存在的问题及潜在的风险危机。这些对问题的反映有些可以有效提醒我国有关部门对发展中存在的问题及时解决,还有些问题的报道表面看起来是在杞人忧天,但却是在为其制造中国经济威胁论、制造"政治中国"的形象提供依据。议题选择往往是媒体塑造国家形象的重要手段之一。下面表3具体分析一下2009年西方主流媒体的对华报道议题以及这些议题的基本观点,从而分析出西方主流媒体的报道基调和立场。

表3 西方主流媒体2009年有关我国的主要报道议题分析

	议题名称	议题主要观点
经济热点议题	中国是否发生通货膨胀问题	通货膨胀有上升的可能。
	中国应对金融危机问题	应对金融的积极力量,发挥着积极作用。
	人民币升值问题	人民币升值对世界经济有很大的影响。
	中美汇率和贸易问题	能否保持汇率的稳定性,中国对美贸易出现巨额顺差,中美贸易摩擦加剧。
	美国长期通胀风险不容忽视,中国购买美国国债,为美国提供财政支持。	美国财政赤字问题严重,中国需继续提供财政支持。
	贷款风险问题	中国信贷一路狂飙或致通缩
	房地产市场	中国房地产价格快速上涨,"中国楼市泡沫论"。
政治热点议题	邓玉娇案	指出中国公民在网上找到了民主之声。
	天安门事件	仍是报道的主题,依然离不开对政治中国的形象塑造。
	"7·5打砸抢烧"事件	汉族镇压少数民族的问题。
	西藏平叛和实行民主改革50周年	西方反华势力也从来没有停止过对达赖集团"藏独"分裂活动的怂恿。
	中国建国六十周年	展示了中国的强大,但喜庆的气氛也充满了紧张的氛围。
外交热点议题	经济外交议题显著,"应对经济危机"的主题贯穿全年始终	从二十集团伦敦峰会到匹兹堡峰会,从达沃斯论坛到中非合作论坛,从中日韩第二次领导人会议到(APEC)第十七次领导人非正式会议。
	气候外交 哥本哈根世界气候大会	在减排、资金等核心问题上分歧较大,各自站在各自的经济利益上,达不成协议。
	大国外交 奥巴马访华	中美关系呈现出积极全面发展的良好势头。胡锦涛主席和奥巴马总统利用多个多、双边场合,进行多次会晤,双方启动了战略与经济对话机制,深化了各领域合作。

军事热点议题	热炒"中国航母建造"议题	讨论发展航母的主要战略目的,认为这将使我从根本上放弃近海防御战略。
	极力渲染"中国导弹威胁	刻意制造中国对周边国家的"军事威胁现实化"的直观印象。
	捏造中国军队黑客案	西方媒体就频频利用"黑客"案妖魔化中国。
	利用空间问题	极力抹黑我和平利用空间的一贯立场。
	国防费问题	质疑我国防费增长。
社会热点议题	农民工就业安置问题	青年,返乡和失业农民工问题比较严峻。
	留守老人处境问题	处境不好,急需更好的安置与照顾。
	老龄化问题	将改变中国传统养老方式。
	大学生就业问题	大学毕业生就业相当困难,前景黯淡。
	甲型流感的报道	与以往对公共事件的报道相比,在报道数量上有所减少,在报道的内容上态度温和。
教育热点议题	弃高等教育,投职业教育	大学生接受职业教育成热门。
	应试教育体制的弊端	扼杀想象力,能力缺乏,不适应社会。
	高考制度弊端	高中毕业生出国上大学

二、美英主流媒体有关我国形象的歧视性报道分析

随着中国综合实力的提升,以及中国政府以自信和开放的姿态面对外国媒体。现在,外国媒体有更多机会到中国的内地接触实际,他们不仅可以看到中国快速发展的一面,也可以看到中国落后贫穷的一面。纵观整个2009年,西方主流媒体对我国国家形象进行歧视性报道的概况和特点可以归纳为:对经济的报道大多是中性的,对政治和社会方面的报道负面消息居多,存在着通过渲染中国的崛起,采取夸大成就、突出问题、放大不良影响等新闻传播技巧,利用微观真实掩盖宏观失实的方式,企图利用舆论引导在国际社会树立我国负面的国家形象的报道。中国在西方主流媒体舆论中被描绘成:一个经济快速发展,各方面影响力不断增强,同时又存在着诸多问题和不确定性的崛起中的大国,是自由开放的市场经济和严密控制的政治体制相结合的国家。

这些报道主要集中在热点议题"中国威胁论"、"中国环境问题"以及

"中国经济威胁论"、"政治中国"等议题领域。尤其是在政治经济外交军事方面,由于西方主流媒体一直以来存在的偏见和刻板印象,再加上其固有的意识形态和价值观,他们夸张而且歪曲性的报道对中国形象仍然造成了很大的偏差,形成对我国形象很不利的舆论导向。所以虽然西方媒体客观反映中国报道增多,但从总体上看,西方媒体对华报道的议程设置方法和意识形态框架没有发生根本变化。

1. 对中国经济的报道量显著增加

金融危机席卷全球,中国也深受其害。2008 年经济危机给中国带来失业,中国是否会由此引发一系列的社会动荡备受世界关注。由于中国与西方经济的相互依赖,其媒体对中国经济形象的勾画时好时坏。具体到 2009 年这一年,中国政府应对经济危机的对策,以及之后一系列社会问题是西方媒体关注的焦点。一方面,媒体对中国经济的快速增长和对世界经济的贡献给予肯定,并认为这与中国实行"西方式经济制度改革"有关;另一方面,在金融危机的背景下,媒体对中国经济的发展过度关注,中国"经济威胁论"甚至取代"政治威胁论"、"军事威胁论",成为"中国威胁论"中的主要论调,并由"经济威胁论"衍生出"中国贸易威胁论"、"资源能源威胁论"、"生态环境威胁论"、"人民币汇率操纵论"、"中国资本威胁论"五个变种。作为世界第三大经济体的中国在 2009 年不断成为西方媒体报道的热点。在 2009 年年初的时候,西方的媒体是观望、悲观。到了 2009 年年底又是统一的肯定,可见中国在这一年的表现是有目共睹。

以 2009 年 3 月为例,《华尔街日报》中的《十问金融危机善后者》、《中国民工的心理》等都是深入地分析经济危机及其影响。《经济学家》3 月 12 日发表关于中国刺激计划的报道,虽然也存在着较为偏见和苛刻的观点,存在着疑问(get a light?)但还是比较客观的评价了中国的刺激计划对世界经济的贡献。3 月 14 日《纽约时报》发表《中国领导人说,他是担心美国国库券》,3 月 24 日发表《中国敦促新储备货币取代美元》;3 月 28 日发表《澳大利亚屏蔽中国矿业公司的采购》;2009 年 3 月 23 日,《华盛顿邮报》发表《中国官方表示将继续购买美国国债》的文章,文中指出,中国政府决定拉美国一把,继续购买美国国债。5 月 21 发表《中国对债务更加挑剔》,指出中国对美国愿意提供的资助越来越挑剔,而美国对中国的资助依赖也越来越少。《经济学家》7 月 20 日发表文章《中国经济是一个完美的平衡》。2009 年 8 月 10 日,美国《时代》周刊亚洲版刊登题为"中国能否拯救世界"的封面文章,封面上一只熊猫正拿着打气筒给瘪了气的地球打气。《华盛顿邮报》2009 年 11 月 14 日发表的题为《中国人正在"改变我们"》中为我们讲述了一个故事,故事中指出种植人参的兰迪·罗斯说:"几年前,我们种什么参都行。我们种的他们都买。现在我们必须知道怎样让他们满意。他们正在改变我们。"到了 12 月 16 日,美国《时代》周刊刊登了一篇"中国工人引领世界经济复苏"的文章,在每年的年底评选中,今年他们把四名中国工人作为了年度人物的候选对象之一,是对中国积极作用的承认。美国《华尔街日报》认为,中国是世界经济免于陷入"深渊"的一大因素。英国《金融时报》12 月 12 日刊登了一篇"通货膨胀重返中国成潜在麻烦"的文章,文中比较客观的分析了通货膨胀重返中国,给正在设法巩固经济强劲复苏的决策层带来潜在的麻烦。《时代周刊》早前载文称,房地产业的复苏是中国经济走出全球性衰退的关键因素,但是房价这种"多泡"式的增长趋势,也将加剧房地产业滑向不稳定、危险的泡沫经济。据中国政府数据显示,中国 70 座大城市的房价 10 月份上涨了 3.9% ,达到 14 个月以来最高涨幅。尽管大多数观察家认为,中国的房地产市场还不是泡沫,但预防房地产泡沫经济已经成为今天中国政府面临的最大挑战之一。

总体而言,在金融危机大背景下,西方主流媒体给予中国经济更多的报道,而且有相当一部分是肯定中国经济对世界经济做出的贡献。基调也是比较客观的。英国《卫报》就这样报道:"自金融危机发生以来,中国在办好自己事情的同时,积极推动应对危机的国际行动,成为稳定世界经济、反对贸易保护主义的重要力量。中国的努力为"全球复苏增加了希望"。但纵览世界媒体,我们仍然可以看到,一些西方媒体对中国尚存误解,甚至偏见。一些文章,既有对中国经济不切实际的过高评价,也有对中国经济面临问题并不客观的渲染。对于百年一遇的金融海啸,西方媒体一改常态表现得相当平静,观点性报道少,更多是对金融危机进程和各国救市行动做事实性报道。比起 2008 上半年对"拉萨 3·14 事件"、"越南股市风波"、"北京奥运火炬传递"倾向鲜明、声势猛烈的报道,西方媒体却"心平气和",过于"理性"。媒体应该树立责任意识,客观报道事实,理性剖析危机的背景与实质,广泛讨论解决办法和金融修复重建策略。

但据观察,西方媒体在美国次贷危机以来的近两年时间里,没有把镜头对准危机发源地美国和最大重灾区欧洲,而是把灾难性报道伸向发展势头强劲的中国。西方媒体很清楚一个事实,金融危机根源在于美元霸权,西方很想对世界回避这一点,他们的媒体也自然顾左右而言他,想把大家的视线引向亚洲。自从 2008 年下半年以来一直延续到 2009 年整年,西方媒体又逐渐突出一点,即中国应该挺身而出救世界于水火。中国是世界经济的一部分,应该与各经济体共同面对这场灾难,但西方媒体频率过高、情绪化的说辞,难免让人去想像背后的动机。媒体舆论往往是为一定的政治、经济、军事行为铺垫的。西方国家对中国的敌视由来已久,"中国威胁论"就是证明。由于西方国家对中国的戒备心理,在他们眼里,中国可能落井下石。巨额的外汇储备和国债,属于高度国家机密的外汇储备结构,这些都无异于恐怖的核威慑力量。中国的一举一动,都可能牵动投资者的目光,影响投资者的信心,也都可能对一个国家的经济产生严重影响。保持稳定且拥有大量现金的中国,在这个特定时期有强大的市场指向作用。所以,制造舆论提醒中国,不要采取不负责任的行为以免伤及自身,是西方政客给中国打的预防针。另外,此次金融危机,对西方经济学权威性是一个不小的动摇。但西方经济学界,包括西方社会,在情感上不愿承认这一点。他们试图通过舆论去淡化这种现实,捍卫西方经济学的地位。西方媒体频频呼吁中国救市的又一心理动机是,强拉中国救市使危机尽快过去,救欧美经济,救西方经济,救一个多世纪以来西方作为全球领跑者的地位与自尊,确立新闻主动性。总体而言,无论是发达国家还是新兴市场国家的媒体,在此次金融危机中都显得较为被动。更多是对危机发展过程的报道,很少从政治、文化、意识形态等更高层意义上去揭示其历史内涵。于是出现了很多对中国通货膨胀,汇率储备等报道。

2."政治中国"形象依然是西方媒体报道的重点

长期以来西方的中国政治形象负面居多,他们惯于将西藏的和平解放说成"入侵",把对邪恶宗教的取缔和对社会破坏分子的惩治定义为"迫害"。自1949年建国以来,海外眼中中国就是那个红色的"政治中国",红色中国在西方人的想像中,几乎成为一个被专制奴役、被饥饿困扰的人间魔窟。20世纪60年代初的饥荒和1966年开始的文化大革命,更加深了海外对"政治中国"的想像。到了21世纪"红色中国"不再是中国的全部形象,媒体开始正视中国政治体制改革,对中国两大全国性政治会议的关注与日俱增,其对2007年中共十七大的关注达到顶峰就是很好的例子。但"政治中国"的想像并没有因为冷战的结束而消失,西方仍然对"政治中国"津津乐道。2009是西方媒体"政治中国"报道的集中爆发期,这期间的报道就是一个典型例子。2009年发生的一系列大事件几乎都涉及到政治层面,如"7·5事件"、"中国建国六十周年"、"西藏民主改革50周年"。

3.更加关注金融危机背景下的中国外交策略

外交力量是一个国家综合国力的体现,2008年末的金融危机,使外国媒体对2009年中国的外交更加关注。整体而言,整个2009年中国外交以应对金融危机为主线,以多边峰会为重要平台,以外交理论和实践创新为动力,大力统筹国别和领域外交,各项外交工作取得新的重要进展。西方媒体也给予了中国外交较高的评价。

2009年7月13日,英国《卫报》刊登了中国前驻英国大使傅莹女士撰写的一篇题为《统一和团结流淌在代代中国人血脉中》的文章。文章说:中国有一支家喻户晓的歌《我们新疆好地方》。歌词说,天山南北好牧场,风吹草低见牛羊,葡萄瓜果甜又甜……统一、富强与和谐的共同目标,将56个民族紧紧凝聚在一起。国家统一和民族团结的意识流淌在代代中国人的血脉之中,这是中华民族生生不息的力量之源,也是中国与国际社会交往的基础。文章情真意切,深深打动了西方读者。英国《金融时报》借用中国人民解放军军歌起始句发表一篇题为《中国"向前向前向前"》的评论说,人们很难不对一个伟大文明跃跃欲试的壮观场面感到敬畏,"过去的60年说明,小看中国共产党的执政能力是愚蠢的";世界著名通讯社路透社在网上对中国国庆阅兵式进行了图文和视频全方位直播;美国纽约帝国大厦首次为中国国庆点亮象征五星红旗的红黄灯;巴西众议院专门举行特别大会等等。与此同时,国际社会对中国进行全方位观察不断升温,并深入探讨"中国道路"、"中国模式"等带给世界的启示。美国《洛杉矶时报》2009年11月一篇社论指出:"事实是,今天的问题,包括伊朗和朝鲜核问题、气候变化及全球经济复苏等问题,没有中国的参与,很少能成功解决。"《联合国气候变化框架公约》秘书处执行秘书德布尔说,中国在应对气候变化方面的努力"令人鼓舞","中国的承诺及做法已占世界全部努力的大约25%。这让人印象深刻"。

然而也存在着对中国外交策略的负面评价。比如《金融时报》12月14日以《中国减排不需要发达国家资助》为标题报道说,中国外交部副部长何亚非说:"来自富裕国家的资金应该流向更贫穷的国家","对发展中国家(抗击气候变化)的努力提供财力资源是一项法律义务","这并不意味着中国会拿走一部分——大概不会";"我们没有期望来自美国、英国(和其他国家)的资金会流向中国。"《金融时报》就此解读说:"中国暗示,已经放弃了从发达国家获得资金来抗击气候变化的要求,这是哥本哈根气候谈判大会主要参与国之一首次做出明显让步。"14日,《环球时报》记者采访中国外交部设在哥本哈根的新闻中心联络官员,该官员证实了13日进行的这个采访,但他表示,有关"中国放弃资金要求"的解读是断章取义,中国依然坚持自己的原则和立场。而且英国气候变化大臣米利班德12月20日在《卫报》发表文章,指责中方"劫持"哥本哈根气候变化会议谈判进程。

由此可见,虽然西方主流媒体对整个2009年的中国外交报道以客观正面为基调,但总有不和谐的声音,总存在着对中国外交策略的负面评析。

4. 中国军事威胁论仍然是西方媒体炒作的热门话题

随着中国经济实力的增强,军事力量也出现了较大发展,于是西方开始担心中国的强大,认为会对西方大国构成巨大威胁。虽然在2009年对中国的军事报道不多,但报道出来的均以中国军事威胁论为基调。比如2009年4月,《华尔街日报》谎称F-35战机项目受到中国网络间谍入侵。5月18日,盘踞斯里兰卡多年的泰米尔猛虎组织被政府军击溃,长达25年,致使10万多人死亡的内战结束。西方主流媒体在报道这一事件时,再次将中国武器与这场内战联系起来。西方媒体炒作斯政府使用了中国提供的军事武器,妄图将中国的武器出口与斯里兰卡内战中大量的平民伤亡联系起来。这种凭借主观想象,随意抹黑中国的炒作经常见诸西方媒体。

　　10月30日《华盛顿邮报》发表《美国海军上将担忧中国军力提升》的文章,文中指出:"少将凯文多尼根在一次访问香港中国界内时对记者说,随着中国的军费正以'空前的速度'增长(在2009年的军费预算中,军事支出上涨了近15%),美国要确保其军事扩张不会破坏该地区稳定……尼根承认了中国发展航母的可能性,但也表示,他关注其反(航母)介入武器。这种武器,包括导弹和潜艇,可能威胁美国在该地区的力量,以及妨碍他们在危机事件中响应。"由此可以看出西方媒体仍然存在着"中国军事威胁论"的观点。美国《华盛顿邮报》11月10日文章,原题:《"战略保证"行不通》文中这样写道:随着中国变得日益富有,它利用财富打造一支更强大、更能战的军队。随着军力增长,中国的雄心也在膨胀,尤其是中国海军。我们的中国问题专家不久前还相信,中国有志打造一支能实施境外行动的蓝水海军乃荒谬之说。而美国太平洋司令部司令威拉德指出,"过去10年左右中国的军力进展大多超出我们的情报估计……他们进步的速度前所未有。""中国欲取代美国在地区的位置几乎不会让人惊讶。在中国人看来,'中央王国'主导地区属于常态,而过去200年西方的主宰则是例外。中国欲改变美国在二战后建立起来的国际安全体系,这也不会让人惊讶。"……从"中国雄心膨胀"、"中央王国"等词语就可看出西方的立场。美国防部《2009年中国军力报告》就2008年我实际军费开支在1050亿～1500亿美元之间,指责我军费增长大大超过经济增长速度,并极力举证存在大量"隐性"军费。

5.“中国责任论”成为西方新的报道焦点

据美国全球语言研究所 2009 年年底公布的统计数据,“中国作为一个经济超级大国的崛起”成为过去 10 年中的世界头号新闻,其受关注度甚至超过了伊拉克战争和 2001 年“9.11”恐怖袭击。而美国《福布斯》杂志 2009 年 12 月 15 日的一篇文章中,干脆直接打出了“中国已是超级大国”的题目。于是,国际上开始热炒所谓的“中国模式”。发展中国家希冀从中找到富国之路,发达国家也试图借此寻求复苏的灵感。

西方媒体也开始大肆报道中国的事情,报道量近两年显著增加。但人们很快发现部分西方人士热炒“中国模式”的深层动机,那就是要中国承担超出自身能力之外的责任。说白了,就是“捧杀”中国。尤其是 2009 年中国经济在金融危机中一枝独秀,使所谓的“中国模式”在国际上再次受到热炒,认为中国以此将“拯救世界”。美国总统奥巴马在 2009 年访华期间强调:“美国不谋求遏制中国。相反,一个强大且繁荣的中国的实力上升能够成为国际社会的一支力量。”与此同时,西方媒体开始热炒所谓的“G2”模式,认为世界已经进入“中美共治”时代。按照西方的逻辑,既然中国已经具备了与美国平起平坐的地位,就应该对世界承担更多的“责任”。一个典型的例子就是,在 2009 年两次 G20 峰会上屡被提及的“G2”概念,再次被搬到年底的气候峰会上。《联合国气候变化框架公约》执行秘书德波尔指出,美国和中国的温室气体排放量占全球的 40%,没有中美两国的具体承诺,很难在哥本哈根会议上达成任何协议。但事实上,作为发展中国家,中国与美国在这个问题上承担着不同的责任。西方国家显然居心叵测,试图用气候问题来阻挠中国的发展。

6. 歪曲中国白皮书

中国目前发表的让世界了解中国的重要窗口的 64 部白皮书中,近三分之二是在释疑解惑,驳斥西方国家的歪曲认识。2009 年是西藏民主改革 50 周年、汶川地震一周年以及在新疆乌鲁木齐发生“7·5”事件,因此发表了相关方面的白皮书,数量也相对较多。共发表白皮书五部,分别是《西藏民主改革 50 年》、《2008 年中国的国防》、《中国的减灾行动》、《新疆的发展与进步》、《中国的民族政策与各民族共同繁荣发展》，其中除了《中国的减灾行动》是四川"汶川大地震"一周年发表阐明中国的减灾政策，其余四部在很大程度上都具有释疑解惑的味道，尤其是新疆7·5事件后，一个周内连续发表两部关于新疆问题和民族政策的白皮书，可以从一个侧面说明这个问题。由于社会制度、意识形态、价值观念的差异，各国媒体在新闻的采集、编辑、报道中表现出自己的立场和观点是正常的，但新闻报道必须力求客观、真实，摈弃主观的倾向性色彩，这是西方媒体评判别国新闻制度的重要标准。而正是在这一关键问题上，西方媒体在报道中国白皮书及中国其他问题时违反了客观真实性原则。如《西藏民主改革50年》白皮书指出了西藏民主改革的伟大意义和民主改革50年来取得的巨大成就，"是人类走向文明进步的历程中彪炳千秋的一个伟大壮举。没有民主改革，就没有占西藏人口95%的广大劳动人民的翻身解放，就没有西藏社会的跨越式发展，就没有西藏人权事业的发展进步，就没有西藏各族人民今天的美好生活。"其发表后，一贯喜欢借西藏问题说事的西方媒体并没有把目光局限在白皮书本身，他们更关注的还是渲染西藏的"紧张"和"不安"。这些偏见和歧视，是西方部分国家和媒体冷战思维和意识形态差别的产物。[1]

第三节 西方主流媒体对我国形象
的媒介歧视问题成因分析

意识形态是在国际传播研究中经常被提及的问题。由于意识形态本身是一个多义而模糊的概念，又时常和复杂的国际传播现象交织在一起，这样它们之间的关系就显得更加难以对其进行科学的界定。意识形态在国际新闻传播研究中有重要作用，对意识形态的形成根源的探究可以引发

---

① 刘朋.《中国政府白皮书与国际形象塑造——基于64部中国政府白皮书的考察分析》[J].理论与改革,2010(1)。

人们对历史、文化、政治、经济等多方面差异的关注。

一、意识形态的作用

意识形态的存在形成了一个奇妙的"意识形态圈",悄无声息地制约和影响着国际新闻传播。信息的传播者在各自圈定的范围里处理特定的问题,只有包含在意识形态圈内的符合标准的新闻事实才会得以传播,受众的接收尤其是异国受众对信息的接收又是在新一轮的意识形态圈筛选之后。层层的圈定导致受众接收的新闻事实有限、准确度不高,这种情况周而复始使新闻传播者和受众的既有意识形态进一步地趋于稳定而难以变化。

1.意识形态制约传播者的传播范式和传播意图

意识形态概念是从世界对人的价值意义的角度界定的,它帮助人们判断外部世界事物哪些是有价值的,哪些是没有价值的,而它自身是不被挑战的"神话",且存在于一定社会历史时期所有社会成员的意识深处,当然也影响和制约传播者的意识。"新闻传播的第一度抽象过程中,对于社会观念的总体构成,传播者只抽取其中占统治地位的观念和对社会'无害'的观念"①。2004年萨尔兹堡论坛举行的第416次研讨会中对35名与会代表进行了一次小规模的调查,他们来自英、美、北欧、亚洲和中东等22个国家和地区,其中有媒体的编辑、记者,研究媒体的专家和学者还有一些从事与传媒密切相关工作的人员。"调查中,有60.6%的人表明他们在报道与本国相关的国际冲突问题的时候,无法保持客观中立。还有54.1%的人表示他们在从事新闻工作中无法摆脱其所在的社会环境和文化背景的影响"②。

这种影响过程具体是媒体有意识的选取特殊的传播方式进行国际新闻传播来实现特定的传播意图。例如美国的坚信个人基本尊严和所有人

① 季燕京..新闻传播中的抽象与具象问题初探[J].中国社会科学院研究生院学报,1990(2):72。
② 李琨、周娟.对新闻伦理认知与实践的跨国比较分析[M].北大新闻与传播评论.北京:北京大学出版社,2004。

拥有平等和不可剥夺的自由、正义和公平机会的权力,这种意识形态要求美国必须干预其他国家的内部事务,以纠正"劣等社会体制",这种意识形态体现在很多美国的新闻报道中。美国国内海湾战争的新闻报道堪称第一个新闻节目(news program),因为报道在战争开始前一个月就已经计划好,只等战争打响立即播出。在伊拉克部队入侵科威特的几个小时之内,美国就开始空运军事力量到沙特阿拉伯,这时电视画面集中报道伊拉克的军事碉堡,暂时搁置已经计划好的军队部署和军队的实际行动。沙漠中美方的军事设施、部队和战斗人员并没有电视画面中展现的那么强。对萨达姆而言,西方电视报道是其情报的主要来源。这些画面正是取得了令布什总统和军方满意的效果,不仅增大了美国军队的威慑力也给人造成了美国阻止伊拉克入侵不惜一切努力和资源的印象。因此,"电视成了传送的工具,它不仅仅展示人质画面,发表声明、最后通牒和相关信息而且提供假情报"①。

　　可见,美国干预纠正他国错误的意识形态已经在一定程度上影响了新闻传播的范式,即经验的认识、组织和展示的规则。而此类的新闻报道也在很大程度上已经成为美国军方和政治谋划者重要的战略工具。人们一般认为大众媒介和军方追求不同的目标,一方是战争,另一方是报道,然而意识形态上的一致已经让他们在传播生态社会环境的战壕中并肩作战。值得一提的是,主流媒体在海湾危机中之所以会成为美国外交政策的喉舌和扩音器,其原因不仅仅归于意识形态的影响,还有维护本国利益和战争场面可以更多地吸引受众眼球的消费主义等因素。

　　2. 意识形态的差异决定了把关人的取舍标准

　　把关的过程要求严格地选择对新闻事实的哪部分进行报道,意识形态是把关人对新闻事实进行选择时一个重要的参照。对新闻事实当中更加符合自身意识形态的可能会用浓墨重彩予以宣扬,不符合的则可能低调处理甚至视而不见。以中美这两个意识形态差异较大的国家为例,美国的意

---

　　① David L A,邵志择译. 传播生态学——控制的范式[M].北京:华夏出版社,2004。

识形态认为美国资本主义式自由最大的威胁来自国际共产主义运动,威胁不仅在军事上而且还存在于经济、社会组织和思想方面。继东欧剧变苏联解体后,中国成为社会主义国家中美国最大的"假想敌",而中国在相当长的一段历史时期内也严防死守西方尤其是美国的意识形态渗透。两国中除了极少数人有机会直接接触对方的大众传媒,大多数人只能通过本国传媒了解外部世界,这种有限的个人接触就产生了刻板印象。"许多刻板印象都是由大众传媒带来的。电视的错误就在于向人们提供了许多种族集团的歪曲形象。问题是对很多人来说,这种错误的不断重复便成为他们所理解的现实"①。可见,意识形态的差异决定了传媒把关人的取舍标准,而经过传媒中介后的传播内容严重影响和限制了普通受众对对方文化的全面了解。随着中国改革开放步伐的加快,中国新闻界对国际新闻的报道有了很大改善。本着公正客观的原则,我国的新闻传播已经基本上还给受众一个真实客观的国际环境。但是国外媒体尤其是西方传媒在这方面做得很不好,他们封锁中国的实际情况和主流,肆意对中国施行"妖魔化",蒙蔽国内受众,以致国外很多人在被问及对中国人的印象时仍旧使用 poor(贫穷),cruel(残忍),dirty(肮脏)之类的贬义词。

随着信息技术尤其是因特网的快速发展,这种情况理论上应当有所改善,因为这里信息的形式更为直接,范围更加广泛,没有经过以特定意识形态为标准的把关人的翻译、删剪。但是不容忽视的是,由于各个国家在信息技术水平上的差异和国际社会中日益形成的英语强势,因特网受到更多西方文化的占据并且已经出现意识形态西化的趋势。在报道中国的新闻中,有些西方传媒的中文网站尤其是一些由政府资助的网站,如 BBC,VOA 的中文网站大肆宣传社会主义中国所谓"阴暗面",并对社会主义中国进行所谓"民主"、"自由"、"人权"的宣传,又如"美国之音中文网站报道了新闻

---

① Larry A Sr and Richard E P,闵惠泉、王纬、徐培喜译.跨文化传播[M].北京:中国人民大学出版社,2004。

'民运人士抗议王炳章被判无期徒刑'"①,此类报道提醒我们在信息技术飞速发展的今天,意识形态对国际新闻传播的影响几乎无处不在,在把关人作用相对变小的网络新闻传播领域仍是如此。

3.受众既有的意识形态影响其选择性接触

在当今的全球化信息时代,面对浩如烟海的信息传播,受众不会不加以区别全盘吸收,而是更倾向于"选择"那些与本身既有的意识形态、立场、态度相一致或者接近的内容接触。这种"选择性"接触活动的结果,更有可能在原有意识形态的基础上进一步强化其作用而不是改变。例如,"有关中国问题的报道,西方主流媒体长期以来以几个'点'构筑形象框架:人权问题、台湾问题、西藏问题、宗教问题、核威胁、法轮功(1998年以来)等"②,西方受众的意识形态圈也被设定在这些问题的框架之内。所以,美国媒体对中国的报道只要涉及上述问题,就能吸引更多的美国人对其进行选择性接触。

受众这种既有意识形态的形成也同媒体长期按照自身政治和意识形态的需要对他国进行固定的议程设置密不可分,这种做法不仅影响到受众对信息的接收同样也使信息的传播者在对新闻事实进行采访,编辑,报道时形成惯性思维和刻板印象,反过来再进一步影响受众,之后传播者继续按受众的喜好进行选题报道,寻找"热点",制造"热点",形成了意识形态圈内狭隘信息传播的恶性循环。在北约轰炸中国驻南斯拉夫使馆时,美国的大部分民众坚信这是以美国为首的北约误炸了中国使馆,媒体对实际情况和中国人愤怒的真正原因也不了解,依据其所谓的意识形态常识进行猜测,之后搜集能证明这种猜测的证据,用同样的立场,同样的声音为北约辩护。类似的中美撞机事件发生后,美国媒体将中国人的愤怒归咎于中国官方媒体的反美煽动,美国CBS前主持人丹·拉瑟在其报道中就持这样的观

---

① 曾凡斌.BBC,VOA等西方传媒中文网站评析.http://news. xinhuanet. com/newmedia/2003 -06/26/content_937709. htm.

② 罗以澄、夏倩芳.他国形象误读:在多维视野中观察.信息化进程中的传媒教育与研究——第二届中国传播学论坛文集[C].上海:复旦大学出版社,2003。

点。

二、集体无意识心理的影响

集体无意识心理也是造成西方主流媒体对我国形象媒介歧视的原因之一,集体无意识思想由新弗洛伊德主义的代表人物之一荣格提出。集体无意识其中一个层面上的含义就是民族性,即"在漫长的历史演变中独特的地理和社会环境与某一民族种系的特点相互作用的结果积淀于该群体的集体无意识之中,再经外化则表现出该民族自己的个性"①。

1. 集体无意识心理对把关人的影响

西方国家民族大都具有很强的民族优越感,特别是在工业技术革命后西方经济技术全球遥遥领先的国际局势下,西方国家民族优越感的表现更为明显。这种优越感使西方国家不愿承认自己在某一方面不如别国。这种排外、自负的心理是导致西方国家对有关我国形象媒介歧视问题的重要原因之一。

如美国的某些新种族主义者认为:"中国人在世界竞技场上击败美国人,是绝对不可容忍的事"②。这种集体无意识心理同样作用于西方主流媒体传播信息的把关人,致使把关人在选择对本国受众传播有关我国形象的信息时更倾向于报道中国落后的一面,而不是发展的一面,给人的感觉是即使中国在什么方面强大或可能超过了西方,其中一定有不可告人的原因。西方主流媒体大肆报道、夸张、侮蔑中国的环境污染、技术间谍、运动员服用兴奋剂等负面信息,就是这种心理的反映。

2. 从传者到受众的恶性循环

由于西方主流媒体的信息传播者对我国历史和民族的认识有限,加上长期集体无意识心理的影响,造成了他们对中国许多问题的误读和曲解,产生出许多有关中国问题的歧视性报道。反过来,长期接受这种信息影响

---

① 刘京林.大众传播心理学——从现代心理学视角看大众传播[M].北京:北京广播学院出版社,1997。

② 李希光.妖魔化中国的背后——美国传媒是如何讲政治的[J].国际新闻界.1996,(5):7。

的人也日渐产生对我国形象的刻板印象,认为中国和中国人就是像负面信息中的报道一样。据统计,2000 年 7 月 20 日至 9 月 1 日西方主流媒体《纽约时报》《华盛顿邮报》、美联社、路透社和 CNN、BBC 等的中国新闻报道基本上每家媒体日均 1－2 篇,共 149 篇。其中人权(西藏、法轮功、"六四"等)46 篇,中美政治贸易关系 36 篇,中国政治、经济与社会报道 25 篇,台湾 22 篇,其他(李文和、香港、自然灾害等)20 篇。在西方有些传媒看来,只有这种有关中国负面信息的报道才符合受众心目中中国的形象。此外,美国大众传媒和大众文化的意识形态还包括:政治层面的"反共与冷战;天使与妖魔;自由与极权"。西方主流媒体受意识形态的影响,在报道中普遍存在着强烈的民族优越感,常以自己的意识形态标准来衡量中国的问题,对中国横加指责。如对人权问题和"法轮功"问题的报道,就体现了强烈的民族优越感和集体无意识心理色彩。

3. 集体无意识心理对新闻框架的影响

当我们把这种理论扩展到不同群体之间,社会心理学家进一步的研究还发现:我们总是倾向于从环境的角度解释另一个团体所做的我们希望的事情,而从本性的角度解释他们所做的我们不希望的事情。简单来说,在战争、政治领域中,如果敌人做了一件出乎我们意料的好事,那么我们会认为他们或者是受某种客观环境所迫,不得不这么做,或者就是有别的企图;当他们做了什么坏事的时候,我们认为这是理所当然的,不然也不叫敌人了。于是无论对方做什么,在另一个团体看来都是不怀好意的,反映在国家形象的认识上,对于一个对手国家的负面新闻便想当然地接受,对于一个对手国家的正面新闻便理解为对方别有用心。

三、文化差异导致的文化误读

采编人员对于中国语言和文化知识的缺乏也是形成西方主流媒体对我国形象媒介歧视问题的重要原因之一。卡尔·马克思曾为文化误读做出十分精辟的解释,他认为文化误读是两种意识文化间的不正确理解。另有传播学者认为,"误读,是指对理解对象的形象的误解、曲解"①。文化误读主要由文化差异所引起,文化误读又可根据其成因分为有意识文化误读和无意识的文化误读。

1. 无意识的文化误读

文化差异在不同国家、不同民族、不同地区间都可能存在。无意识文化误读是指对双方文化差异下,下意识形成的误读,是零碎的、不系统的误读。常常是误读对方的人从自己的价值观和角度出发对被误读者行为的错误评价和判断。例如影片《刮痧》中所反映的美国人对中国刮痧疗法和孙悟空人物形象的误读。有的西方记者在报道中国中小学生做眼保健操这一信息时,由于缺乏对中国中医穴位疗法的文化理解,凭借西方学生没有做眼保健操也没有患近视眼为依据,得出"中国学校要求学生做眼保健操是不合理的"结论,这也属于对他国文化的一种无意识误读。

2. 有意识的文化误读

有意识文化误读是政治和意识形态等因素引发的误读。是指出于对自己国家意识形态,国家利益需要,对对方异己的行为进行有目的的,故意地曲解。这种误读体现了媒体和国家之间的互动关系。媒体为维护本国利益而有意识的误读,而国家则利用媒体的有意识误读达到其政治目的。英国《经济学家》曾给一张中国人练太极拳的照片,附上这样的文字说明"新富起来的中国人露出了穷凶极恶的好战本性"。此类有意识的文化误读可以表现出意识形态差异背后的政治利害关系,如果长期存在下去可能影响受众进而形成刻板印象,在其心理上抵触主动了解异质文化。

四、经济利益的驱动

政府对于媒体的利用与控制及财团对媒体的控制是形成西方主流媒体对我国形象媒介歧视问题的一个体制上的原因。这其中既有媒体集团为维护本国经济利益对自身媒体的直接影响,也有大型跨国集团通过自己

---

① 罗以澄、夏倩芳. 他国形象误读:在多维视野中观察[J]. 新闻与传播研究. 2002(4):14。

的财力和影响力对报道内容的间接影响。西方主流媒体对我国形象相关信息传播的议程设置受到宏观和微观经济利益的影响。

1. 国家宏观经济利益的制约

首先,某些媒介的运营接受本国政府或者大财团的财政支持,因而往往站在这些利益集团的立场,充当其喉舌。在处理有关我国的报道时,媒介的政府利益集团及大财团也往往利用媒体的影响力,通过带有歧视色彩的报道,来制造对其有利的舆论环境。

例如2005年美国媒体在报道中海油竞购事件过程中,主流媒体的多数报道通过强调中海油的国有性质和中国的社会主义意识形态,主张中国海洋石油公司竞购优尼科将威胁美国国家安全。最终在强大的舆论压力下,美国国会介入并购事件。美国媒介的这一做法为美国本土企业的成功并购提供了有利的舆论环境。

另外,中国贸易的飞速发展引起了贸易相关国的不满,美国作为中国的第二大贸易伙伴,认为自身在与中国进行贸易往来的过程中受到了损失。中国自入世后,中美两国因经济利益产生的贸易摩擦不断,提出针对纺织品、钢铁等行业的相应反倾销议案。美国主流媒体代表国家的利益,此时更多把关注的焦点集中在中国所承受的反倾销投诉上,因而使我国的经济形象受损。经济基础决定上层建筑,经济形象受损必然又引起我国的政治形象受到牵连。

2. 媒体微观经济利益的驱使

西方新闻价值观沿袭了普利策的新闻思想,"坏新闻就是好新闻"成为许多西方记者的职业信条。这种新闻价值观也在影响媒体的经济利益。负面新闻可以更多的吸引受众的眼球,这种眼球效应也是造成西方主流媒体迎合受众口味,歧视我国形象的原因之一。同时,媒体的微观经济利益也是影响西方主流媒体对我国形象媒介歧视问题的重要因素。

浙江大学新闻与传播研究所樊葵在《当代信息传播中的传媒歧视》一文中提出,"传媒歧视与媒体对'信息成本'的考虑有一定关系。"西方主流媒体在选择与我国有关的信息报道时也倾向于选择那些费力较少和报偿较高的信息。例如"在美国报纸上的每条新闻都有一个标价,当《洛杉矶时报》的总编辑和总经理在研究报道时,总经理总是要问:'我们报道这种新闻,在经济上合算吗'"①? 由于中国社会主义国家的特殊身份,美国媒体长期侧重报道中国负面信息以保障自身的经济利益。另外,对我国形象的歧视性报道对西方主流媒体来说费力较少。据我国学者刘康,李希光等研究美国主流媒体一般只是通过驻我国的外国记者从网上搜索到的信息加之哈佛、哥伦比亚、或普林斯顿等大学的反华学者发表的评论、分析和猜测来完成一篇反华报道的,因为这样的报道既可以吸引受众眼球也不必费力。

五、主流媒体与国家思想库的互动

思想库(Think Tank,港台译为智库),对政府制订的方针政策可以起到举足轻重的影响作用。主流媒体核心观点的来源往往是国家的领导和决策者,主流媒体与国家思想库之间存在着非常微妙的互动关系。思想库为主流媒体提供观点支持,主流媒体为思想库提供了观点散布的渠道,思想库利用主流媒体形成的舆论支持使自己的主张变为现实。以美国的思想库为例,当代美国社会中的思想库可谓五花八门、数量惊人,仅在华盛顿特区就有大大小小100多个。在2005年西方主流媒体有关我国形象的报道分析中,我们不难发现美国主流媒体非常青睐美国思想库研究人员提供的观点,进而为影响美国国家决策的思想库创造舆论支持。

1. 美英主流媒体与国家思想库的互动关系

美国思想库通常的做法是利用主流媒体为成果宣传造势。在美国思想库宣传和推销自己的政策主张花费了大量的财力,而只将一部分经费用于研究工作。美国思想库主要通过以下媒介渠道来实现与美国主流媒体的互动关系。

(1)著作、报告。美国思想库往往在总统就任前后,以发表著作或研究

---

① 李希光、刘康. 美国媒体新闻的选择性——美国传媒近期对中国的报道评析[J]. 新闻记者,2000(10)。

报告的形式公布本思想库研究人员共同研究的成果,或者选择重大的、紧迫的政策性问题,组织其成员组成专门小组加以研究,写成报告后广为发布,力求在最大范围内扩大自己对国家政策的影响。

(2)期刊。其中包括发表思想库研究成果的期刊;加强和扩大思想库在学术界影响的工作论文;就当前重要政策问题发表见解并以之引导公众舆论的快报;总结和展示思想库各方面情况并向外界宣传介绍本思想库重点研究成果的年度报告等。

(3)媒体发表。美国思想库除了借助传统的印刷媒体推销研究成果外,更多地通过现代媒体来介绍自己的研究成果和观点主张。2005 年被美国广大媒体纷纷炒作的美国国防部《2005 年度中国军力报告》,就是通过这一渠道对公众舆论形成了广泛影响。

英国思想库也在积极建立与媒体的联系,同时在官僚、政治家、商界领袖、工会领导人以及其他政治主体内部构建自己的网络,并向决策者兜售它们的产品。"这些思想库往往以简短报告或媒体评论的方式将其研究结果公诸于众,因而获得了'政策企业家'的称谓。许多机构在强调研究自由的同时,却带有强烈的意识形态色彩和党派倾向"①。

2. 美国思想库对我国研究的现状

从对 2005 年全年西方主流媒体对我国形象相关报道的分析中,我们不难看出媒体引用观点的提出者,也就是这些被美国主流媒体所青睐的专家和学者大多数都是美国思想库的重要成员,而思想库的某些重要成员又在政府里任职。因此,美国思想库有关我国的研究更多是从政策层面出发,主要目的就是为对华政策的制订献计献策。美国知名的思想库大西洋理事会在 20 世纪 80 年代初就曾发表过颇有影响力的《今后十年的对华政策》报告,比较完整地反映了当时美国政府处理和研究对华关系的政府官员和专家学者中"主流派"意见,获得了广泛认同。具体来说,美国思想库关注中国,主要有四个方面的问题:中美关系的整体把握和宏观研究;对华

---

① 王军、李双进. 英国的思想库及其政治功能. www. chinathinktank. cn,2007,3,20。

战略研究;对中国军事、安全、决策问题的研究;对台湾问题的研究。多数思想库在对这些问题的研究中对中国持负面和消极的看法。

在这些研究者当中很多人以其既有的"中国观"研究中国问题,往往对中国的发展对世界的影响这样宏观层面的问题更为关注。他们侧重于对中国国内和中美之间发生的时事和要事进行动态的分析,这就使得美国思想库有关我国的学术研究具有了很浓的政治色彩。当然这些学者当中也有像兰普顿那样对中国的历史和文化有深厚了解的中国问题专家,在为中美关系研究的政策制订以及美国主流媒体对我国形象的相关信息传播发挥着积极的作用,正是这些学者和媒体客观的研究和报道使美国舆论界中真实反映我国形象的舆论力量得以对歧视我国形象的信息传播形成了正面冲击。

六、我国对外形象传播观念和体制的缺失

我党历代领导人从建国初至今一直非常重视我国的对外传播工作,并在建国后为我国形象对外传播建立了良好的工作基础。文革期间,由于极左思潮的干扰和影响,此前的基础建设工作在一定程度上被破坏。改革开放后至今,由于我国与西方国家在政治体制和意识形态上的差异致使我国在国家形象对外传播观念和传播机制上留存了一些亟待改善的缺失。

1. 国家形象对外传播观念的缺失

国家形象对外传播长期以来在我国一直存在隶属于哪方职责的问题。媒体容易将其认为是政府职责,而政府容易认为是媒体的工作,受众更倾向于将其视为媒体和政府的职责范围而与己无关。这种传播观念上的缺失形成了我国在重大新闻事件发生时产生的"失音"状态,严重影响了我国形象。

我国政府在这方面缺少与国外媒体的配合,有时也人为设置了不必要的障碍。新华社高级记者熊蕾女士就曾指出,有的时候,在一些问题上,有些部门因为担心"国家利益"或"国家形象"受损,拒绝接受采访,对相关问题不明确表态,反而加深了国外对于我国政府乃至国家形象的误解和偏

见。如当好莱坞反华的电影《西藏七年》和《昆顿》推出后,《好莱坞报道》曾经希望我国官方新闻部门发表一篇中国官方对该问题的回应,结果是相关部门放弃了这次表达意见的机会。面对这种情况,国内外受众期待政府发出声音,因为政府的声音在民众中有较高的公信力,"失音"不仅不会平息反而会引发更多的猜测甚至是造谣和诽谤。

2. 出境信息管理体制的缺失

我国对出境信息的控制,也体现在对传播信息源发布行为的约束上和对出境信息的把关。当一国出境信息与国内信息不一致,不对称,政府对出境信息的管理也就会失效进而影响一国在国际上的国家形象。我国在"非典"爆发初期,没能对疫情进行及时报道,令某些西方媒体乘隙而入,对我国形象形成了不利影响。此外,发生在河北的"定州事件"也是由于没能在突发事件后及时对出境信息做好管理而导致了信息传播上的被动。

一个国家对突发事件出境信息控制的方式,不完全取决于社会制度,还取决于经济发展水平、开放度、传播资源的占有量等因素,相应的管理体制也会随这些因素的变化而发生相应的变化。由于近一段时间以来,各国突发事件频频出现。许多国家纷纷建立突发事件相应的信息管理体制。"9.11"事件之后,美国成立全球宣传办公室;车臣战争期间,俄罗斯成立临时新闻中心与车臣新闻分析委员会。"非典"后,我国颁布了突发公共卫生事件条例等等。这些体制上的完善和建立有利于国家应付突发事件,有效管理出境信息,保持国内稳定的大局,进而在国际上建立良好的国家形象。

第四节 媒介歧视环境下我国形象对外传播的对策

西方主流媒体对我国形象的媒介歧视问题,虽在我国信息不断开放和自我传播观念不断改良的情况下有所改善,但这仍是一股在国际上对我国形象造成损坏的不可忽视的力量,如果长期听之任之,会对我国产生多方面的负面影响,我国应从政府、媒体、国民三方面着手采取相应措施解决此问题。

一、完善政府对外传播国家形象的机制

中国政府是中国人民对外传播的形象代表之一,因为政府要员比普通公民有更多的机会通过媒体与外国受众接触。政府行为也更多的得到外国受众的关注,可以说政府形象的好坏直接或间接影响到良好国家形象对外传播的成败。

1. 树立政府行为对外传播国家形象的观念

西方国家尤其是英美很畏惧中国的强大和发展。在他们看来,中国新闻里的画面表现出中国领导人整天在"开会",所以每当媒体报道中国的某项新举措,有些外国受众免不了心里一惊:天啊,中国人又要干什么? 中国政府已经意识到国际社会所谓"中国威胁论"的存在,中央也曾提出"韬光养晦,有所作为"的战略思想。中国政府的领导人在进行外事访问时,也在努力通过媒体向国外受众传递中国人民友好、不称霸的国际形象。在印度洋地区海啸灾难发生后,中国政府对当地政府从物资到人力上的大力支援,用实际行动向全世界传播了中国良好的大国形象。中非领导人合作论坛,是中国有史以来接待外国首脑最多的一次峰会,这次论坛的成功举办也很好地向世界传递了中国不忘曾经帮助过自己的非洲兄弟的友好形象。

另外,我国政府可以利用西方主流媒体对中国国家领导人出访、2008年奥运会的筹备工作以及中国对环境污染的治理等方面举动的高度关注,间接传播中国政府灵活的全方位外交政策和通过积极、高效的政府工作所取得的阶段性成果。这样,西方主流媒体有关我国的许多失实性报道也会在事实的压力下不攻自破。

2. 完善国家新闻发布会体制建设

我国的重大新闻发布会一般受到国内外新闻记者的广泛关注,新闻发布会对我国政府来说是一种很好的向国外展示我国政府和领导人形象的形式。国际上,对此形式利用时间较长并取得较好效果的国家是美国。"9.11"事件发生以后,纽约市长被记者问及次数最多的问题是袭击中的伤

亡人数,面对这种可能会让政府官员感觉为难的问题,他并不做正面回答而是说:"我不愿意知道这个数字,因为每次听到死亡人数的增加,我的心灵都会加上重负。"这样的回答表现出政府官员心理上的负疚感,间接地树立了政府对危机事件富有责任感的形象。

我国在此方面也有过较成功的经验。例如在出现"禽流感感染人数超过300人"的流言时,外交部发言人刘建超立即主持记者招待会辟除谣言,这个招待会解除了群众的顾虑、恐慌的心理状态。另外,2007年刚刚结束的两会,我国国务院总理温家宝、外交部长李肇星在记者招待会上对中外记者提问的回答也赢得了广泛的赞许和好评。在温总理面对美国《华盛顿邮报》记者关于"中国进行空间防卫力量的试验的行为,是否与不称霸的大国形象相符"这一尖刻的问题时,温总理利用这一提问向全世界说明了中国发展空间防卫力量不针对任何国家的立场。温总理和李肇星外长在发布会中也表现出作为国家领导人良好的传统文化修养和对祖国人民的无比热爱之情,极好地展现了中国国家领导人博学、机智、亲民的形象。

二、媒体传播应适应国际受众的心理需求

"大众传媒有一种最基本的,甚至是原始的趋向产生公信力,这种趋向虽然有时会缩小范围,却始终存在"①。由此媒体是对外传播国家形象非常重要的中坚力量,由于西方国家在意识形态、民族心理等方面与我国存在较大差异,所以在媒体对外传播中应当适应国外受众的心理需求。这种适应应从思维、语言及对外传播议程设置等多方面着手开展。

1.淡化意识形态色彩,素描式报道中国形象

由于中国文革时期忽视新闻规律的假大空宣传,中国媒体在当时的国际新闻界就像一个时常喊"狼来了"的孩子,长期不为其他国家受众所信任。对于大多数无法直接接触到真实反映我国形象报道的受众来说,本国

---

① Peter S. Mediated Sources of Public Confidence: Lazarsfeld and Merton Revisited[J]. Journal of Comminication,1999,(4):109.

媒体对我国的报道是有关中国信息的最主要来源。如果一味报道中国的正面信息和成绩不易取得外国受众的信服,而且极易成为支持西方主流媒体"中国威胁论"的论据。最近,电视纪录片《大国崛起》的热播引起了国内外的广泛关注,对此有关学者在今年的两会中认为应当慎用"中国崛起"的说法,并提出中国还远没有崛起的观点。中国日报社顾问朱英璜称,日本在发展最快的时候,都从来不谈"崛起"二字,都是谈危机和困难。中国人现在还没有到真富的时候,就开始大喊大叫了。

我国中央电视台著名主持人、中日关系问题专家孙宝印就曾提出用素描的态度报道新闻。他认为,媒体应该有准确的定位,而不是去炒作,而是应该以一种素描的态度去报道事实。是什么样,就怎么样去描述。他还引用了中国古代绘画中的"墨分五色",黑色线条勾勒起来的形象仍然能会有立体感,甚至是五彩缤纷的。日语中有个词叫"等身大",就是说,跟身高一样大。中国对外传播中也应该报道一个等身大的中国。

因此,在对外传播过程中,媒体应当适当吸取学者的研究成果,在坚持以正面信息为主的同时,也报道我经济发展中存在的问题,以及中国人民正在积极地解决这些问题。这样可以引导国际受众更好地了解我国的现实情况并接受一个比较客观的中国形象。

2. 贴近受众思维习惯,适应受众的语言要求

我国对外传播中的汉译英工作也需要加强受众的心理和思维习惯研究。语言符号作为信息传播的载体对受众的接受有很大的影响。对外经贸大学丁横祁在《对外传播中的英语质量亟待提高》一文中提到,有些英译文在不了解中外文化差异的情况下生硬地"移植",根本无法达到让国外受众理解的目的,并举例说明:"以外贸企业为龙头"被译成 with foreign trade enterprises as the dragon head,这个译文的问题是西方人心目中的 dragon 是个令人生畏的怪兽,形象凶恶;而且外国人没有耍龙灯的习俗,不知道龙头的作用。如果改成 with foreign trade firms as the locomotive 或 flagship,用火车头或旗舰的形象取而代之,在外国人看来就很好理解了。由此看来,我国若要改善对外传播的效果,应当针对西方受众的兴趣和需求,寻求恰当

的报道方式,有的放矢地做好对外传播工作。

在学术界中,有关学者通过对相关刊物和政府报告的分析,总结出我国对外传播词汇构成的国家形象是爱好和平(a peace - loving country),外国侵略的受害者(victim of foreign aggression),社会主义国家(socialist country),革命堡垒(bastion of revolution),反对霸权的力量(anti - hegemonic force),发展中国家(developing country),主要力量(major power),国际合作(international cooperator),自治(autonomous actor)。然而这些词汇却并没有深入国外受众的内心,其中一个原因就是比较生硬的中译英,没有得到国外受众较好的理解和接受,例如"革命堡垒"。即使有些受众理解了又可能因为文化和意识形态的差异无法认同。因而在我国的对外传播工作中适应并符合与国际接轨的言语标准是在国际舆论中争夺话语权的必由之路。

3. 发挥叙事性报道、民生新闻的作用

叙事性报道和民生新闻在对外传播报道中可以比评论和理论性文章起到更大的潜移默化的作用。"认识到大众传媒有力影响的人可能常常会很敏感地对这种认识产生反应"①。大多数理论说明性文章,没有叙事性报道中的矛盾和波澜起伏,略显枯燥。而且其固有的宣传腔容易引起外国受众的反感和不信任。民生新闻又可以从平民的视角,反映平民的实际生活,于平实中摆事实、讲道理,可取得事半功倍的效果。目前很多专家学者对外传播的提出期望时,总会强调在报道中减少宣传口号、标语性的语言,增加生动人性化的报道。有关专家提出可以多采用经济、能源、环境和故事化的民生新闻话题,吸引外国受众并使其对真实的中国形象产生浓厚的兴趣。例如针对西方主流媒体对我国抢夺世界资源的评论,我们不妨推出以《能源中国》为主题的对外传播报道。一方面通过介绍中国农村农民使用沼气等外国受众不熟悉的节能方式反击中国抢夺资源的歧视性观点,另一方面可以通过中国这一环保型的能源使用方式反击中国破坏全球环境

---

① Albert C G, Janice L L. Broad reach or biased source. Decomposing the hostile media effect, 2006 (9): 450.

的说法,可谓一举两得。

三、在对外传播工作中注重发挥"人"的作用

外国受众因为意识形态差异和语言障碍很难主动接触到中国的媒体,反映中国真实形象的内容在这种情况下对习惯性误读中国的国外媒体、受众往往鞭长莫及。人际传播在这种情况下往往可以取得较好的传播效果。下图可以体现出部分国外对与我国形象的相关信息报道中涉及不同人群的比例。

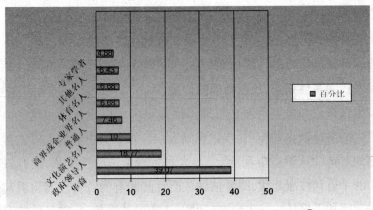

图7 我国形象相关报道中不同人群出现的比例①

从图7中我们可以看出,被报道的华裔在有关我国形象的报道中被关注比例高达39.07%,普通人达7.46%,高于专家学者,体育和商界企业界及其他名人。所以可以通过旅居国外熟悉国外媒体运作的各界爱国精英,资深学者和留学生,在国外创办代表中国形象的媒体机构,如报纸,杂志,电台,电视台等等,做近距离对外传播。另外,每位国民走出国门后,都应当意识到自己的一言一行不仅仅代表自己,也代表了一个更大的群体概念——中国人。

---

① 刘继南、何辉等.中国形象——中国国家形象的国际传播现状与对策[M].中国传媒大学出版社,2006。

1. 鼓励国外华人创立代表我国形象的外文媒体机构

首先旅居国外的华人对国外媒体、受众因意识形态差异对我国形象进行歪曲、错误宣传的现象有亲身的感受,他们有热情把真实的中国形象传递给国际社会。其次,由于种种原因这些在国外工作、学习、生活的华人与国外受众有地域和文化上的接近性,他们具有很多优势进行对外传播工作,对异地风土人情的了解也可以帮助他们更好地选择合适的主题和形式用最直接的当地的语言施行有效的国际新闻传播。应该鼓励国外有实力的政界、商界的爱国华人介入国外传媒事业,如国外的主流媒体或国内的对外传播媒体,这样可以对西方媒体对我国形象的歧视性报道进行较直接和有力的反击。再次,许多优秀的华人学者不仅在国外有较高的学术威望而且有很高的爱国热情,他们有较多机会受到西方媒体的关注。可以鼓励这些学者积极参与我国的对外传播工作,通过学术研究和社会活动甚至课堂教学来影响外国受众尤其是青年一代对中国的看法和印象。

这种成功的媒体对外传播有时会取得意想不到的效果,麦克卢汉就曾"将媒介机器视为穿越时空进入'宇宙和谐'的飞行器"[1]。我国的媒介精英已经在国外率先进行了成功的尝试:2005 年 5 月 18 日,西方历史上第一份由华人创办的西班牙文报纸《El Mandarín》(中文名称《东方周刊》)创刊,内容侧重中国经济、中国文化和商务。创刊第一期,印量一万份,首日告罄,不得不重印一万份。一个月后增为二十四版,发行量又翻了一翻。起初,《东方周刊》只是尝试在马德里地区赠送,现在已经发行到西班牙全国各地。《东方周刊》跻身于西班牙的主流社会,"成为欧洲媒体史上的一件重大事件,打破了欧洲主流媒体对有关中国和有关华人社会在报道和评论方面的垄断,所以引起了西班牙社会非常强烈的反响"[2]。此类刊物如同在国际间为中国搭建了一座主动沟通的桥梁,让外国受众耳濡目染来自

---

① Michael M. Empire and Communication: the media Wars of Marshall Mcluhan. Media, culture & Society, 28, (4):505。

② 高颖. 走进论坛:创办欧洲第一份外文报纸《东方周刊》。http://news. xinhuanet. com/overseas/2005 - 09/02/content_3432455. htm.

中国的真实声音和信息报道。

2. 加强对国内外国人的国家形象传播力度

随着我国开放程度的不断提高,我国国内的外国受众也在不断增多。我国在重视对国外受众加强宣传的同时,往往容易忽视对我国国内外国受众的对外传播工作。眼见为实,耳听为虚。这些在中国的外国人对中国有最直观的了解,如果他们对中国存在某些误解性的认识,其影响可想而知。因而加强对国内外国受众的对外传播工作也具有重要意义。

2003 年在法国举行的中国文化年中举办的一场《外国人眼中的中国》——《走进真实的中国》大型摄影图片展是对外传播工作在此方面较成功的例子。"随着大量新的信息与传播技术的出现和在社会多种阶层的迅速传播,人们彻底改变了交流习惯和信息处理的行为"[1]。这次摄影图片展的特点是从外国人的视角看最真实的中国,通过写真性的镜头别开生面地折射出外国人所理解的中国形象和文化。这次图片展既能让国内的外国人通过摄影了解中国,也能让外国受众通过图片了解同胞眼中真实的中国,取得了较好的传播效果。

3. 注重在对外传播中发挥公民个人的作用

西方主流媒体对我国形象的媒介歧视问题提醒我们应当提高警惕并加大和调整对外传播的力度。近一段时间,国内媒体相继报道了许多中国游客在出境旅游时随地吐痰等不文明行为,在国内外引起了广泛的讨论。有些中国游客在国外西装革履却戴一顶皱巴瓜皮帽、强拉外国人合影等不文明行为严重地破坏了我国形象。

这种行为的曝光在人们的心目中形成了"假定影响"。所谓假定影响,是指"人们在认识到传播对他人的种种影响后,结果改变了自身的态度和行为"[2],政府、媒体若及时加以引导,会取得正面的效果。我国游客在国

---

① Maria H. New ICTs and the Problem of "Publicness". European Journal of Communicaton 21, (3):311.

② Albert C G and J D S. The Influence of Presumed Influence. Journal of Communication, 2003, (6):199.

外的不文明行为被媒体曝光后,得到了有关部门的极大关注,中央文明办和国家旅游局列举了"十大不文明行为",及时提出了 20 条改进措施。同时,这一事件也在为我们每一个国人敲响警钟。我国的国际形象与我国政治、经济、文化乃至每个公民的切身利益都息息相关。"传播中介关系已经不仅仅指大众传媒(一对多),而指协助同等(一对一和多对多)传播的媒体"①。由此可见,我们不仅需要政府和媒体的足够重视,而且也需要中国十几亿人民全面提高自身素养,共同努力向国际社会传递中国社会的新鲜气息,催人奋进的奋斗精神和中国人民崭新的精神风貌。

四、实现我国优秀文化对外大传播

西方主流媒体对我国形象的媒介歧视问题也是由我国在文化对外传播上的失误造成的,如果一个国家不能将自己的优秀文化以能让对方理解的方式很好的传播给对方,而是让对方对自己原本优良的文化产生极大的误解,那么后果是相当严重的。所以此方面的问题,应该得到相关部门的重视,并及时加以研究和解决。

1. 发掘我国文化的深层魅力

有观点认为 21 世纪是汉学的世纪。本世纪以来,中外文化交流盛事不断,中法文化年、中俄文化年、越来越多的海外孔子学院,全世界范围内的汉语学习热,似乎都在印证这个观点。也是在 2009 年的两会期间,3 月 6 日政协新闻出版组的讨论会上,有人提出了这种种"热"的背后有个不容忽视的弊端,也就是随经济的粗放化发展,文化也走进了粗放化发展的误区。孔子文化节,豆腐文化节、榨菜文化节经济上的粗放化经营可能会导致文化庸俗化。图书出版上厚古薄今,电影制作上尚武轻文。

在发掘本民族文化魅力方面,韩国可以说为我们做出了榜样。全球掀起的韩剧热,表现出全球受众对蕴涵韩国民族深层魅力的艺术结晶——韩

① Sonial. The Challenge of changing Audiences. European Journal of Communication, 19,(1): 76.

剧的极大认可。无论在中国,还是在大洋彼岸的伦敦音像店里随处可见韩国电影、电视剧的光盘,韩国正用对自身文化认真发掘的实际行动对好莱坞电影的全球霸主地位默默地发起冲击。我国艺术家也在为此付出努力,著名歌唱家宋祖英在维也纳金色大厅和肯尼迪艺术中心成功举办了两场演唱会,在西方世界引起了较好的反响。2007 年春节期间,赵本山将土生土长的东北文化艺术也带到了大洋彼岸,获得了西方中国文化爱好者的认可。日本著名作曲家谷村新司曾说过,音乐可以超越政治。在我国优秀文化的对外传播方面,艺术家的艺术表现可以发挥巨大的作用。

2. 利用重大活动契机促进文化产业发展

据新闻出版总署统计,2001 年中国图书、报纸、期刊出口额为 1764 万美元,进口额为 6904 万美元,进口是出口的四倍。音像制品、电子出版物的进口额为出口额的 14 倍,进口出版物花去外汇 1.5 亿,而我们创造的外汇不到 2000 万。图书进口与出口的比例一般是 10:1,对美国达到了 100:1。2004 年,我们引进版权在美国是 4098 种,而输出 14 种,从英国引进 2030 种,输出 16 种,从日本引进 694 种,输出 22 种。电影方面,5 年内进口了 4332 部影片,输出屈指可数。语言方面,在美国学汉语的有 2 万多人,中国几乎全部的学生都在学英语。演出方面,上海在 2005 年的逆差是 3000 万,目前还不断有海外流入。我国文化产业发展的现状仍处于相对西方落后的状态,文化的兴盛依赖于其重要载体——文化产业的兴盛。

2008 年奥运会和 2010 年上海世博会等重大活动不仅是构建我国形象的契机也是我国文化产业发展的重大契机。申办、筹办奥运会期间,关于奥运品牌的建立、发布、开发、推广、知识产权保护都将为中国政府积累大量的经验和实战演习,这也将为我国形象的构建和管理提供宝贵的经验。另外,重大活动给中国文化产业发展带来巨大商机。这从日本 1964 年东京举办第 18 届奥运会和韩国 1988 年汉城奥运会的经验可以得到验证。东京奥运会和汉城奥运会都为其本国带来了文化体育盛事拉动经济产业发展的"奥林匹克景气"。重大活动会吸引全球的正面关注,可以改变国家形象。重大活动体现的精神是全人类共有的价值标准,有利于我国对体现全人类共同价值文化的深层发掘,反过来也会促进文化产业的进一步发展。奥运会和世博会都将成为我国民族文化、国家形象对外传播的历史性契机。

我国形象是国家力量和民族精神的外在表现,是我国综合国力的集中体现,是我们民族发展不竭的动力源泉。因此西方主流媒体对我国形象的媒介歧视问题,已经得到学术界的重视,许多学者对妖魔化中国现象和出境信息的管理进行了较系统的研究。本章主要通过对西方主流媒体有关我国形象信息地分析总结出西方国家体制、意识形态等多方面较深层次原因,得出在实践中切实可行的对策,将媒介歧视研究与国家形象研究相结合具有一定创新性,其中部分对策的提出具有创新意义。我国开放程度和对国际事务参与度的不断提高,为中华民族发展提供更多的不可多得的进行国家形象塑造的重大历史性机遇,这也是实现中华民族伟大复兴的契机,与此同时,这也在提醒传播界学者要对新情况、新问题不断关注,并肩对新对策不断探索。国家形象塑造是一个系统工程,如果我们能进一步完善国家形象体系、普及国家形象建设意识、将产业经济、传媒运作与人文关怀更完美的结合起来,就能在国际传播中取得更多的话语权,塑造出我国正面、真实的国家形象。我们希望通过所有爱国华人和全体国民的共同努力,在不久的将来能够向全世界展示一个在古老的历史文化里演绎出现代文明的中国,一个含蓄谦虚又奋发图强的中国,一个缅怀前人业绩又不断创新进步的中国,一个不断强大又维护世界和平的中国。

主要参考文献

一、中文参考文献

（一）著作

1.阿特休尔.权力的媒介[M].北京:华夏出版社,1989。

2.戴维莫谢拉.权力的浪潮[M].北京:社会科学文献出版社,2002。

3.李希光,周庆安.软力量与全球传播[M].北京:清华大学出版社,2005。

4.[英]约翰·埃尔德里奇.获取信息新闻、真相和权力[M].北京:新华出版社,2004。

5.李希光.畸变的媒体[M].上海:复旦大学出版社,2003。

6.施拉姆.报刊的四种理论[M].北京:新华出版社,1980。

7.[美]威尔伯·施拉姆、威廉·波特.传播学概论.[M]北京:新华出版社,1984。

8.[德]霍克海默,阿多诺.启蒙的辩证法[M].洪佩郁等译,重庆:重庆出版社,1993。

9.李卓钧.新闻理论纲要[M].武汉:武汉大学出版社,1995。

10.卡斯特尔.网络社会的崛起[M].北京:社会科学文献出版社,2001。

11.王岳川.媒介哲学[M].郑州:河南大学出版社,2004。

12.迈克·费瑟斯通.消费文化与后现代主义[M].刘精明译,北京:译林出版社,2000。

13.潘知常林玮.大众传媒与大众文化[M].上海:上海人民出版社,2002年。

14. ［美］迈克尔・埃默里,埃德温・埃默里.美国新闻史[M].北京:新华出版社,2001。

15. 郭庆光.传播学教程[M].北京:中国人民大学出版社,2001。

16. 罗钢,王中忱.消费文化读本[M].北京:中国社会科学出版社,2003。

17. ［荷］托伊恩・A.梵・迪克.作为话语的新闻[M].曾庆香译.华夏出版社,2003。

18. ［美］马克・波斯特.第二媒介时代[M].南京大学出版社,2000。

19. ［英］汤林森,冯三建译.文化帝国主义[M].上海:上海人民出版社,1999。

20. ［加］马歇尔・麦克卢汉,何道宽译.机器新娘[M].北京:中国人民大学出版社,2004。

21. ［美］罗伯特・W.麦克切斯尼,谢岳译.富媒体穷民主[M].北京:新华出版社,2004。

22. ［美］切特罗姆,黄艾禾译.传播媒介和美国人的思想[M].北京:中国广播电视出版社,1991。

23. 本雅明.机械复制时代的艺术作品[M].杭州:浙江摄影出版社,1993。

24. 张咏华.媒介分析:传播技术神话的解读[M].上海:复旦大学出版社,2002。

25. 姜振寰.哲学与社会视野中的技术[M].北京:中国社会科学出版社,2005。

26. 蒋原伦.媒介文化与消费时代[M].北京:中央编译出版社,2004。

27. 王政挺.传播文化与理解[M].北京:人民出版社,1998。

28. 熊澄宇.新媒介与创新思维[M].北京:清华大学出版社,2001。

29. 胡钰.大众传播效果问题与对策[M].北京:新华出版社,2000。

30. ［美］约翰・费斯克.关键概念:传播与文化研究辞典[M].北京:新华出版社,2004。

31. 栾轶玫.媒介形象学导论[M].北京:中国人民大学出版社,2007。

32. 吴庆棠.传媒角色论[M].上海:上海社会科学院出版社,1999。

33. 美约翰·赫尔顿. 美国新闻道德问题种种[M]. 北京:中国新闻出版社, 1987。

34. 唐·E.舒尔茨. 整合行销传播[M]. 吴怡国等译. 北京:中国物价出版社, 2002。

35. 卜卫. 媒介与性别[M]. 江苏:江苏人民出版社, 2001。

36. 郭建斌, 吴飞. 中外传播名著导读[M]. 杭州:浙江大学出版社出版, 2005。

37. 张敏杰. 中国弱势群体研究[M]. 吉林:长春出版社, 2003。

38. [美]约翰·罗尔斯. 何怀宏等译. 正义论[M]. 北京:中国社会科学出版, 1988。

39. 张国良. 20世纪传播学经典文本[M]. 上海:复旦大学传版社, 2003。

40. 特里·K.甘布尔, 迈克尔·甘布尔. 有效传播[M]. 北京:清华大学出版社, 2005。

41. 丹尼斯·麦奎尔. 受众分析[M]. 北京:中国人民大学出版社, 2006年。

42. 阿瑟·阿萨·伯杰. 媒介分析技巧[M]. 北京:中国人民大学出版社, 2005。

43. 比格纳尔. 后现代媒介文化[M]. 北京:北京大学出版社, 2006。

44. [英]多米尼克·斯特林纳提. 女权主义与大众文化[M]. 陆扬、王毅选编. 视点:大众文化研究. 上海:上海三联书店, 2001。

45. 荒林, 王红旗. 中国女性文化[M]. 北京:中国文联出版社. 2001。

46. 陈力丹. 舆论学——舆论导向研究[M]. 北京:中国广播电视出版社, 1997。

47. 农业部课题组. 建设社会主义新农村若干问题研究[M]. 北京:中国农业出版社, 2005。

48. 叶敬忠. 农民视角的新农村建设[M]. 北京:社会科学文献出版社, 2006。

49. 谭英. 中国乡村传播实证研究[M]. 北京:社会科学文献出版社, 2007。

50. 中国科学院国情分析研究小组. 国情研究第三号报告:城市与乡村——中国城乡矛盾与协调发展研究[M]. 北京:科学出版社, 1994。

51. 管文虎. 国家形象论[M]. 成都:电子科技大学出版社,2000。

52. 杨伟芬. 渗透与互动——广播电视与国际关系[M]. 北京广播学院出版社,2000。

53. 李寿源. 国际关系与中国外交——大众传播的独特风景线[M]. 北京广播学院出版社,1999。

54. 刘继南,何辉等. 中国形象——中国国家形象的国际传播现状与对策[M]. 中国传媒大学出版社,2006。

55. W. 兰斯·班尼特,杨晓红,王家全译. 新闻:政治的幻像[M]. 北京:当代中国出版社,2005。

56. 李琨,周娟. 对新闻伦理认知与实践的跨国比较分析[M]. 北大新闻与传播评论. 北京:北京大学出版社,2004。

57. 臧国仁. 新闻媒体与消息来源——媒介框架真实建构之论述[M]. 台北:三民书局出版社,1999。

58. [荷兰]梵迪克,曾庆香译. 作为话语的新闻[M]. 北京:华夏出版社,2003。

59. 乔木. 鹰眼看龙:美国媒体的中国报道与中美关系[M]. 北京:中共中央党校出版,2006。

60. 张昆. 国家形象传播[M]. 上海:复旦大学出版社,2005。

61. [美]伯纳德·戈德堡. 偏见[M]. 北京:新华出版社,2000。

62. 刘继南,周积华,段鹏. 国际传播与国家形象[M]. 北京:北京广播学院出版社,2002。

63. 尹鸿,李彬等. 全球化与大众传播:冲突、融合、互动[M]. 北京:清华大学出,2002。

64. 侯迎忠,郭光华. 对外报道策略与技巧[M]. 北京:中国传媒大学出版社,2008。

65. 沈苏儒. 对外传播学概要[M]. 北京:今日中国出版社,1999。

66. 王庚年. 国际传播探索与建构[M]. 北京:中国国际广播出版社,2009。

67. 李希光,孙静惟. 全球新传播[M]. 南方日报出版社,2002。

68. 郭可. 当代对外传播. [M]. 上海：复旦大学出版社,2003。

（二）论文

1. 卞冬磊,张稀颖. 媒介时间的来临:对传播媒介塑造的时间观念之起源、形成与特征的研究[J]. 新闻与传播研究,2006(2)。

2. 李三虎. 技术、空间和权力:米歇尔·福柯的技术政治哲学[J]. 公共管理学报,2006(7)。

3. 刘斌. 大众媒介:权力的研究[J]. 现代传播. 2000(2)。

4. 倪虹. 大众传播媒介的权力[J]. 新闻与传播研究 1999(1)。

5. 傅守祥. 大众文化的市场逻辑[J]. 社会科学战线,2007(2)。

6. 张筱蕙,李勤. 消费·消费文化·消费主义[J]. 学术论坛,2006(9)。

7. 杨伯溆,李凌凌. 资本主义消费文化的演变、媒体的作用和全球化杨[J]. 新闻与传播研究,2001(1)。

8. 徐小立,秦志希. 新闻传媒的消费主义文化变异[J]. 现代传播,2007(2)。

9. 李思屈. 传媒的"技术权力"与商业广告的"造梦"机制[J]. 新闻与传播研究,2000.3。

10. 姜亦成,叶长青. 介于知与小知之间——虚拟环境认知特点分析[J]. 理论研究. 2006(1)。

11. 李荫榕,张亮. 社会信息化对人的主体性影响的二重效应[J]. 自然辩证法研究. 2000(2)。

12. 王玲宁,张国良. 我国农村受众媒介接触行为调查分析[J]. 新闻记者,2003(11)。

13. 吴洪霞,葛丰. 新闻专业主义与传媒消费主义之张力分析——从市场化媒体的《娱讯》现象谈起[J]. 新闻与传播,2004(4)。

14. 丁艳. 网络媒体公信力危机与解决之道[J]. 中国新闻研究中心,2005(11)。

15. 俞卫东. 传媒人的媒介观与伦理观[J]. 新闻记者. 2007(4)。

16. 樊葵. 传媒歧视:论当代信息传播中的不平等[J]. 中国传播报告,2003(3)。

17. 张建琪. 试析"传媒歧视"对构建和谐社会的负面影响[J]. 视听纵横, 2007(3)。

18. 陶建杰. 大众传媒对民工观念的影响力研究[J]. 新闻与传播研究, 2004 (2)。

19. 黄国萍, 姚本先. 地域歧视与和谐社会的构建[J]. 社会心理科学, 2006 (4)。

20. 王磊. 大众传媒中歧视问题探究[J]. 思想战线, 2005(5)。

21. 刘俊. 论对弱势群体的信息歧视[J]. 图书馆, 2005(2)。

22. 李双龙. 欠发达地区如何应对新闻"歧视"[J]. 决策, 2006(5)。

23. 蔡骐, 黄金. 女性主义媒介研究初探[J]. 湖南师范大学社会科学学报, 2004(3)。

24. 《中国信息化水平评价研究》课题组. 中国信息化水平评价研究报告 [J]. 中国统计, 2006(3)。

25. 范华, 于风程, 卢丽娜. 我国农业信息化水平测度(2000-2004)[J]. 中国信息界, 2007(5)。

26. 张明新, 韦路. 我国农村居民的创新传播科技采纳研究:人口及行为因素的影响[J]. 中国传媒报告, 2005(4)。

27. 赵靳秋, 郝晓鸣. 中国农村互联网技术的扩散[J]. 中国传媒报告, 2006 (3)。

28. 程曼丽. 国家形象危机中的传播策略分析[J]. 国际新闻界, 2006(3)。

29. 胡百精. 危机状态下的议题管理[J]. 国际新闻界. 2006(3)。

30. 麻争旗. 论国际新闻编译的文化策略[J]. 现代传播, 2005(5)。

31. 刘朋. 《中国政府白皮书与国际形象塑造——基于64部中国政府白皮书的考察分析》[J]. 理论与改革, 2010(1)。

32. 罗以澄, 夏倩芳. 他国形象误读:在多维视野中观察[J]. 新闻与传播研究. 2002(4)。

33. 清华大学课题组. 新闻构架与国家利益——中美媒体关于中国驻南使馆被炸和学生示威报道的比较分析[J]. 国际新闻界, 2000(1)。

34. 程曼丽. 美、俄、日、德主要报纸涉华报道分析[J]. 国际新闻界,2002(4)。

35. 贾国飙. 论新闻的框架研究[J]. 新闻爱好者,2006(2)。

36. 史安斌,周庆安. 新闻构架——符码与制造同意的艺术[J]. 国际新闻界,2003(2)。

37. 张咏华,殷玉倩. 框架建构理论透视下的国外主流媒体涉华报道[J]. 新闻记者,2006(8)。

38. 黄敏. 再现的政治:CNN 关于西藏暴力事件报道的话语分析[J]. 新闻与传播研究,2008(3)。

39. 严怡宁. 英美大报关于奶粉事件的叙事结构[J]. 国际新闻界,2008(10)。

40. 李良荣,孟慧丽. 论中国传媒业新的传播生态[J]. 现代传播,2009(2)。

41. 王海洲. 作为媒介景观的政治仪式:国庆阅兵的政治传播学研究[J]. 新闻与传播研究,2009(4)。

42. 李智. 对文化软权力化的一种传播学解读[J]. 当代传播,2008(3)。

(三)学位论文

1. 杨一苗. 大众传播时代的文化分析[D]. 西安:陕西师范大学硕士论文,2002。

2. 樊葵. 传媒崇拜:现代人与传媒的异态关系[D],杭州:浙江大学博士论文,2006。

3. 聂伟. 走向虚拟现实传播的媒介技术[D],哈尔滨:哈尔滨工业大学硕士论文,2007。

4. 任彦. 试论中国国家形象传播[D]. 北京:中国社会科学院硕士学位论文,2003。

5. 邓天颖. 新闻框架与国家形象——《时代周刊》涉华报道研究(1998——2002)[D]. 保定:河北大学硕士学位论文,2003。

6. 宋欢欢. 美国报纸对北京奥运会的报道框架研究[D]. 上海:上海外国语大学硕士论文,2006 年。

7. 谭梦玲. 美国媒体如何建构中国形象[D]. 广州：暨南大学硕士论文,2004年。

8. 刘丹. 论我国对外传播中的媒体形象[D]. 武汉：华中科技大学硕士论文,2004 年。

二、外文参考文献

1. Baran Stanley J. &Davis, Dennisk. MassCommunication theory：Foundations, Ferment, and Future[M]. Belmon：Wdsworth publishing company,1995.

2. F. S. Siebet, T. Peterson and W. schramm. Four Theories of the Press[M]. Urbana：University of Illinois Press,1956.

3. Mcluhan Marshall, The Meadia；The Extensions of Man[M]. New York：McGraw – Hill,1966.

4. Barrat, D. Media Sociology[M]. London：Tavistock, 1986.

5. W. James Crey. Communication as Culture：Eassys on Media and Society[M]. London：Routledge,1989.

6. Deutsch, E. ,ed. , Culture and Modernity[M]. Honolulu：University of Hawaii Press,1991.

7. Curran, J. and Gurevitch, M. ,eds. , Mass Media and Society[M]. London：Edward Arnold, 1991.

8. Denis McQuall. Mass Communication Theory (Third Edition)[M]. SAGE Publication,1994.

9. Swingewood, Alan. Culture Theory and the Problem of Modernity[M]. London：Macmillan Press, 1998.

10. Naficy, Hamid (ed.). Home, Exile, Homeland：Film, Media, and the Politics of Place[M]. New York：Routledge,1999.

11. Willis, J. and Wollen, T. (eds). The neglected audience[M]. London：BFI, 1990.

12. Anderson, B. Imagined communitie[M]s. London：Verso,1983.

13. Alali, A. O. , Eke, K. K(Eds.). Media coverage of terrorism：Methods of

diffusion[M]. Newbury Park, CA: Sage,1991.

14. Kamalipour, Y. (Ed.). Images of the U. S around the world: A multicultural perspective. Albany[M]. NY: SUNY Press,1999.

15. Bivins, Thomas H. Mixed Media: Moral Distinctions in Advertising, Public Relations, and Journalism[M], Mahwah: N. J. Lawrence Erlbaum Associates,2004.

16. Gripsrud, Jostein. Understanding Media Culture[M]. New York: Edward Arnold Ltd. 2002.

17. Lind, R. A. Race/Gender/Media: considering diversity across audiences, content and producers[M]. Pearson,2003.

18. Wilkins, Lee., Coleman, Renita. The Moral Media: How Journalists Reason About Ethics[M]. Mahwah: N. J Lawrence Erlbaum Associates,2005.

19. David Considine. An Introduction to Media Literacy[M]. USA: Prentic Hall,Inc,1993.

20. Gurevitch M., Bennett T., Curran J. & Woollacott J. Culture, Society and the Media[M]. London : Routledge,1982.

21. Dunwoody,S. &Griffin,R. J. Journalistic strategies for reporting long – term environmental issues: A case study of three Superfund sties. In A. Hansen (ed.). The Mass Media and Environmental Issues[M]. Leicester: Leicester University Press. 1993.

22. Gitlin. T. The Whole World is Watching[C]. Berkeley and Los Angeles CA: University of California Press,1980.

23. Tankard J. W.,Jr.,et al. Media Frames: Approaches to conceptualization and measurement[C]. Paper Presented to the AEJM Convention, Boston, 1991.

24. Balka Ellen,Rethinking. The Medium is the Message: Agency and Technology in McLuhan's Writings[J]. Media International Australlain corporaling Culture and Policy,2000(1).

25. Richard Kahn and Douglas Kellner, New Media and Internet Activism: From the Battle of Seattle´ to Blogging[J]. New Media Society, 2004(6).

26. Ann Dale, Ted Naylor. Dialogue and Public Space: An Exploration of Radio and Information Communications Technologies[J]. Canadian Journal of Political Science. 2005(1).

27. Stefan Kratke. Global Media Cities in a World – wide Urban Network[J]. European Planning Studies, 2003(6).

28. Stefan Kratke, Peter J Taylor. A World Geography of Global Media Cities [J]. European Planning Studies, 2004(4).

29. Jeffrey stamps, Jesicel Lipnack. A System Science of Networked Organizations[J]. MIT Press. 2000(9).

30. Silvia K. Mood Adjustment via Mass Communication[J]. Journal of Communication, 2003, (6).

31. William K C, Robert A H. Democratic media activism through the lens of social movement theory[J]. Media, Culture & Society 28, (1).

32. Peter S. Mediated Sources of Public Confidence: Lazarsfeld and Merton Revisited[J]. Journal of Comminication, 1999, (4).

33. Albert C G, Janice L L. Broad reach or biased source. Decomposing the hostile media effect[J], 2006(9).

34. Franlk Bicca. Intelligence Augmentation: The Vision Inside Virtual Reality, in Cognitive Technology: in Search of a Humane Interface[J]. Elsevier Science, 1996(7).

后 记

本书是教育部社科规划基金项目"大众传播时代媒介歧视问题"的最终成果,感谢教育部社科基金的资助,有了这项资助,课题组成员及部分硕士生围绕这一问题展开了无数次的研讨,在研讨中,思路越来越清晰,对问题的认识也越来越透彻。

本书共分上下两个部分。在由郑保章教授提出总体设想后,王爱玲老师草拟了一个提纲,经课题组成员商议,最后形成了现在的纲目。在对部分章节进行了分工后,各负责老师分别带领课题组成员分赴北京、上海、厦门、武汉、广州等地进行了调研。形成初稿后,由王爱玲老师对上部进行了统稿,武文颖老师对下部进行了统稿,最后由郑保章教授统稿并修改定稿。

本书的诸多文章曾经在国内《当代传播》《新闻界》《新闻战线》《中国记者》《新闻观察》《新闻记者》《中国广播电视学刊》《采访与写作》等杂志发表,没有发表的也曾经在一些不同类型的学术研讨会上宣读或演讲过。

本书各章作者如下:

前言(郑保章)

第一章　媒介权力:显现与霸权(王爱玲,何伸,郑保章)

第二章　媒介利益:效益和利润的冲突(王爱玲,吴振华)

第三章　媒介文化:与消费合谋的文化流行与偏倚(王爱玲)

第四章　媒介技术:赋权与平等的幻像(郑保章,王爱玲,马瑞瑞)

第五章　媒介权力、利益对媒介形象的影响(郑保章,何伸)

第六章　大众传播媒介地域歧视问题(郑保章,勇群)

第七章　大众传播媒介弱势群体歧视问题(詹莉芳)

第八章　大众传播媒介中的女性歧视问题(武文颖,王杏芝)

第九章　大众传媒对"三农"偏视问题(郑保章,晏志成)

第十章　西方主流媒体对我国形象的媒介歧视问题(郑保章,贺潇潇,李莉)

在本书定稿之际,还要感谢课题组其他成员,虽然他们的研究没有收入此书中,但他们在课题研究中提出了非常好的思路,在调研及论文成稿中起了非常重要的作用,他们是李奇夫教授,周红路副研究员,楼旭东副教授,柴玥老师。

在本书即将付梓之时,要感谢辽宁省社科基金的资助,作为"大众传播时代媒介歧视问题研究"的后续项目,2008 年,辽宁省社科基金对"大众传媒与辽宁形象塑造"进行了立项,本书部分成果也是该项目的阶段性成果。

同时感谢大连理工大学人文与社会科学学部,学院高度重视学术丛书的出版,并给予了相应的资助。

由于本书写作涉及的人员较多,且时间较长,在写作中参阅了大量学术成果,虽然已在参考文献中列出,难免挂一漏万,希望得到学术界的批评指正。由于水平所限,加上定稿时间仓促,不足和缺陷定然不少,还望广大读者批评指正。